读经典 悟人生

论语 人生智慧64个

张瑞◎主编

廣東旅游出版社
GUANGDONG TRAVEL & TOURISM PRESS
悦读书·悦旅行·悦享人生
中国·广州

图书在版编目（CIP）数据

《论语》64个人生智慧 / 张瑞主编. — 广州：广东旅游出版社，2017.8（2024.8重印）

ISBN 978-7-5570-1007-2

Ⅰ. ①论… Ⅱ. ①张… Ⅲ. ①《论语》–人生哲学–通俗读物 Ⅳ. ①B222.2-49

中国版本图书馆CIP数据核字（2017）第130890号

《论语》64个人生智慧

《LUN YU》64 GE REN SHENG ZHI HUI

出 版 人	刘志松
责任编辑	李 丽
责任技编	冼志良
责任校对	李瑞苑

广东旅游出版社出版发行

地　　址	广东省广州市荔湾区沙面北街71号首、二层
邮　　编	510130
电　　话	020-87347732（总编室） 020-87348887（销售热线）
投稿邮箱	2026542779@qq.com
印　　刷	三河市腾飞印务有限公司 （地址：三河市黄土庄镇小石庄村）
开　　本	710毫米×1000毫米 1/16
印　　张	16
字　　数	185千
版　　次	2017年8月第1版
印　　次	2024年8月第2次印刷
定　　价	68.00元

序　言

XUYAN

孔子是我国历史上伟大的思想家和教育家，儒家学派的创立者。自从西汉“罢黜百家，独尊儒术”始，儒家思想就开始成为中国历史上占主导地位的思想体系，宋代大儒朱熹曾经说过这样的一句话：“天不生仲尼，万古如长夜。”它形象地说明了孔子对中国文化的影响。孔子影响了一代又一代的中国人，今天我们也要从孔子思想中去汲取精华。

孔子发愤为学，博学多能。他开创了私人讲学的风气，广收门徒，收的学生不管贫富贵贱，据说有三千弟子，其中优秀的有七十二人。他成为文化传播的使者。他曾周游列国，晚年专心从事古代文献整理与传播工作，致力于教育，整理《诗》《书》等古代典籍，删修《春秋》。《论语》就是记载孔子一生言行，以及孔子与弟子、时人相互问答或弟子间相互问答之语的著作。这些话当时被随时记下来，孔子死后，弟子门人把它收集编辑成书，这就是《论语》，它是我们今天认识孔子最直接、最可靠的资料。

《论语》记载着孔子的言语行事，也记载着孔子的著名学生的言语行事。班固的《汉书·艺文志》说：“《论语》者，孔子应答弟子、时人及弟子相与言而接闻于夫子之语也。当时弟子各有所记，夫子既卒，门人相与辑而论纂，故谓之《论语》。”

孔子经其终生倡导和历代儒家的发展，使中国儒家学说成为中华文化的主流，作为中国人的指导思想逾两千余年。孔子思想体系的核心是德治主义，他执着地倡导德化社会与德化人生。德化社会的最高标准是“礼”，德化人生的最高价值是“仁”。孔子教导人们积极奉行“己欲立而立人，己欲达而达人”，“己所不欲，勿施于人”的“忠恕之道”，以建立正确的人生观和正确处理人与人之间的关系。孔子倡明“天人合一”之教，以善处人与自然的关系，他还阐述和弘扬了人不仅要“仁民”，也要“爱物”的道理。孔子坚决主张国家要实行“富之教之”的德政，使社会与文化得到发展。孔子认为文明的最高成就在于造就理想人格以创立理想社会，通过潜志躬行“内圣外王之道”，以达到“天下为公”“大同世界”之境界。由于孔子的卓越贡献和思想影响深远，他才被中国人尊为“至圣先师，万世师表”。

孔子离去了两千多年，他创立的学说在中国古代占据统治地位，成为中国的文化主流，产生极为深远的影响。而且，在东亚各国乃至美国、欧洲国家都兴起了学习和研究中国文化热潮，在一些世界著名的大学甚至还成立了孔子学院。

孔子的思想已经有了两千多年的历史发展，其思想的精华无疑可以用来指导我们的实践。在21世纪的今天，在人们对人类自身问题进行深度思考与反省时，人们可以相信，孔子的思想能给当今社会的发展和问题的解决带来许多始料不及的收益！在长期传播的过程中，《论语》的许多思想被人们加以提炼，成为广为流传的名言。

本书就是采撷这些名言，同时又考虑到读者的阅读兴趣，辅以历史故事，并对其逐一进行解释、引申和点拨，使孔子在两千多年前的忠告能够针对现代人的做人处世、事业成功起到真正的指导作用。

《论语》

64 个人生智慧

《论语》是儒家学派的经典著作之一，南宋时，朱熹将它与《孟子》《大学》《中庸》合为“四书”。《论语》与《易经》《老子》共为中华民族的几部源头性经籍，它们不仅是道德跟文化的重要载体，而且是古代圣哲修身明德、体道悟道、天人合一后的智慧结晶。

目 录
MULU

《论语》
64个人生智慧

目　录

智慧 01
做一个有主见的智者

【原文】

子曰："道听而途说，德之弃也。"

【解析】

这句话的意思就是在路上听到传言就到处去传播，这是对道德的背弃。"的确，道听途说是一种背离道德准则的行为，这种行为，无论是从道德上还是从现实中处世来讲，都是应当摈弃的。然而这种行为自古以来就存在的。在现实生活中，有些人不仅是道听途说，而且四处打听别人的隐私，然后到处传说，以此作为生活的乐趣，实乃招人厌恶之人。

道听途说来的事情，绝大部分的真实性都应该大打折扣，相信这一点是没人怀疑的。但偏偏还是有很多人喜欢传播这种小道消息，摇鼓唇舌，飞短流长，看着闹得满城风雨，心里就有一种莫名的兴奋。这种人的心理行为，起码在此时是很卑劣的。听信流言、传播蜚语的害处，轻则歪曲事实，重则软刀杀人。

《战国策》中有一个"三人成虎"的故事：

战国时，魏国有一位叫庞葱的重臣。有一年，他奉命陪世子到赵国都城邯郸做人质，出发前，庞葱对魏王说："大王，如果有人告诉您，街市上有一只虎，您相信吗？"

老虎招摇过市，魏王当然不信，便回答："怎么可能有这种事？寡人不信！"

庞葱又说："如果又有一个人告诉您，街市上果然有一只虎，那大王可信？"

魏王想了想，说："嗯，这就值得考虑了！"

"如果再有一个人说同样的话呢？"

"嗯，如果三人都这么说，那应该是真的。"

听完魏王的回答，庞葱兜出了说此话的真意，他说："事实上，街上并没有老虎，只是以讹传讹而已，大王何以信之呢，是因为说的人多了。现在我与世子，背井离乡，去远在千里之外的赵国当人质，我们在那里的情况大王无法准确了解到，说不定会有人传出'市有一虎'般的谣言，大王难道要相信吗？所以为了保证世子将来能顺利回国继大统，请大王先请三个人传言大众，说我只是离开了都城，并不是去邯郸。"

魏王不以为意。庞葱陪世子去赵国做人质后不久，便有人暗中中伤庞葱，说他企图拥立世子，怀有二心，图谋不轨。说的人多了，魏王居然信以为真，命世子归国，而庞葱也不再被重用。

庞葱事先已给魏王打了"预防针"，也难逃"众口铄金"的命运，可见流言的破坏力之大。

《战国策》中还有一个类似的故事：孔子的弟子曾参，以孝闻名。他住在费邑时，有一个同名同姓者杀了人，有人误以为是曾参所为，议论纷纷，谣言很快传到曾母那里。

当时曾母正在织布，便停杼正色道："我儿不会做那种事！"不久又有人来说："曾参杀人了！"曾母依然镇定如故，不予理睬。后来又有人来说同样的话。这时曾母终于不安起来，急忙开始收拾东西，准备逃走。

一般来说，生活中我们觉得大家都在传说某事，那这事看来假不了，无风不起浪嘛。正是因为这种心理，流言传得特别快，真是"好事不出门，坏事传千里"。

做人要做一个明智的人，不要随便传播流言，也不要轻易听信流言。

东晋时候，有人请大将桓温评论一下谢安和王坦之的优劣。桓温刚要开口，忽然想起了什么，说："你这人爱传话，嘴上没个把门的，我不能告诉你。"

桓温不愿背后评论人，因为自己的话被别人七传八传，还不知道会传成什么样子呢。于是干脆不说，这才是有德有智者所为。

当然了，“随大流”和“人云亦云”是人性的弱点之一，心理学家将这种现象称为“从众效应”，其特点表现为盲从。如果置身其中，即使有主见的人也容易受其感染而失去辨别能力。人性的这一弱点，使得道听途说、飞短流长、造谣诽谤将永远与人类同在，“众口铄金”，“谣言重复一千遍就会成为事实”的骗局和人言可畏、流言杀人的悲剧将永无止期。明白这一消极后果，局外人当众口一致之时，切莫盲从，须记住“耳听为虚，眼见为实”。所以孔子也曾经说过：“众恶之，必察焉；众好之，必察焉。”意思是大家都讨厌的人，不一定坏；大家都喜爱的人，并不一定好。而要亲自去考察去验证一下，然后才能下结论。

因为，舆论的影响是巨大的，众口一词，能够把金属般坚固的事物熔化掉。谎言重复一千遍，也就变成了真理。

小人大都喜欢搬弄是非、造谣生事，他们的话大多是假的，或无中生有，或张冠李戴，或添油加醋，但是假话也可以乱真，甚至在某种意义上说，它并不愚蠢，其中的奥妙就在于是否有弄假成真的手段。

清朝末年，光绪皇帝想要变法图强，任用康有为、谭嗣同等一班新派人物。尽管光绪确有变法的决心，曾对西太后表示：“我不能做亡国之君，如果不给我皇帝的实权，宁可退位。”但实权仍操纵在西太后手中。因此，在整个变法过程中，反变法的“后宫”人物，一直把小报告当作打击维新派的一种有力武器。维新派成立强学会，他们便向西太后打小报告说“私立会党，将开处士横议之风”，西太后便据此强迫光绪下令封闭强学会；维新派组织保国会，他们又向西太后打小报告说保国会“保中国不保大清”，从中破坏；光绪任用一批新派人物，他们又说皇上只用汉人，不用满人，只用青年人，不用老年人，连礼部尚书的老婆也跑到西太后那里说：“皇帝偏心汉人，咱们满洲人将无立足之地了。”最后连皇帝要借助洋人阴谋陷害老佛爷的小报告也送上去了，慈禧终于恨得牙痒痒地说：“咱跟他势不两立。”下手镇压了维新派。

戊戌变法是一次复杂的历史事变，它的失败有多种原因，这里不能详细讨论。但就那些奸佞小人造谣生事的手段来说，确实被某些人熟练地运用着，大至国家政务，小至家庭纠纷，无不如是，正派人往往因疏于防备而受其伤害。

本来没有的事，三弄两弄成了实有的事。但假的毕竟是假的，只要多留个心眼，眼观六路，耳听八方，多多留神，无论在哪一步，都可能挫败对手的阴谋。只要有一处挫败，事实就无法成立。事实无法成立，假就弄不成真。弄假成真的伎俩也已暴露了。汉景帝时，晁错为内史，很受景帝信用，提出过许多革新的建议。丞相申屠嘉因为晁错的建议触犯了他的利益，一直在伺机诬陷。晁错的府邸在老皇帝太庙外空地上的短墙里，出入很是不便，于是晁错在矮墙南面开了两个门。申屠嘉借此大做文章，状告晁错擅凿庙墙为门，奏请杀头。晁错听到申屠嘉的图谋后，赶到申屠嘉之前，将真实情况报告了景帝。所以待到申屠嘉告状时，汉景帝只轻描淡写地说了句“不是庙墙，是庙外空地上的墙”，便否决了申屠嘉的小报告。申屠嘉回家后大发脾气，说：“我应当赶在他的前面，现在他捷足先登，我反而被卖了。”晁错的机警，使他躲过了一次谗言的灾祸。

在现实中，流言蜚语一方面是不利于受害者的，另一方面也不利于制造流言和传播流言者。对于听信流言的人来说，往往容易被假象蒙蔽，作出错误的判断，有不少时候流言蜚语具有非同寻常的杀伤力，因此，要学会鉴别流言，抵制流言和消除流言。对于散布消息者来说，一个传闻，入乎耳，出乎口，不经过考证和内心思考就说出去，实在是轻率，不负责任。在社会生活中，真正明智的人是不会相信它的，因为给他人造成损失，就很有可能引火上身，事情一旦被澄清就会受到谴责。而且真正有道德的人，也是不会去为之煽风点火的。

俗话说得好：谣言止于智者。这是因为聪明的人不会人云亦云，而是根据实际情况加以考察，用理智加以分析，然后才会做出结论来。

智慧 02
做人要矢志不渝

【原文】

子曰："父在观其志；父没观其行；三年无改于父之道，可谓孝矣。"

【解析】

这句话意思是说："一个人在他父亲在世的时候，要看他的志向；父亲去世以后，要看他的行为；如果三年都不改变父亲生前所行之道，这个人可以称得上孝顺。"曾经有很多人对孔子的这种说法提出过质疑，认为这是一种束缚人的虚伪礼教。比如，有人说，假如"父之道"本身就是错误的，那么还应该守下去吗？其实，我们不妨把这看成一种做人之"道"：不忘本，不改志，坚持自己的操守，不因变故而改，不为外界所动。

做人做事最忌油滑，有约束时一个样，没约束了又一个样。这虽然能占到一时的小便宜，然而从长远看来，这种没原则、不守"道"的行为，是不能使一个人在世界上有远大前途的。只有像郑板桥笔下的"咬定青山不放松"的青松那样，做一个真正高尚的自己，才能在狭窄的世路上坚定地走下去，并闯出广阔的天地来。

上了年纪的人大都记得"虎标万金油"。这种薄铁盒包装的带有刺激性气味的药品，曾经行销整个太平洋及印度洋地区，它的市场相当于全球人数的一半以上。抗战期间，它是全中国未沦陷的大后方最吃香的普通药品，它也正是已故华侨胡文虎继承父业后奠定华侨超级富豪基业的第一大成就，胡文虎曾因此获得了"万金油大王"的美称并饮誉世界。

胡文虎祖籍福建永安县，1882 年出生于缅甸仰光。他的父亲胡子钦，精通"岐黄之术"。1860 年左右从故乡万里迢迢来到仰光创业，开设了"永安堂"

药行，主要经营药材业务。

1908 年胡子钦逝世，没过多久，胡文虎将店里所有的现款全部兑成港币，带到香港。此消息一经传出，许多胡子钦先生生前的亲朋好友议论纷纷，认为胡文虎在父亲死后，无人管束，携款到香港花天酒地去了。

然而，人们没有想到，当时 20 多岁的胡文虎去香港恰恰是为了继承父亲的事业。父亲在仰光开的药材店，几乎所有的药材均由香港进货，然后再从仰光汇钱付款，胡文虎想到以前同父亲做生意的香港老板，必然对自己的还账信用有所怀疑，因此他专程到香港替父亲偿还全部欠款。

胡文虎的这一举动，首先使从前向他父亲出售药材的老板喜出望外，继而深感钦佩，对胡文虎另眼相看，从而极大地提高了永安堂的信誉。胡文虎此行来香港，不仅未付款就带着大批药材回仰光，而且从此以后，凡永安堂开来货单，香港所有的药材行无不尽快如约交货发运。

胡文虎创业伊始就把信誉作为本钱放在首位，继承父志，坚守做人做事原则底线，显示了他的雄韬大略。无疑树立了信誉也就为他的成功奠定了基础。有了稳定的货源和优惠的交易条件，也就能使胡文虎集中精力开发万金油等拳头产品，并把他的事业扩展到东南亚及整个中国。

虽然，胡文虎完全可以在父亲死后，自己继承遗产，安稳舒服地生活，而不去管什么债务。然而他却专程赴香港还债，不但其志可嘉，其主动承担责任的勇气和行为更是令人钦佩。以他这种矢志不渝的做人做事态度，成就一番事业，是再自然不过的事了。

所以，做人一定要矢志不渝，能够坚持自己的信念和目标。世上无难事，只怕有心人。因此，在现实生活中，我们一旦确立了切实可行的目标，就应该坚持走下去，无论遇到多少艰难险阻都不能有丝毫动摇。有志者立长志，无志者常立志。如果干任何事情都不能坚持到底，那么最后必定会一事无成。

周朝末年，中原地区战乱频繁，民不聊生。而与中原相隔一座须弥山的西域各邦却在兴林国的领导下，一片生机勃勃。

当时兴林国的国王名叫婆迦，年号妙庄，皇后名叫宝德，两人非常贤明。

他们只有两个女儿，却没有儿子，眼看妙庄王已年近六旬，找不到继承人，心中非常忧闷。一天晚上，宝德王后做了一个奇怪的梦，梦见一轮旭日掉到自己怀里。自此之后，王后便有了身孕。怀孕期间，王后只要一吃荤腥就会呕吐，哪怕平日自己喜欢吃的荤菜也不能沾一点。

妙庄王十八年，宝德王后诞下一名小公主，取名妙善。妙善公主自出生便吃素，从来不进荤腥。而且她非常聪明，国王和王后都很宠爱她。六岁的时候，宝德王后去世了，妙善非常难过，心想："母后生育、抚养自己，受尽千般苦楚，自己还来不及报答就去世了，这深重的罪孽恐怕只有潜心修佛才能赎干净。"于是从此以后，妙善公主便开始修行，希望将来能救治世间一切的苦难。

妙善公主16岁的时候，她的修为已经相当不错了。但是，妙善的两个姐姐都已经出嫁，她自己也到了该出嫁的年龄了，于是妙庄王便提出给妙善公主选驸马。谁知道妙善公主坚决不从，一心想要出家修行，立志终身不嫁。妙庄王非常生气，下令将妙善公主赶到御花园做杂役，每天浇花除草，擦桌子扫地。妙善公主二话不说，当天就搬进去了，陪她一起的还有她的保姆。两人在御花园中从早到晚干活，公主毕竟从小娇生惯养，不几天就累得腰酸背疼，但是她从来不喊苦。

过了一段时间，妙庄王过生日，妙善公主前去为父王祝寿。妙庄王问她可曾回心转意，可是妙善仍是坚持自己的理想，不愿出嫁，情愿出家。妙庄王气得七窍生烟，又把她赶到厨房去干粗活。每天要把17个石缸的水挑满，劈两担柴火，一日三餐也都要她做，并且每天都派一个叫永莲的宫女前去监督。妙善仍是毫无怨言，认认真真干好每件事。白天累了一天，晚上还要一边编草鞋，一边念诵佛经，直到夜深才在草堆上睡觉，第二天一大早又起来干活。这样日复一日劳作，整整干了一年，妙善向佛之心不但没有丝毫动摇，道行反而加深了。

妙庄王没办法，又去把她两个姐姐叫回来，让她们帮忙劝一下她们的妹妹。可是两个姐姐看得出妙善心志已决，反而劝她们的父王，顺从妹妹的心愿，让她出家修行。妙庄王长叹道："孤王本来是想让她受点苦，放弃出家修行的打算，招一个驸马共享荣华富贵，谁知她意志如此坚定。也罢！就让她出家修行吧！”说完又忍不住老泪纵横。

第二天，妙庄王下令把城外耶摩山下的金光明寺修葺一新。9月19日，妙善公主辞别父王和姐姐，带着保姆和永莲正式剃度出家，成为一名佛门弟子。

中国有一句古话：“精诚所至，金石为开。”妙善公主修道之心如此坚决，哪怕吃尽苦头依然不改初衷。而对拥有至高无上权力的妙庄王来说，心意已决的妙善让他作为国王的权威受到了挑战。最终妙庄王为她的精神所打动，同意让她出家修行，妙善凭着对修道的执着，赢得了最后的胜利。

智慧 03
德行比才能更重要

【原文】

子曰："如有周公之才之美，使骄且吝，其余不足观也已。"

【解析】

孔子说："（一个在上位的君主）即使有周公那样美好的才能，如果骄傲自大而又吝啬小气，那其他方面也就不值得一看了。"在这句话里才能资质属于才的方面，骄傲吝啬属于德的方面。在孔子看来：一个人虽然才高八斗但如果德行不好，圣人连看也不看他一眼，只有德才兼备才是完美的人才。

应该说孔子认为只有德才兼备的人才才是真正完美的人才，当然如果有时二者不可得兼，那么此时德是熊掌，才是鱼，孟子舍鱼而取熊掌，圣人舍才而取德。

应该说，我们今天选拔和培养人才，依然需要坚持这个原则。不过，只是德和才的内涵都已不可同日而语。

至于历史上的周公本人，不但不骄不吝，而且是谦逊大度的典范，这也是人所共知而毋庸赘言的了。

"德不高则行不远"是利世的做人观，做事首先做人，我们相信：只有品德高尚的人，才能获得真正的成功；只有德才兼备之人，才能与利世一起患难与共，荣辱共担。

孔夫子教导我们，德育是整个教育的基础，所以抓教育首先要抓德育；孔夫子还告诉我们，德育本身也有基础，要抓德育就要狠抓这个基础。所谓"君子务本，本立而道生"。"务本"就是要"抓根本"，也就是抓基础。这里的"本"

即做人的根本，务本就是要学会做人，学会做一个有高尚道德、高尚人格的人。

显然，这里涉及的是伦理道德教育，强调要把“学会共同生活”作为教育的基础，就是强调要把教会如何做人的道德教育作为整个教育的基础。所以我们应当把“学会做人”作为一个口号响亮地提出来，一切德育工作都要围绕“教会学生做人”这一目标来展开，培养人的工作才会有成效（“本立而道生”）。

历史经验告诉我们，政治思想教育并不能取代道德品质教育；任何政治思想教育目标都不应取代德育的根本目标，否则我们培养出的下一代将会成为毫无道德修养的、人性泯灭的野蛮人。

孔子心目中有高尚道德的人是有仁爱之心的人，也就是能“泛爱众”“博施于民而能济众”，即对大众博爱、能为人民大众办实事谋福利的人。

为了使这个高尚的道德目标具体化，以便通过社会教化和自我修养来逐步达到，孟子在继承和发扬孔子的“教人做人”思想的基础上进一步提出了“人格教育”问题。其基本内容是：教人做人就是要教人做一个人格完善的人，道德教育就是人格教育。按孟子的话说就是实施“人道”：使人明白做人的道理，明白“人兽之别”，从而逐步完善自己的人格。

他明确指出：“人之有道也，饱食暖衣，逸居而无教，则近于禽兽。”（《孟子·滕文公上》）意思是说，如果只讲究吃饱、穿暖、居住安逸而不受教育，人就会失去人格，和禽兽也差不多。为此他在“性善论”的基础上论证了人格教育的基本内涵应为“仁、义、礼、智、孝、悌、忠、信”八德，这也就是孟子道德教育的基本内容。

这样，孟子就明确地回答了做一个什么样人的问题。但是，由于孟子的“性善论”含有唯心主义先验论色彩，其“八德”并未被后人完全认同。在后世儒家中还有不少学者推崇管仲的“四维”说：“国有四维，一维绝则倾，二维绝则危，三维绝则覆，四维绝则灭。倾可正也，危可安也，覆可起也，灭不可复错也。何谓四维？一曰礼，二曰义，三曰廉，四曰耻。礼不逾节，义不自进，廉不蔽恶，耻不从枉。故不逾节则上位安，不自进则民无巧诈，

不蔽恶则行自全，不从枉则邪事不生。”（《管子·牧民》）

这些学者认为可用“礼、义、廉、耻”作为完善人格的标准，即作为道德教育的基本内容。如汉代的贾谊和清代的顾炎武等大学问家均对“四维说”十分赞赏。

新加坡在全面总结儒家学说的基础上指出，儒家思想的核心是“忠、孝、仁、爱、礼、义、廉、耻”，并以此八种德行作为新加坡政府的“治国之纲”和新加坡每一位公民都必须具有的道德品质。李光耀的这一英明之举已在新加坡取得极大成功。

孔子还说：“骥不称其力，称其德也。”就是指对于千里马，不称赞它的力气，要称赞它的品质。

尚德不尚为，重视品质超过重视才能。

我们的确可以看到这样的现象，一个人如果品质不好，能力差也就算了，危害还不会很大。恰恰是一个能力非常强，智商非常高的人，如果品质败坏，野心很大，那他所造成的危害就会非常大，有时候甚至会达到致命的程度，断送一个单位、一家公司，甚至于一个国家、一朝江山。

反过来说，一个人或者由于天资的差别，或者由于受教育程度的不同，或者由于所处社会地位的限制和职责的规范，办事能力有大有小，这是不以人的意志为转移的。但只要重视德行，有好的操行，就是一个值得称道的人，也是一个能够做好自己的事业，前程充满希望的人。孔子这个观点，对现代生活同样具有指导意义。因为作为一种做人做事手段，相对于机巧和力量，其实德行操行是具有更大的影响力的，同时也是最为长久永恒的。逞勇斗狠，其实是一种最没有“技术含量”的手段，成事不足而败事有余。

“忠厚传家远，诗书继世长。”这是人们耳熟能详的一副名联。从中我们不难看出“德”是唯一值得紧抓不懈和传之后代的“财富”，其他的，无论是金钱、产业还是机巧诡智，都是难以恒久或根本无法传承的。对于自身以及子孙的立身立业，真正的智者都懂得，最可靠的支柱还是人的道德修养。

唐太宗时，岑文本以一介书生的身份，凭其出众的才华，步步升迁，最后被委以宰相的高位。上任之初，朝中大臣纷纷作贺，他家一时车马不绝，门庭若市。

岑文本对此不喜反忧，他对前来作贺的人说："我刚刚上任，一无政绩，二无贤德，有什么可以祝贺的呢？我今天只接受你们的警告，好听的话就不要说了。"

岑文本的家人见众人悻悻而去，都责怪他不近人情，岑文本便开导他们说："他们虽是好心，却也难免其中有势利小人，借此攀附。如果皇上借此观察于我，我如此声张，还会有好结果吗？你们要切记：一个人万不可得意忘形，更不可失去应有的警惕；凡事取之实难，失去却在一夜之间啊！"

岑文本的家人自觉门庭高了，便劝岑文本另置大屋，多购产业。岑文本的妻子为此反复说过多次，岑文本就是不肯。他的妻子气得一天不吃饭，还发牢骚说："你得此高位，就是不为自己着想，也要为了孙谋划啊。现在人人都是这样，你自作清高，苦了自己，还要苦了孩子，遭人讥笑，这是何苦呢？"

岑文本把子女都招到妻子床前，苦口婆心道："你所说的，都是俗人之见，近则有利，远则有害。想我本是一个读书人，两手空空来到京师，本没有想到得此高位。这固然是皇上恩典，也是我勤勉不懈之果。由此可见，一个人出身并不重要，重要的是他勇于任事、以学为本。我深知此中真意，颇有心得，又怎会学那凡夫俗子之举，广置产业、富贵而骄呢？这只能让你们养尊处优，无有忧患，安于现状，不思进取，对你们的将来，这才是真正的祸患，我怎忍心这样做呢？还望你们明白此中道理，不要再怨怪我了。"

家人深受教育，妻子也理解他了。岑文本特别高兴，他说："我不置产业，是以子孙为业，这才是最值得炫耀的。"

他这般清醒，唐太宗对他另眼看待，宠信不衰。岑文本死后，朝廷又给他在帝陵陪葬的崇高荣誉，以示褒奖。到了唐睿宗时，他孙子一辈的人中，位居高位的达数十人之多，是当时最显赫的家族之一。

显达及远、富贵相传，这是人人都盼望的。对那些身享富贵的人来说，这种愿望就更强烈了。他们深知富贵的好处和获取富贵的艰辛，自不愿意自己的子孙把这一切葬送。在此，每个人对子女的教育都是不同的，其效果便有着显著的差异。贪婪者以搜刮为能，以自私为训，其子孙只会产生出一批纨绔子弟；贤明者知足常乐，以德育人，自甘其苦，言传身教，这对子孙的影响就深刻多了，他们长大后才能独当一面，真正担得起重任，肩负起光耀门庭的责任，并发扬光大。

所以，人才的品质比能力更重要。这是我们在考察干部、选拔人才时不能不遵循的原则。当然，也不能因此而走向另一个极端，忽略人的能力，不尊重知识，不尊重人才。

比较全面地说，应该是德才兼备最好，二者不能得兼时，德重于才。如果完全没有才，则已不在我们所讨论的范围内了。

智慧 04
君子务本，本立而道生

【原文】

子曰："君子务本，本立而道生。"

【解析】

孔子说："君子致力于根本，根本树立了，治国做人的原则也就会形成。"

树叶和树根有着本与末的区别。树叶有荣与枯、长与落、绿与黄的变化，而树根却始终深扎大地，千年不变。人也有本末之别，贫富、贵贱、荣辱、沉浮乃为人之末，人的一生谁不经几次这样的变化！然而，不论怎样变，人应该有自己的品德与人格，这是为人之本。就像吕蒙正，他曾贫贱过，曾被人屈辱过，甚至被人诽谤过。但他始终以宽厚的态度对待之。这是无语的申诉，无声的劝诫，无言的抗辩；这是令人倾倒的人格力量；这是人生的大智。

开宝九年（976年），宋太祖赵匡胤突然去世，赵光义在太监王继恩的帮助下，抢先一步继位，史称宋太宗。宋太宗的继位在朝野上下引发了不少议论，宋太宗为笼络人心，便决定大规模开科取士。太平兴国二年（977年），宋太宗一次开科，便录取了500名进士。吕蒙正是进士第一名。

对这一批进士，宋太宗都予以重用。吕蒙正以进士第一名的身份，被授作监丞，升州（今河唐河县西南）通判，赐钱20万，并下旨，如遇到对百姓不利的事情，准许他们通过驿站直接向皇帝报告。在宋太宗的直接关注下，吕蒙正很快便得到参与处理国家事务的权力了。

吕蒙正为人正直宽厚。当初，他父亲有好几个宠妾，对妻子刘氏渐渐疏远，刘氏因此与其发生矛盾，于是，刘氏和吕蒙正被赶出了吕家。离开吕家后，刘氏发誓不再嫁，母子三人相依为命，艰难度日。吕蒙正考中进士，步入仕途后，家境大为改善。吕蒙正不计较父亲把他们母子赶出家门，使他们吃了许多苦，把父母接到家中，同堂异室而居，照顾得十分周到，重新成为一家人。

吕蒙正入朝为官时，还不到四十岁，简单的经历，快速的升迁，令朝中许多老臣感到不满，但由于他是皇上跟前的红人，谁也奈何不了，只好在背后说些怪话，发发牢骚。吕蒙正刚入朝堂时，有个人指着他说："这小子也是参政？"吕蒙正假装没听见，从那人面前走了过去。和吕蒙正一起准备上朝的同僚听了这话后愤愤不平，非要问清楚那人姓甚名谁，吕蒙正连忙制止说："如果知道了他的姓名，那么我一辈子也忘不了，还是不知道为好。"对新旧朝臣间的矛盾，吕蒙正采取了宽容的态度，体现了其待人宽厚的性格，吕蒙正待人以宽厚的名声渐渐在朝中树立了起来。

随着吕蒙正在朝中为官时间的延长，吕蒙正逐渐积累了政治经验。端拱元年（988 年），吕蒙正出任宰相，从他步入仕途到位居宰相，前后仅 12 年的时间，而此时，吕蒙正也不过是个四十出头的中年人。地位的变化，并未使吕蒙正待人以宽厚的性格发生变化。

位居宰相，自然有许多人跑到他那儿去活动以求升迁。对这样的人，吕蒙正巧妙地予以回绝。当时朝中有人专门收藏古镜，自称有面古镜能照见方圆二百里以内的东西，那人打算把这面镜送给吕蒙正，希望得到赏识。吕蒙正听说后，便笑着说："我的脸只有碟子那么大，怎么用得上这照见方圆二百里的镜子呢！"吕蒙正以其机智与幽默，巧妙地打消了送礼者想要通过送礼而得到好处的念头。

虽然吕蒙正的快速升迁与宋太宗的重用和提拔有着密切的联系，但吕蒙正并没有有恃无恐。端拱元年（988 年），吕蒙正刚刚出任宰相，便有人向宋太宗告发，说他挟私报复。当时，张绅为蔡州（今河南汝南县）知州，因为贪污被免去官职。有人对宋太宗说："张绅家境富裕，不会去贪污，这肯定是吕蒙正挟私报复张绅。吕蒙正贫寒之时，曾向张绅借钱，张绅没借给他那么多，他便怀恨在心，现在吕蒙正任宰相，便有意加害张绅，以泄心头之恨。"

宋太宗听人这么说，便下命恢复张绅的官职。

面对这样的恶意诽谤，吕蒙正并没有向宋太宗进行辩解，他以其宽厚的胸怀，相信事久自然明白。

淳化二年（991 年），吕蒙正被罢相。此后考课院发现了张绅贪污的证据，宋太宗便将张绅贬为绛州（今山西新绛县）团练副使。淳化四年（993 年），吕蒙正复出为相，宋大宗觉得当初错怪了吕蒙正，便对吕蒙正说：“那张绅果然犯了贪污罪。”

本想得到一声感谢或者是申辩的宋太宗什么回答也没有得到，吕蒙正依然是不辩也不谢。他用宽厚的沉默，回答了诽谤与误解。

古语云：“大丈夫处其厚，不居其薄；处其实，不居其华。”意谓大丈夫立身处世要淳厚朴实，不应浮薄虚华。宋代吕蒙正之所以三次为相，历仕太宗、真宗，除了敢于直言谏诤，政见超人这一原因外，他致力于为人的根本，待人诚恳宽厚，胸襟开阔，谦虚谨慎也是一个极其重要的原因。

本立而道生，一个人只有致力于根本的东西，然后才能去追求其他的外在之物，这样的话才有可能取得成就。否则，就会本末倒置，根基不稳，危害自身。

智慧 05
一以贯之的忠恕之道

【原文】

子曰："参乎，吾道一以贯之。"曾子曰："唯。"子出，门人问曰："何谓也？"曾子曰："夫子之道，忠恕而已矣。"

【解析】

孔子说："参啊，我讲的道是由一个基本的思想贯彻始终的。"曾子说："是。"孔子出去之后，同学便问曾子："这是什么意思？"曾子说："老师的道，就是忠恕罢了。"忠恕之道是孔子思想的重要内容，待人忠恕，这是仁的基本要求，贯穿于孔子思想的各个方面。

孔子的中心思想是"仁"。而忠恕就是"仁"。忠，就是中心，把心放在当中，就是孔子明确地告诉子贡的"己欲立而立人，己欲达而达人"，这就是"仁"；恕，就是如心，将心比心，就是孔子明确地告诉仲弓的"己所不欲，勿施于人"，这也是"仁"。忠是从正面讲的，恕是从反面讲的。

其实，《论语·颜渊》里也是讲这点："君子成人之美，不成人之恶；小人反是。"成人之美是忠，不成人之恶是恕；而小人是不忠不恕。在《论语》中，或强调忠，或强调恕，都是一个意思。

《论语·卫灵公》有一章中子贡曰："有一言而可以终身行之者乎？"子曰："其恕乎！己所不欲，勿施于人。"在《论语》中，"主忠信"出现了 5 次，分别在第一、八、九、十二、十五篇中，真不少！第八篇《泰伯》中的"子以四教：文，行，忠，信"讲得十分明确了。可以说，"仁"贯穿了《论语》。

人类所最需要的是"关爱人"，是人际关系的和谐，即"仁"，即所谓"孔子智慧”。

应该说，孔子智慧是一个抽象，即东方文化核心的抽象，正确处理人与人、与集体、与社会、与自然界的关系。更一般地讲，世界的一切，就是“关系”，就是“处理关系”。我们所努力的，就是尽可能正确地去认识关系、把握关系、处理关系；人类社会也逃不出这个“关系”。“关系”和谐，方能存在与发展；“关系”不和谐，必导致灾害，甚至必遭到毁灭。

所谓忠恕是孔子待人的基本原则，是一个问题的两个方面，所以孔子说是“一”以贯之，而不是“二”以贯之。

忠是从积极的方面说，也就是孔子在《雍也》篇里所说的：“己欲立而立人，己欲达而达人。”自己想有所作为，也尽心尽力地让别人有所作为；自己想飞黄腾达，也尽心尽力地让别人飞黄腾达。这其实也就是人们通常所理解的待人忠心的意思。

恕是从消极的方面说，也就是孔子在《卫灵公》篇里回答子贡“有一言而可以终身行之者乎？”的问题时所说的：“其恕乎！己所不欲，勿施于人。”自己不愿意的事，不要强加给别人。子贡还曾问孔子：“我不欲人之加诸我也，吾亦欲无加诸人。”孔子曰：“赐也，非尔所及也。”自己不愿意别人强加的事，也不要强加给别人。这实际上就是“己所不欲，勿施于人”的“恕道”。

我们已经知道，子贡是孔子的得意门生。作为这样一个高才生，又抓住了老师思想体系中的一个核心问题来谈体会，按理说该得到赞许，却不料被老师一盆冷水迎面泼下来，说：“赐呀，这不是你做到了的。”

连子贡都没能做到，又有谁做到了呢？恐怕就只有颜回了吧。可惜我们在《论语》中还没有看到孔子对颜回这方面的评价。

倒是在《卫灵公》里，当子贡问老师有没有一个字可以终身奉行时，孔子回答道：“那就是‘恕’吧——己所不欲，勿施于人。”

原来，就是在孔子自己的心目中，“己所不欲，勿施于人”也是非常难以做到的，所以要作终身的努力。

既然如此，不仅子贡没能做到这一点不足为怪，就是我们没能做到这一点又有什么可怪的呢？

只能说，“恕”道之难，难于上青天啊！

总起来说，忠恕之道就是人们常说的将心比心，推己及人。所谓人心都是肉长的，自己想这样，也要想到人家也想这样；自己不想这样，也要想到人家也不想这样。

鲁哀公问宰我用什么木头做土神的牌位好。宰我回答说：“夏代用松木做，周代用栗木做，用栗木做的意思是使老百姓望而生畏，战战兢兢。”孔子听到后说：“成事不说，遂事不谏，既往不咎。”即“已经做成的事就不必再说它了，已经做了的事就不必再劝阻了，已经过去的事就不必再追究了”。

孔子不满意宰我关于“使民战栗”的解释，因为它不符合德政爱民的思想。但周代又确实用栗木做的土神牌位，所以孔子也不好正面批评宰我，而只是从思想方法上来说，既然已经过去了的事，就不要去追究它了。

不管这件事本身的是非曲直，孔子这里所表现的，的确是一种既往不咎的宽恕精神。

所谓破镜难圆，覆水难收。生米既已煮成了熟饭，说也无益，劝阻徒劳，追究也于事无补，不如不说的好。

人们常说：“过去的就让它过去吧。”或者说：“坦白从宽，抗拒从严；既往不咎，立功受奖。”孔子特别强调不念旧恶少怨恨，他说：“伯夷、叔齐不念旧恶，怨是用希。”意思是：“伯夷、叔齐不记过去的旧仇，别人对他们的怨恨因此很少。”俗话说：“退后一步天地宽。”

过去有人对不起自己，但毕竟已经是过去的事了。过去了的就让它过去吧！潇洒一点，不怀恨别人，和别人之间的仇怨也就因此而没有了。就算对方是坏人，也终有被感化的一天。

不然的话，冤冤相报何时了？大家都处处设防，永远没有安宁的一天。

所以，对人宽容一点吧，不要老是一副苦大仇深的样子。

有人说宽容是一把健康的钥匙，是一个人修养和为人善良的结晶，是生活幸福的一剂良药。宽容别人，无论走到哪里，都会带去一片和煦的春风；

不肯宽容别人，往往会给自己带来痛苦。宽容犹如冬日正午的阳光，常常会令冰冷的心墙渐渐融化。宽容是一种豁达和挚爱，可以化冲突为祥和，化干戈为玉帛。以宽厚之心待人，就会使彼此拥有更多的信任和爱戴。宽容是一种涵养，它是一种善待生活、善待自己的境界；它能陶冶人的情操，带给你心灵的安宁和恬静。

有人说宽容是软弱的象征。其实不然，有软弱之嫌的宽容根本称不上真正的宽容。宽容是一种需要操练、需要修行才能达到的境界。

不为他人的错误而惩罚自己。气愤和悲伤是追随心胸狭窄的影子。生气的根源不外是别人做事侵犯、伤害了自己的利益和自尊心等，于是勃然大怒，恶从心头起。此种生理反应无非在惩罚自己，而且是为他人的错误，决然不值！

孔子还说："居上不宽，为礼不敬，临丧不哀，吾何以观之哉？"就是"做领导不宽容，行礼仪不严肃认真，遭遇丧事的时候不悲哀，我用什么来观察这种人呢？"

没有什么值得观察的，当然也就是被否定的对象了。

这里最值得我们重视的是"居上不宽"的问题。在另外的地方，孔子曾反复从正面说："宽则得众。"（《阳货》《尧曰》）宽容就能得到群众拥护。并把"宽"作为"仁"的五个方面内容之一。

荷裔美国作家房龙曾写过一本有世界影响的名著《宽容》，把宽容作为人类文明进步的重要标志。

如果说，宽容对于一般人来说都非常重要的话，那么，对于居于上位的领导人来说，就更应该是一种必须具备的素质了。所谓"水至清则无鱼，人至察则无徒"。水太清澈了，清澈到像游泳池里的水一样，那时没有鱼儿能够在里面生存的；人太明察，太苛刻了，苛刻到像眼睛里容不得一粒沙子一样，那时没有人愿意跟随你的。俗话说"金无足赤，人无完人"，其实也是说的这个道理。

在中国历史上，有许多"宽则得众"的著名典故和故事，诸如楚庄王绝缨尽欢，孟尝君不杀与自己夫人通奸的门客，汉高祖重用陈平，曹操下《求贤令》

选拔那些虽然有这样那样缺点但确有才干的人，唐代宗不追究郭子仪的儿子得罪自己，宋太祖宽容受贿的宰相赵普，宋太宗宽容酒醉的功臣孔守正和王荣，如此等等，不一而足。而与此相反，因“居上不宽”而自食其果的例子也同样是不胜枚举。

因此可以说“居上不宽”是领导者的致命伤，而宽容的肚量则是作为一个领导者的起码要求。越是进入民主的时代这一点就越发突出。这是所有领导者或想做领导者的人必须牢牢记在心上的信条。

有仁德才能够正确对待他人，宽容他人，孔子曰：“惟仁者能好人，能恶人。”“只有有仁德的人才能够正确地去喜爱人，才能够正确地去厌恶人。”

子贡曾经向孔子请教说：“一乡的人都喜欢他，这个人怎样？”

孔子回答说：“难说。”子贡又问：“一乡的人都厌恶他，这个人又怎么样呢？”孔子还是回答说：“也难说。只有当乡人中的好人喜欢他，乡人中的坏人厌恶他时，我才能肯定他是好人。”（《子路》）

又有一次，孔子说：“众人都厌恶他，一定要对他加以考察；众人都喜欢他，也一定要对他加以考察。”（《卫灵公》）

可见，对一个人的好恶一定要有是非标准，既不能只凭个人的私心得失之见，也不能被舆论所左右，人云亦云。

正是从这一点出发，孔子提出了“只有有仁德的人才能够正确地去喜爱人，才能够正确地去厌恶人”的看法。实际上是要求我们修养以“仁”为核心的内在品格，克服偏私之见，正确对待他人。

“仁”是孔子确立的最高理想人格和道德准则。“忠恕之道”则是为仁的基本原则和方法。“己所不欲，勿施于人”（《论语·雍也》），在孔子的教育思想中居于重要位置。它强调了仁爱之心，又注意到了人我、群己的权界。其间蕴含的宽容平和与不强加于人的心态，正是人类个体之间、社群之间、种族之间、国家之间，乃至天、地、人、物之间，相互尊重、共存共生的相依之道。人与人之间在利益上是相互依存、不可分割的整体。无论什么样的人物，要想在社会上安身立命，成就一番事业，就必须以他人的生存与发展为前提。所以，孔子自信地说：“不仁者不可以久处约，不可以长处乐。仁者安仁，知者利仁。”“惟仁者能好人，能恶人。”（《论语·里仁》）

恨人即是恨己，爱人即是爱己。譬如登高呐喊“我恨你——”回音也是“我恨你”；反之，“我爱你——”回音亦然。所以，付出良善，最终受用还归自己。

把我当作他人，意在破除我执，达到“无我”的精神境界。做到这一点，这种心灵是愉悦的，安详的，美好的。它的中心做法是同一切功利、是非保持距离，不执一切，欣赏一切。在逆境中不失意，不愤愤不平，不愤世妒俗。在顺境中不得意，不为别人称赞所动，终日行云流水，任运腾腾，时时保持生命的安详原态。

把自己当作他人看待，才能正确看待他人，良好地同他人相处，得到美的感受。正确看待他人，就正如欣赏落日的景色一样。我们能够欣赏落日，就在于我们不控制它，不强求它。观赏时我们不会说：“左边角上的橙色该淡些，右边角上的红色可浓些，底下的云彩可惜太黑了！”

我们都会任它所具有的形态去接受它，欣赏它。看待他人亦然。对自己，这样的体验有利身心安详，对别人，则会令人感到舒适愉悦，美自在其中矣。

智慧06
用之则行，舍之则藏

【原文】

子谓颜渊曰：“用之则行，舍之则藏，惟我与尔有是夫！”

【解析】

孔子对颜渊说：“用我呢，我就去干；不用我，我就隐藏起来，只有我和你才能做到这样吧！”孔子的意思是：时代、国家如果用得到我，就出来为国家、天下做事；如时代、国家不需要我，就退隐，自己藏起来。藏在哪里呢，或隐藏到山林中去，或是“万人如海一身藏”，默默无闻地过着隐逸生活。孔子还说，这样的情形，只有我和你颜回两人可以做到。因为颜回在孔门是道德修养最好的学生，至于其他的三千弟子，相形之下，就逊色多了。

孔子本是倡导积极进取的入世观的，他主张济世利民的人生观，这里又提出“用之则行，舍之则藏”，两者是否矛盾呢？其实不矛盾，而是人生目标与具体实践策略的辩证统一。目标是明确的，信念是坚定的，但在具体策略上必须有一种灵活性。因为人生的命运遭遇既决定于主观因素，也决定于客观条件。主观上虽有济世利民的决心，但世事沉浮，人道沧桑，未必总能遂人愿。只有正确认识必然性，善于把握偶然性，人们才能主宰自己的命运。这其中的一个重要环节就是把握机遇，待时而动。孔子的“用之则行，舍之则藏”，正是一种“动心忍性”等待时机，以忍求尊的人生智慧。

三国时期的诸葛亮可算是“用之则行，舍之则藏”的典范。诸葛亮二十七岁出山之前，在隆中整整生活了十年，他除亲自参加田间劳动自给外，还常在草堂内刻苦攻读。他读的书很多，天文、历史、地理、军事、诸子百家无所不读。他的学识日渐增长。此外，他还不断地寻师访友，与一些志同道合的朋友切磋学问，讨论国家大事。这也使他长了不少见识。渐渐地，他由一个普通的青少年，变成一个通达事理、才华横溢的人杰，名气也一天天地大起来，被人尊称为“卧龙”。虽然在地方上颇有名气，但满肚子的才智还未能为世所用。但他仍自甘寂寞，隐居隆中，一边耕田种地，养活自己，一边博览群书，寻师访友，思考天下大事，探讨治国安邦的道路。而当时，实际已天下大乱，群雄割据。各路“诸侯”为了自己将来能坐天下，纷纷招纳人才，帮助自己打天下。就当时的局势看，曹操平定了中原，实力强大，诸葛亮完全可以到北方投奔曹操。还有孙权，实力虽然比不上曹操，但在江东也有一块地盘，算是树大根深，诸葛亮也满可以南下去委身于孙权，帮他干一番打天下的伟业。即使荆州的刘表，为了稳住江南的局势，抗拒曹魏的侵扰，也很需要能人帮他出主意，诸葛亮也可以受聘于他。但这些地方、这些人，他都认为不值得为之效力。所以他从未到这些地方去通门子、找关系，谋取职位，而是静观大势，等待时机成熟，良主来请，再出来施展自己的才华。直到刘备三顾茅庐，他才随刘备出山。出得山来，即大展宏图，南征北战，演出了联东吴、战赤壁、夺荆州、取益州、定汉中等等活剧，不仅让刘备终于有了立足之地，而更重要的是构建了三国鼎立之势。在处理蜀汉军政内务上，他又献出了自己的全部力量和智慧，“鞠躬尽瘁，死而后已”。

诸葛亮“藏器在身”，待价而沽时，不为权势所动，不为金钱所惑，不为美色所迷，而当刘备三顾茅庐请他出山之后，则是顺应时势，行若风雷，两朝开济，名垂青史。他对孔子“行”和“藏”的体味不可谓不深。

诸葛亮的一生，还只是先“藏”后“行”，要说真正随缘顺事，或藏或行，时行时藏，总能做到“作人脱俗，应世随时”的还要数北宋时期的苏东坡先生。

苏东坡所处的时代，正是北宋积贫积弱逐渐衰微的时期，也是朋党之争此伏彼起的年份。苏东坡一生有过坦途顺境。他二十二岁进士及第，当过太守、翰林学士、礼部尚书，官阶至三品（宋朝没有一品官，宰相才是二品），不可谓不荣耀、显赫。可他一生又三次遭贬：

第一次是发落在黄州，即今天的湖北黄州。

第二次贬到了岭南广东惠州。

最后一次是他六十二岁时，由惠州贬所再远贬到海南岛的琼州。海南那时是蛮荒瘴炎之地，死囚流放之所。东坡说这里的生活是："食无肉，病无药，居无室，出无友，冬无炭，夏无寒泉。"

在仕途顺利之时，他对君主忠心耿耿，对国家的贫弱忧心如焚，对老百姓的疾苦深切关注。为官一任，造福一方；甚至不以一身祸福，改变其忧国之心，凸显出儒士、忠臣的鲜明形象。

他入阁不久，正逢王安石创行新法，苏东坡上疏，直言新法的不利，说："我想说的话，只三句罢了：希望皇上能结人心，厚风俗，存法度。人君所依靠的就是人心，这就像树木有根，灯盏有油，农夫有田，做生意的人有钱财。失掉了人心，国家就灭亡，这是必然的道理。自古以来，没有人君平和、简易、随俗、同众，而国家不安定的，也没有人君刚愎自用而国家不危亡的。皇上一定也知道人心为什么会不高兴的道理了……"刚刚入阁，权势不重，位子不稳，但他为国家为民众着想，敢于直言。

他不但敢于向皇帝进言，而且在自己的任内抱定"为官一任，造福一方"的宗旨，积极为百姓谋利造福。任徐州太守时，当时正值黄河在曹村决口，泛滥到梁山泊，溢满了南清河，汇聚到了徐州城下。水势还在暴涨，如果不及时排泄，徐州城就将坍倒。城里的富户纷纷争着出城避水，有人也劝他避一避险情。苏东坡却说："富户一旦出城，城里的百姓就都会动摇，我和谁来共同守城？只要我在徐州，就一定不让洪水冲倒徐州城。"于是苏东坡勒令那些富户进城，并亲自到武卫营中，唤来了卒长说："黄河水将要败坏徐州城，事态急了，虽然你们是禁军，职责是守卫城池，但如今灾害当头，我也只好请你们帮助我。"卒长早被苏东坡知难而进的行为感动，一口应允他的请求。卒长说："太守尚且不躲避大水，我辈是小人，当然更该效命。"于是迅急带领他的士兵拿着畚箕和铁锸奔出去，抢险救灾。官兵奋战许多昼夜，修建了东南的长堤。抢险期间，暴雨日夜不停，苏东坡就一直住在城墙上临时搭起的小屋里，即使经过自己家门也不进去，一面查看险情，一面派官吏们分段堵塞洪水，最后终于保全了徐州城。

官场斗争是复杂的，仕途是艰险的，尽管苏东坡忠于职守，勤政爱民，但由于官场的相互倾轧，还是遭到贬斥。受贬之后，他一不怨天，二不尤人，而是勤耕苦读，四处游览，写下了许多流传千古的名篇名句。一旦朝廷重新使用，他又是一如既往，尽心尽力为朝廷出力，为民众谋利。第一次遭贬后不久，又重新起用他为杭州知府。在杭州任内，恰巧碰上大旱、饥荒和瘟疫等几种大灾疫同时发作，苏东坡立即向朝廷提出请求，希望免除灾区上供大米的三分之一，当他得到朝廷赐予的度僧牒后，立刻就把它换成粮食以赈济灾民。第二年的春天，又降低价格出售常平仓的粮食，还令官府煮了很多米粥和药剂施舍灾民，派人带着医生分别到各个街坊给灾民治病。为杜绝灾情再次袭扰民众，他组织人力，疏浚整治荒废多年的西湖，开通河道，建造堰闸，修复废井，修建三十里长堤，不仅当年使西湖能灌溉农田千顷，人民用水丰足，就是今日，西湖仍能以“淡妆浓抹总相宜”的西子美色，奉献于人间。苏东坡正是以这种“用之则行，舍之则藏”的旷达，给后世留下了深刻的印象。

从这些历史人物的人生历程中我们可以领略到孔子入世人生观的大智慧。随缘顺事，而又超脱世俗之见的人生观。人应顺应种种因缘条件而处世，随缘随时而安，顺应时代潮流地去参与现实生活，适应现实。这样既免除了心理的负担，也排除了因过去的因缘琐事而引致的那些理不清的缠缚，使人生成为真正而自然的人生。另一方面，人在适应现实生活中，应善于不落俗套地补救时弊，似和风消解酷暑的炎热，润人肺腑；在世俗生活中，保持脱俗的品性与人格，不存为纠正鄙俗而有意标奇立异之心，不起追逐时尚之念，似淡淡的月光映洒着轻云，相得益彰。

外国谚语也说道：“知道怎样静待时机，是人生成功的最大秘诀。”这就像行船一样，要趁着潮水涨高那一刹那动作，非但没有阻力，并且能帮助你迅速成功。因此，“用之则行，舍之则藏”，初看似有消极之嫌，但在天不遂人愿，现实条件受到种种限制时，着实不失为对症下药的一剂良方，退和藏的时候并不是消极无为，而是为机遇的到来一直准备着，机遇总是垂青有准备的头脑，据此则“随处可以做主人”。

智慧07
做人一定要有信用

【原文】

子曰："人而不信，不知其可也。大车无輗，小车无軏，其何以行之哉？"

【解析】

孔子说："一个人不讲信用，不知道他怎么可以立身处世。这好比大车没有輗，小车没有軏，它怎么能行走呢？"孔子的意思是说做人应讲求信义，切不可为一点小利而背叛已许的诺言。否则，失去了信用，就有可能寸步难行："人而不信，不知其可也。"

信，就是重承诺，说到做到，肯于负责。孔子说做人、处世及对朋友，"信"很重要，无信誉是绝对不可以的。尤其一些当主管的人，处理事情若不多想想，骤下决定，以致随时改变，就会使部下无所适从。所以孔子说："人而无信，不知其可也。"

"大车无輗，小车无軏。"輗和軏两个字是古代车辕前面横木上楔嵌的起关联固定作用的木销子（榫头）。輗是用牛拉，以载重，所以是大车；軏是用马拉，以载人，所以是小车。没有輗和軏就无法拉车，这都是车子上的关键所在。所以孔子说做人也好，处世也好，为政也好，言而有信，是关键所在。有如大车上的輗，小车上的軏，如果没有了它们，车子是绝对走不动的。

孔子之所以把"信"强调到如此重要的地位，是因为在他看来，信，作为说话算数，做事靠得住来讲，也就是"忠"的表现。孔子在强调言行一致时，常常是忠信并提的。他说："言忠信，行笃敬，虽蛮貊之邦（去到偏远落后部族地区），行矣（也行得通）。"由此可知，忠的表现于外，就包括"言而有信"，"敬事而信"。而忠又是孔子反复强调的道德规范——忠、恕、让、孝四原则之首。对于人际关系，对于社会，忠有着特殊的作用。这里我们不去过多论述。我们单从“信”在待人接物、处理人与人之间关系时的重要作用，亦可以看出孔子强调“信”是慧眼独具的。

俗话说：“凡事信为本，一身到处宜。实心无处假，百行有根基。”从古到今，言而有信的人受到人们的欢迎、赞颂，其事业也得到人们的支持。究其原因，是因为这个“信”包含着深刻的道理，这道理就在于信可以明德，信可以诚，信可以树威。

以信明德。曾参是孔子的弟子，他经常教导子女要诚实无欺，并以身作则。某天，曾参的妻子要去集市，儿子哭闹着要跟去，她就诓哄孩子，说回家后就杀猪给他吃。等她赶集回到家里，一眼看到曾参正在磨刀准备杀猪，她忙问究竟。曾参说：“你不是对孩子讲好，赶集回来就杀猪给他吃吗？”妻子急忙劝阻道：“我这样说，只是为了哄住孩子，你怎能当真呢？”曾参对此颇不为然，说：“我们不能哄骗孩子，因为孩子时刻在模仿父母，现在你哄骗他，等于教他用同样的方法去哄骗别人；而且当他知道你是哄骗他时，他就不会再信任母亲了，将来你如何教育他呢？”最终曾参还是杀了猪，让孩子吃到了猪肉。更重要的是，他使儿子感到父母言而有信，说到做到，父母的威信在孩子的心目中更稳固了，也使儿子懂得了做人须诚实的道理。

以信为本。春秋时期，晋文公一次准备了三天粮草包围原，并允诺三天不攻下原，便立刻撤军。到了第三天，原仍没有攻下，有人建议晋文公再观望一时，但晋文公说：“‘信’是立国的基础，也是人民的庇护所。即使得原而失信，还有什么利益可言？或许还可能因小失大。”于是，晋文公便传令三军依言撤退，三军欢呼雀跃以拥戴晋文公。

以信树威。战国时期，商鞅“徙木立信”以推行新法的故事，可算是以信树威、取信于人的典范。

商鞅原本是卫国人，后来到秦国深得秦孝公的信任，任命他为左庶长（掌管国家军政大权的官），并具体负责掌管变法事宜。公元前 359 年，商鞅起草了一个新法令，新法令的主旨在强本抑末，奖励耕战，其条款主要是：

1. 在社会制度方面，禁止父子兄弟同居一室的旧氏族制度生活习惯。把相近的许多小乡邑聚为县，设令丞，制定行政体系的组织。废除旧氏族社会聚族而居的土地上的阡陌封疆，开辟为田亩。

2. 在内政方面，令民户五家为保，十家相连。有奸人互相告发，不告发的腰斩；告发的与斩敌者同赏，隐藏的与降敌者同罪。民家有二男以上不分居者加倍征赋。严分阶层秩序和尊卑关系；按照等级尊卑规定服制并分予田宅、奴婢。

3. 在军事方面，有军功的，按功授爵；宗室贵族非有军功不得享有“爵秩”。

4. 在经济政策方面，按田产多少征收赋税，划一各氏族部落的斗桶、权衡、丈尺。奖励生产，人民必须努力从事耕织，产量多的免除徭役负担。做小生意的或懒惰贫穷的都罚作官奴。

秦孝公看过之后，认为很好，就要下令执行。商鞅说：“主公先不要忙着下令。”秦孝公不解其意，商鞅解释说：“常言说得好，‘自古皆有死，民无信不立’。必须先取信于民，让百姓知道我们说了话是算数的，新法一公布必须照着执行，只要百姓有这样一个牢固的概念，下一步就好办了。”

秦孝公听了这话，觉得很有道理，就说：“这事但凭左庶长主张。”

这一天，商鞅派人把一根约三丈长的木杆立在城南门口，并令专人守候着。人们不知道城南门孤零零地立着一根光秃秃的木杆子有什么用，都围过来看热闹。过了一会，左庶长商鞅来了，他当众宣布：“谁能把这根木杆儿扛到北门去，赏黄金十两！”围观的人们一时弄不清是怎么回事，人群中没有应声的。这也难怪，这是和官府打交道，谁知他们又要出什么花样，就凭这根木杆，扛上走这么点路，就能赏黄金十两？世上哪有这等便宜事，说不定会找你的麻烦。人们只是你看看我，我看看你，谁也不肯去没事找事。

这时左庶长又发话了：“怎么没有人扛？赏金少了？现在我郑重宣布，谁执行我的命令，把木杆由此扛到北门，赏黄金五十两！”人们听了，吓得直吐舌头。

人多了，什么样的人都会有，人群中有个好逞能的小伙子，心想：不就是扛一根木头拿赏金吗，即使拿不到赏，他又能把我怎么着，我倒要看看他葫芦里卖的是什么药，于是挤到前面说：“我来扛！”他的话音刚落，一些老人就小声嘀咕：“初生牛犊不怕虎，逞这能干什么！”小伙子不管三七二十一，他扛起木杆就往北门走。看热闹的人越来越多，都拥挤着跟在后面。

小伙子把木杆扛到北门放下，左庶长商鞅走到他们面前，叫人捧过黄金来。商鞅拍了拍这年轻人的肩膀说：“小伙子，好样的，能听从朝廷的命令，按着命令办事，应当受奖！”五十两黄金送到小伙子的手上。小伙子愣住了，围观的人群愣住了，都不敢相信这个事实。只见商鞅提高嗓门说：“大家记住，朝廷命令的公布，一定会照办的。我左庶长说话办事是守信用的！”这一消息不胫而走，很快传播到秦国各地。秦国民众都说：“左庶长有令必行，有赏必信，我们心里有数了。”

商鞅看到官府已经取得了老百姓的信任，于是请秦孝公下令颁布新法。

这则故事通常被称为“徙木立信”。本来，移木与变法毫无关联，但在这里却让商鞅巧妙地联系了起来。移木不过是一件区区小事，但唯其事小，使众人确实感到现在的官府发令必行，重赏有信，既然今天能“赏不逾日”，以后也会“罚不还口”的，再也不敢把官府的告示当儿戏了。这样一来，商鞅就在社会心理上确立了民众对官府的信赖，也就为新的政策、法令的顺利推行，赢得了广泛的社会理解和支持。

新法令公布以后，秦国很快就发生了变化。战士们在战场上打仗十分英勇，为个人私事打架斗殴的少了。农民种田的积极性提高了，投机骗钱的人和懒汉少了。没有军功的贵族失去了特权，不能再作威作福。立新功得到奖赏的人，感到分外荣耀。商鞅变法的成功，应该说与他的“徙木立信”的轰动效应有着密切的联系。

诚实信用在现代社会生活中是非常重要的品格。即使在市场经济中也离不开这条原则。有一句老话说“成大业者必有大德”，你越是讲诚信，越能获得更大的经济效益，这是成正比的，特别是在市场经济成熟时，这就非常重要了。如果你认为要获取更大的利润，就必须用欺诈手段或者不诚信的方式来获取，这恰恰是错误的。前几年南京冠生园发生了月饼陈年馅的问题，现在这个企业已经倒闭了，根本谈不上任何利润了。你本来想用这些手段获得更多的利润，但是适得其反，到头来还是身败名裂。因此，你要长期在市场上做下去，就必须对顾客确实像上帝一样，要尊重他，要满足他的需求，要真正地全心全意的为他们服务，才能开拓市场。

智慧 08
人无远虑，必有近忧

【原文】

子曰："人无远虑，必有近忧。"

【解析】

孔子说："一个人没有长远的考虑，一定会遭到眼前的忧患。"这句话的意思是说，不管做什么事情，都要预先考虑与谋划清楚，尽量做到成竹在胸。不然，总是临时抱佛脚，难免疏漏百出。这就是说，要做到未雨绸缪，趁着还没下雨，先修缮房屋门窗。否则一旦下起雨来，就马上会面临漏雨之忧患。此理看似平常，但也并非每一个人都能做到的。

一个人思考问题，处理事情，不但要顾及眼前，并且还要考虑到长远。只有这样，才能安排协调好方方面面的关系，不致出现各种意想不到的困扰。否则冒冒失失，顾头不顾尾，说不定忧思就会一夜之间来到你的面前。做任何一件事情，没有一个长远和近期的通盘性考虑是不行的。子曰："人无远虑，必有近忧。"意思是说："一个人如果没有对将来的长远考虑，必定会有眼前的忧患。"

北宋的张咏任崇阳县知县的时候，当地的居民都以种植茶树为生。张咏知道后说："种植茶叶的利润丰厚，官府将来一定会对茶叶进行垄断，我们还是尽早改种其他植物为好。"然后他下令全县拔除茶树而改为种桑养蚕，这一举动使得百姓们怨声载道。后来国家果然对茶叶进行了垄断，其他县的农民全都丢了饭碗，而崇阳县种桑养蚕的大环境已经形成，每年出产的丝绸有几百万匹之多。当地的居民们感激张咏给他们带来的福利，修建了祠堂来纪念他。

宋仁宗晚年精神错乱，时有狂癫之状，宫廷内外，人心惶惶；京城开封，气氛紧张。一代名臣文彦博和另一个人品不怎样的刘沆同为宰相。这一天，文彦博等人留宿宫中，以便处理紧急事务，应付非常之变。一天深夜，开封府的知府王素急慌慌地叩打宫门，要求面见执政大臣，说是有要事禀报。文彦博拒绝了："这是什么时候，还敢深夜开宫门？"第二天一大早，王素又来了，报告说昨天夜里有一名禁卒告发都虞候（禁军头目）要谋反。有的大臣主张立即将这名都虞候抓来审问，文彦博不同意，他说："这样一来，势必扩大事态，闹得人人惊惶不安。"他召来了禁军总指挥许怀德问："这位都虞候是个什么样的人？"

许怀德说："这个人是禁军中最为忠诚老实的一个人。"

文彦博问："你敢打保票吗？"

"敢。"

文彦博说："一定是这个禁卒同都虞候有旧仇，所以趁机诬告他，应当立即将他斩首，以安众心。"大家都同意他的意见。

文彦博便要签署行刑的命令，他身边有一个小吏在暗中捏了一把他的膝盖，他顿时明白过来，软磨硬泡地让刘沆也在命令上签了名。

不久，仁宗病情有所缓解，刘沆便诬告说："陛下有病时，文彦博擅自将告发谋反的人斩首。"话虽不多，用意却十分恶毒，分明是暗示文彦博纵容造反者，甚至是造反者的同谋。文彦博当即拿出了有刘沆签名的行刑命令，这才消除了仁宗的疑心。幸亏刘沆签了名，否则，文彦博真是有口难辩了。

人无远虑，必有近忧。一个取得成功的人，必须拥有长远的眼光。唯有如此，才能不被眼前的繁荣所迷惑，看到隐藏在繁荣背后的危险。否则，一味陶醉在目前的成功之中，在前进的道路上裹足不前，就有可能被潜伏的危险击倒，使原有的成就都化为乌有，自尝失败的苦果。张咏正是凭借他的深谋远虑，才透过种植茶树表面的繁荣，看到了其不利的因素，帮助崇阳的百姓躲开了可能降临的灾祸；而文彦博身边的小吏更是熟知官场中的复杂残酷，偷偷地指点了文彦博一下，替其免除了一场杀身之祸。

因此，善经营者，睹事于未萌，所以能未雨绸缪，处处主动。如举世闻名的希腊船王奥纳西斯，在 1929 年的西方经济大危机时，预见到危机后的复苏和将来运输业的发展，不去大量购买破产企业的不动产，更不是抢购当时让人眼热的黄金，而是以惊人的眼光去收购被人们看作最不景气的航海业的工具——船。正是他的远见卓识和先期准备，在第二次世界大战爆发时，终于提供给了他天赐良机，他的船只一夜之间变成“浮动金矿”，财源滚滚而来。战后，他一跃成为名扬世界的“船王”。

在现实生活中，努力培养自己的忧患意识，提高自己对事物发展的把握能力，是很有必要的。因为生活每天都在进行，我们身处的环境也在发生着日新月异的变化，我们也应该积极地面对这种变化，开拓思路，避开隐藏于暗中的危机，以获得更大成功。

我们一定要记住：成大事者都是从长计议的人，不会去干一些只顾眼前利益而伤害长远利益的事情。因此，做人不能不深思熟虑，不能不前思后想，不能只顾前而不顾后，不然就必然碰到眼前的忧患。

智慧 09
有过则勿惮改

【原文】

子曰："主忠信，毋友不如己。过则勿惮改。""过而不改，是谓过矣。"

【解析】

孔子说："应该亲近忠诚和讲信义的人，不要和不如自己的人交朋友，有了过错不要害怕改正。""犯了错误而不改正，这才叫作错误了。"作为具有高尚人格的君子，过则勿惮改就是对待错误和过失的正确态度，可以说，这一思想闪烁着真理光辉，反映出孔子理想中的完美品德。

孔子在"修身""正己"问题上，非常强调自省改进。在《论语》中多处见到他谈自省改过的话题。在《论语·公冶长》中，他指出，人应"能见其过而自讼（即能看到自己的过错而进行自我批判）"。在《论语·子罕》中还说："法语之言，能无从乎？改之为贵。巽与之言，能无说乎？绎之为贵。说而不绎，从而不改，吾末如之何也已矣。"翻译成白话意思是："符合礼法的话，能不听从吗？但只有（按照原则）改正（自己的缺点错误），才是可贵的。顺耳好听的话，能不让人高兴吗？但只有分析鉴别（这些话的真伪是非），才是可贵的。如果只高兴而不分析鉴别，只听从而不改正自己，（对于这样的人）我实在没有什么办法啊。"

孔子不但要求别人"过则勿惮改"，对他自己也能不讲面子，有一种"闻过则喜"的态度，认为别人批评自己的过错是好事。例如，在《论语》中记载了这样一件事：

楚国使者陈司败问孔子："昭公知礼乎？"孔子回答说："知礼。"孔子走后陈司败就感觉到孔子在这里是不坚持原则，有意袒护昭公，所持的理由是昭公“取（娶）于吴为同姓（按周礼规定同姓是不能结婚的）”，陈司败说，昭公做出这样的事，如果还说昭公“知礼”，这世上还有谁不知礼呢？孔子后来听到这个批评后说：“丘也幸，苟有过，人必知之。”意思是说：“我真幸运啊，一旦我有过错，马上有人提醒我，告诉我。”

不但孔子重视并反复强调“过则勿惮改”，“不二过”（不重复犯一样的错误），他的学生中，许多人也是坚持“知过必改”的。传说“子路闻过则喜”，当然是孔子影响所致。子贡说：“君子之过也，如日月之食（蚀）焉；过也，人皆见之，更也（改了过），人皆仰之。”言外之意是，改了过错则思想言行会更健康，也显得风格更高了。这同我们现代人说的改过是进步的动力的观点是一致的。子夏也说过：“小人之过也，必文（即一定文饰、粉饰、辩解，怕丢面子）。”换句话说，那么君子则不怕丢面子，能正视错误，改正错误。一般来说，人如不正视、改正错误，而文过饰非，那就更错了。人们常说的“欲盖弥彰”就是这个意思，这样便不能进步，反而会摔跤的。

孔子在强调一个人修身、正己过程中，把能不能改正错误作为重要内容，并且明确指出“过则勿惮改”，不但问题抓得准，切中要害，而且也符合人们成长进步的过程。世界上没有不犯错误的人，差别是错误的大小和多少，更大的差别还在于对待错误的态度上。错误人人难免，有时不以人的意志为转移，但犯了错误不能改正错误，那就错上加错；犯了错误，但能正视错误，改正错误，不但对事情有所补救，而且也能从错误中吸取教训。平时我们说的“亡羊补牢，犹未为晚”“吃一堑长一智”，都是这个意思。从某种意义上讲，人就是在不断犯错误、又不断改正错误中进步的。而每一回错误的改正，便意味着在完善自我的台阶上又上前一步，所以古人说：“知过能改，善莫大焉。”历史上有明君、昏君的说法，其实明君不是未卜先知的圣人，纵观他们的行踪，许多明君是明在他们能“过则勿惮改”；昏君则相反，昏就昏在有了过错却“死不改悔”。“过则勿惮改”的明君能创一番轰轰烈烈的大事业；死不改过的昏君只能自食恶果，只能像南唐后主李煜那样：

四十年来家国，三千里地山河；
凤阁龙楼连霄汉，玉树琼枝作烟萝。
几曾识干戈？
一旦归为臣虏，沈腰潘鬓消磨。
最是仓皇辞庙日，教坊犹奏别离歌，
垂泪对宫娥。

敢于承认错误，并且能够正视错误和改正错误的，在封建王朝中，可能唐太宗李世民算第一个。唐太宗非常喜欢魏徵给他说的“兼听则明，偏信则暗”这一句话。他对大臣们说：“自古以来帝王怒起来就随便杀人，夏朝的关龙逢，商王的比干，都因为敢谏而被杀。汉代的晁错也是无罪被杀，我总是提醒自己以此为戒。为了国家，请你们经常指出我的过错，我一定接受。诸位经常记着隋朝灭亡的教训，我常常想着关龙逢、晁错死得冤枉，咱们君臣互相保全不就很好吗？”唐太宗不但这样说，在实际行动中也着实有知错就改的举动。

有一次，太宗出行至洛阳，嫌地方供应的东西不好而发火。魏徵当即劝谏道：“隋炀帝为追求享乐，到处巡游，供求无厌，弄得民不聊生，以至灭亡。今圣上得天下，正应当接受教训，躬行节约，怎能因天下供应不好就发脾气呢？如果上行下效，那将成什么样子！”太宗接受了他的批评。

有一年，陕西、河南发大水，不少地区遭了灾，太宗却要建飞龙宫。魏徵上疏反对，说隋炀帝大修行宫台榭，役无时，干戈不休，把人民逼上绝境，最后招致灭亡。皇上要引以为戒。如果重复隋炀帝的做法，那就是“以暴易暴”，还会重蹈亡隋的覆辙。最后说服太宗停建了这项工程，并把备用的木料都送到灾区救济灾民。

还有一次，太宗要修洛阳宫，河南陕县县丞皇甫德参上书反对说：“修洛阳宫，是劳民之举；收取地租，是重敛于民；天下妇女时兴高髻，是从皇宫里传出来的。”太宗看了奏章勃然大怒，说：“这家伙是想让国家不役使一个人、不收一斗租，宫里的女人都变成秃子，他才会满意！”魏徵在旁，连忙解释说：“大臣上书，言辞不激烈不足以引起圣上的重视，言辞激烈又近于诽谤，希望陛下能够理解。”太宗听了，转怒为喜，还派人赏赐了皇甫德参。

贞观二年（628 年），太宗访得隋朝旧官郑仁其有个小女儿生得天姿国色，又有才学，想纳入后宫为妃，册封的诏书已写好。魏徵听说郑女早已许嫁陆氏，于是面谏太宗：“陛下为天下万民的父母，应爱抚百姓，忧其所忧，乐其所乐。自古有道之君心里总是想着百姓。住在皇宫里，想着百姓是否有房子住；吃山珍海味，想着百姓是否受冻挨饿。嫔妃拥前，要想着百姓是否有家室的欢乐。郑氏之女已许嫁别人，陛下却想娶至后宫，这哪里是为民父母者应做的事情呢！”说得太宗无言以对，马上停止册封，让郑氏之女仍归陆氏，并自责：“听说郑氏之女已受人礼聘，朕下诏册封的时候没有详审，这是朕的过错。”

由于唐太宗能听大臣们劝谏，纠正了不少过失，带来了贞观盛世。唐太宗李世民在实践中尝到了知错就改的甜头，因此还以自己的过错警诫后人，劝他们笃行仁政节用爱人，不要犯他曾犯过的错误。他临死的前一年，曾对太子李治说：“我即位以来毛病很多，喜欢锦衣玉食、宫室台榭、犬马鹰隼，四方行游，烦扰百姓，这都是我的过错，可不要学习我这些。”

唐太宗有“贞观之治”，应该说与他能“闻过则喜”不无关系。相反如果“闻过则怒”，或者“讳疾忌医”，则一定会造成严重的损失，以至身败名裂。相传古代的周厉王，横征暴敛，虐待人民，激起了人民的愤懑，甚至有人破口大骂。厉王对别人的指责置之不理，而且让巫师们去“监谤”，发现有人议论或咒骂厉王就抓去杀头。

在周厉王的镇压下，人们敢怒不敢言，在路上相遇只能用目光相互交换眼色。厉王十分得意，说：“我能制住人们的诽谤了！”对此，召公曾多次提醒厉王，“防民之口，甚于防川”，“若塞其口，其与能几何！”不出召公所料，国人不堪忍受，爆发了我国历史上第一次大规模的民众暴动，周厉王也因此逃走他乡。

三国官渡之战的袁绍，事先不听忠告，强行征战大败而归，不但不承认错误，反而杀掉忠心于他的志士田丰，更是令人发指。官渡之战，袁强曹弱，在资历、名望、地形和兵力上，袁绍都占有明显的优势。但袁绍出征之前，田丰却持异议，泼了其主子一盆冷水。

据田丰的分析，“曹公善用兵，变化无方，众虽少，未可轻也。”田丰的策略是：“不如以久持之”，“据山河之固，拥四州之众，外结英雄，内修农战”，“我未劳而彼已疲，不及二年，坐可克也。”田车这个“坐逸待劳”之计，是很有见地的，可惜袁绍不采纳，不仅不采纳，还以“扰乱军心”的罪名将田丰打入牢房，当自己的失败被田丰料中后，却又不肯承认自己的失误，反而怕被田丰讥笑，把田丰处死于狱中。这种爱面子、要权威、知过也不改的态度，正是袁绍由强变弱，最后落得一败涂地的重要原因。

痛加反省，迷而知返，不但不会丢面子，不会失威信，反而会赢得赞誉，受到称道。战国时期，赵国“将相和”就是典型一例。“将相和”成为千古美谈，固然与蔺相如顾全大局受辱不羞、宽以待人的度量有关，但是也缘于廉颇痛加反省、知错必改的大将作风。

能不能知过必改，关键看能否进行自省自讼。怎样进行自省自讼呢？自省固然主要是回忆、检查自身，但按照社会学、行为学的观点，人的思想和行为等等，总是在对象性的联系中体现和完成的，因而自省应当是以自我为中心，同时联系到身外的人和事来加以思考。在你的日常生活中，在遇到的事情中，在与人交往中，别人见到你时是否喜欢，或是讨厌你。如果喜欢你，是什么缘故？如果讨厌你又是什么原因？你遇见人时，是否感觉自然，或觉得很不自在？如果感到自然或窘困，又是什么道理？即以这些参照物来反观自己的举措，校正自己的行为。历史上的廉颇从蔺相如对自己的避让中，觉察到自己只顾争一人之高低，而置国家利益于脑后，立即省悟这是大错特错，从而立即改正。在日常生活中也有不少人是在别人对自己的看法、对自己的评价中了解到自己的过错，突然醒悟迅速改正，并做出了突出成绩的。

因此，为人应该有不惮改过的气度。自己做个错事并不要紧，关键的是要能够改正错误，这样才会有进步。而且，如果是领导的话，还要积极听取下属的有益的意见和建议，只要是对个人或者工作有帮助的，就应该虚心接受。

智慧 10
一定要以诚立身

【原文】

曾子说："吾日三省其身：为人谋而不忠乎？与朋友交而不信乎？传不习乎？"

【解析】

曾子说："我每天再三反省自己：替人家办事没有尽心竭力吗？与朋友交往不讲信用吗？老师传授的学业没有用心复习吗？"曾子所反省的这三件事其实可以归结为一件事，即反省自己有没有违反"诚"这一准则，即对自己对他人是否诚实。

古代的贤人孟子说过："诚者，天之道也；思诚者，人之道也。至诚而不动者，未之有也；不诚，未有能动者也。"诚实，在任何时候都是人的可贵品质，是做一个君子的最基本的要求。也正因如此，高允以诚立身，深为人们赞许。

魏世祖太武帝时，高允与司徒崔浩奉命一同著成《国纪》。高允以侍郎、从事中郎兼任著书郎。他精通天文历法，在著述过程中，经常匡正崔浩的谬误，令人叹服。当时，有著作令史闵湛等人乖巧奸佞，深得崔浩信任。见崔浩注释的《诗》《论语》《尚书》《易》，便上奏章，说马、郑、王、贾所注述的《六经》，疏漏谬误之处很多，不如崔浩所注精微，因而请求将这些在境内流行的各家注述书籍统统搜集收藏，颁发崔浩的注书让天下人学习。同时请求世祖赐命，让崔浩再注释《礼传》，以使后生晚辈们能够真正领会其中的义理。有人抬轿子，大事吹捧，崔浩飘飘然不知所以。闵湛阿谀有功，崔浩心中有数，决不能亏待，上表推荐，称赞他有著述的才华。不久，闵湛又怂恿崔浩将其撰写的《国纪》全文刊刻在石碑上，立于交通要道，求永垂不朽，并借以彰明崔浩秉笔直书的事迹。

高允听说后，忧心忡忡，料知崔浩这样得意忘形，必无好结果。他不无担心地对著作郎宗钦说："闵湛所作所为，实在是岌岌可危，恐怕会给崔浩宗族招来永世大祸，我们也很难幸免。"高允料事如神，不久果然事发，崔浩因撰写《国纪》触怒世祖，被收押在审。

此时高允在中书省供职，恭宗已被世祖立为太子，曾由高允讲授经史，对他很敬重，见高允因参与《国纪》的撰写也将受到牵连，就设法救助。他派东宫侍郎吴延请来高允，让他留在宫内。第二天，恭宗奏明世祖，命高允陪同自己进宫朝见。到了宫门口，恭宗说："现你我一同进见至尊，进去后我自会为你疏导，至尊如果询问，你只要依我的意思回答即可。"二人进宫面见世祖，恭宗小心翼翼说道："中书侍郎高允一直在臣宫中，与臣相处多年，一向小心谨慎，臣对此十分清楚，他虽与崔浩共事，但位卑言轻，受崔浩制约，责在崔浩，请赦高允不死。"世祖召高允近前问道："《国纪》是否皆为崔浩所作？"高允答："《太祖纪》为前著作郎邓渊所撰，《先帝纪》及《今纪》，臣与崔浩同作，但崔浩综理全面，事务繁杂，虽是共撰，其实不过总审裁断而已。至于书中注疏，臣所做多于崔浩。"世祖闻言大怒："如此说来，你罪更甚于崔浩，岂能放你生路。"恭宗见世祖发怒，事情不妙，马上插话解释辩白："父皇息怒，高允乃一介小臣，恐惧迷乱以至语无伦次。臣过去曾详细查问，高允都称《国纪》为崔浩所作。"高祖再问高允："果然如太子所言？"高允面无惧色，从容作答："臣才疏学浅，著述多有谬误，有违圣恩，又触怒天威，臣已知罪，罪该灭族。臣死在即日，不敢胡言妄说，欺蒙圣听。太子殿下因臣随侍左右讲授经学多年，可怜臣下，故极力为臣请求宽免，其实殿下并未曾问臣，臣也无此言。臣如实奏报，不敢隐瞒。"世祖听罢，怒气顿消，对恭宗道："真是直言不讳！这也是人情所难，临死而不巧语饰过，岂不难哉。且为臣不欺君，告朕以实情，真是忠贞之臣。虽然有罪，也可宽免。"于是，高允得到了赦免。

世祖随即召来崔浩，命人请问，崔浩惶恐迷乱，不能应答，哪似高允，事事申说得清清楚楚，有条有理。这下世祖愈发恼怒，命高允拟写诏书，将崔浩以下、僮仆小吏以上共一百二十八人，均满门抄斩，株连五族。高允受命草拟诏书，但他迟迟不肯写，世祖频频派人催问，高允请求再进见世祖，说明情况然后才好拟诏。世祖应允，高允面奏说：“崔浩获罪，若另有罪状，臣不敢多言，但若仅以此事论罪，罪不该死。”世祖一听，勃然大怒，命待卫将高允拿下。恭宗只得再次上前求情，世祖道：“不是此人劝谏，更要致死数千人。”恭宗与高允再不敢多说，拜谢退下。崔浩最终仍遭灭族灭门之祸，崔浩僚属僮吏也都被处死，但仅止于本人，不累及妻子儿女。著作郎宗钦临刑前，想起高允当时的预言，长叹一声：“高允有先见之明，简直是个圣人啊！”

事过之后，恭宗曾责备高允说：“做人应知道随机应变，否则多读书又有何益。当时我为你安排导引，你为何不依我言行事，以至触怒圣帝，雷霆万钧，至今想起仍心有余悸。”高允当时何尝不明白恭宗的一片苦心，但他自有一番道理，此时才告知恭宗：“臣是一东野凡夫俗子，本无意做官，不想被朝廷征召，沐浴圣恩，在中书省为官。自思多年来尸位素餐，枉享官荣，妨碍贤良，心中每每不安。至于说到史籍，应为帝王言行实录，是将来的借鉴，今日借此可以了解过去，后代借此可以知晓今朝，因此言行举动，无不一一记载，为人君者自然对此分外审慎。崔浩世受皇恩，荣耀一时，而辜负圣恩，以至自取灭亡，崔浩其人其事，确有可非议之处。崔浩以平庸之才，而承担栋梁重任，在朝内没有忠诚正直的节操，退归没有雍容自得的称誉，私欲吞没了清廉，个人好恶掩盖了正直与公理，这些应是崔浩的罪责，至于其记载朝廷起居之事，评论国家政事得失，本是撰写史书的惯例，并没有过多违背。臣与崔浩共撰一书，同担一事，亦是事实。死生荣辱，不该有别，依理而言，臣不应有所特殊。今日获免，由衷感激殿下再生之恩。臣违心苟且求免，并非臣之本意。”高允一席话掷地有声，恭宗听罢，为之动容，又连连慨叹。

总观高允言行，始终表里如一，言行不二，不做投机取巧、阿谀逢迎、苟且求生的勾当，以忠直坦诚为其立身准则。人生在世，难得的就是这个“诚”

字，更难得的是遇有风浪，生命攸关，仍能不变本色。封建时代，官场多是名利场，为争权逐利，为谋取高官厚禄，尔虞我诈，互相攻讦倾轧，而吹牛拍马，巧言令色，欺上瞒下，八面玲珑，在官场上更是司空见惯，见惯不怪。高允身在官场几十年，不管风云变幻，不计利害得失，坚持以诚立身，教人以诚，待人以诚，实属难能可贵，也使他赢得了上上下下的信赖和尊敬。

诚实，是为人处世的最宝贵的品质之一。以诚立身，虽然有可能在某些情况下会吃亏甚至会得罪某些人，但从长久来看，必然会得到人们的信赖与尊敬。

智慧 11
贫莫自哀，富不忘礼

【原文】

子贡曰：“贫而无谄，富而无骄，何如？”子曰：“可也。未若贫而乐，富而好礼者也。”

【解析】

子贡问：“贫穷而不去巴结人，富裕而不骄傲自大，这种人怎么样？”孔子说：“可以了。但还不如贫穷而仍然快乐，富裕而好礼节的人。”

“贫而无谄”，仅仅是“固穷”，是穷人保持自己尊严的最后底线；“富而无骄”也只能算是一种消极的不作为。这两种行为的心理背景，仍然存在严重的贫富界线。因此，这还算不上一种超脱的人生认知境界。

而“贫而乐，富而好礼”，则完全把“贫”或“富”抛开，而以发自内心的生命喜悦和谦仁礼让作为生活的最实质性的内容与准则。能够达到这种境界的人，才是真正的贤者，才是真正懂生活、会生活的人。

其实，人活在世上是否幸福，关键在于心态，贫或富只是一种外在因素，真正有道的人是不会为其左右的。况且，贫或富也是像浮云一样变幻不定的东西，为之忧苦或因之骄纵是轻薄不明智的，不为智者所取。

“不要挡住我的阳光。”这句话是古希腊犬儒学派的哲学家狄奥根尼的名言。狄奥根尼蔑视权贵，无意仕途，过着放荡不羁的生活，倒也自得其乐。一天，他正在大街上晒太阳，亚历山大大帝路过这里，对他说：“哲学家，你对我有什么要求，我可以满足你的一切欲望。”狄奥根尼毫不给大帝面子，平静地说：“我所要求你的，就是你走开，不要挡住我的阳光。”

东汉的严子陵，不高攀刘秀这个做了皇帝的老同学，继续过自己清贫的生活，而刘秀也并不勉强于他，仍以礼相待。

严光，字子陵，年轻时曾是汉光武帝刘秀的同窗，有很高的名望。刘秀称帝后，告示天下，令人寻找严子陵。但是光有名字不好找。于是光武帝召集宫廷的一流画家，描绘出严子陵的容貌，直到画得形神毕肖后，便复制了许多份，颁发天下，命各地官吏负责寻找严子陵，过了许久仍杳无音信，汉光武帝十分焦虑。

有人冒充严子陵，刘秀召见后，一一否决。时间过了许久却没有一点儿消息，刘秀忧心忡忡。

严子陵到底在哪里呢？

严子陵看到刘秀打得天下，知道定会封他做官，可他生来厌恶官场，不愿意享受朝廷俸禄。于是，他隐姓埋名，在齐县境内富春山中过起了隐士的生活，一天到晚垂钓于溪水之中，怡然自得。

有一天，一个农夫上山砍柴，又累又渴，便到河边喝水，看见一人独自坐在河边钓鱼，他越看越觉得这个钓鱼人面熟，回到镇上，看到集市张贴的画像，农夫才明白，山中的钓鱼人就是刘秀出重金寻找的严子陵。农夫顾不得一天劳累，扔下柴禾，飞一样跑到衙门，把此事报告了县令，农夫也因此得到了一份儿奖赏。

齐县县令上书光武帝：“有一个人，身披着羊皮大衣，在富春山溪水边钓鱼，很像严子陵。”

刘秀立即命官吏备好车马，装上优厚俸禄，想把严子陵请出富春山，然而官车去了又回，均无收获。

这天，官吏又一次来到富春山，严子陵说：“你们认错人了，我只是普通打鱼人。”使者不管他怎么解释，硬是把他推进了官车，快马加鞭送到了京城。严子陵住进了刘秀特意为他安排的房子，每日饭菜相当可口，数十名仆人为他效劳，然而对于这些他不屑一顾。

侯霸与严子陵也是旧时好友。此时的侯霸已今非昔比，他接替伏湛做了汉朝的大司徒。侯霸听说严子陵已到皇宫，就让属下侯子道给严子陵送去一封书信，表示对严子陵的问候。一见严子陵，侯子道恭恭敬敬地把信递了过去，此刻，严子陵正斜倚在床上，听到是大司徒侯霸派人送信，仍然面无喜色。接过信，大概一看，便放在了桌子上。侯子道以为严子陵因为侯霸没有亲自看望而不愉快，忙又说："大司徒本想亲自迎接您，因为公事繁忙，一刻也脱不开身，晚上，他一定抽空登门拜访，请严先生写个回信儿，也好让我有个交代。"

严子陵想了片刻，命仆人拿出笔墨，他说，让侯子道写。信中写道："君房（侯霸字君房）先生，你做了汉朝大司徒，这很好。如果你帮助君王为人民做了好事，大家都高兴；如果你只知道奉承君王，而不顾人民死活，那可千万要不得。"他说到这儿停了下来，侯子道请他再说些什么，严子陵没有吭气儿，侯子道讨了个没趣回到了侯霸那里。

侯霸听完侯子道的话，看了严子陵的回信面有怒色，觉得严子陵不把他这个大司徒放在眼里。于是把严子陵信里写的这番话报告了刘秀，谁知刘秀却说："我了解他，就这倔脾气。"

当天，刘秀去看望严子陵。皇帝亲自登门，这可是件大事儿，得远迎才对。可严子陵根本不理，躺在床上养神。刘秀进来后，看到他这幅情景并不恼火，走过去用手轻轻地拍了拍严子陵的肚子，亲切地说："老同学，你难道不念旧情，帮我一把吗？"严子陵说："人各有志，你为什么一定要逼我做官呢？"刘秀听后长长地叹了口气，失望地走了。

有一晚，刘秀与严子陵叙旧。刘秀问："我比从前怎么样？"

"嗯，有点儿进步。"严子陵大模大样地回答道。

那晚，两人睡在一起，严子陵故意大声打呼噜，并把腿压在刘秀身上，刘秀毫不介意。第二天早上，太史惊慌地来汇报："皇上，昨晚微臣观察天象，发现有一客星冲犯帝星。"刘秀轻描淡写地说："没啥大不了，昨晚我和严子陵在一起。"

刘秀封严子陵为谏议大夫，他不肯上任，仍旧回到富春山中过他的隐士生活，种种地，钓钓鱼。富春山边有条富春江，江上有个台子，据说是当年严子陵钓鱼的地方，称为“严子陵钓台”。

狄奥根尼只需要温暖的阳光，严子陵只希望寄情于山水之间，他们以这种在俗人看起来“贫穷得可怜”的生活为乐；而亚历山大大帝和刘秀，也能以帝王身份，以礼相待这种人。他们对于彼此的态度和行为，以及那种超脱的关系，也可以算是一段佳话了。

智慧 12
人生贵在自强不息

【原文】

子曰："譬如为山，未成一篑，止，吾止也。譬如平地，虽覆一篑，进，吾往也。"

【解析】

孔子说："好比用土堆山，只差一筐土就堆成了，如果停下来，那是我自己停下来的。好比用土平地，即使刚刚倒下一筐土，如果前进，那是我自己要前进的！"

人怀才不遇是经常的事情。一是由于自己的才华没有被人发现，所以也就不可能被使用；二是虽然胸怀大志，满腹文韬武略，但是生不逢时，像姜太公那样，不愿意把自己的聪明才智用在助纣为虐上，而要与明主相顾，像鸟要择木而栖那样，君子要审时度势，择主而事。这样就要忍受一时的贫穷、困苦，忍受住自己的不得志，而不能为了眼前的功名利禄，放弃自己的追求。真正有大志的人，即使是平生不得志，也会廉洁自守，刚正不阿，不会依附权贵，更不会与奸人同流合污。不怕失败，也不畏惧别人的嘲讽，矢志不渝地向着既定奋斗目标前进。唐朝裴略出身高级官员之家，得以成为唐太宗时期的一个宫廷侍卫。他头脑灵活，为人机警，当了两年多的宫中侍卫，长了很多见识，也认识了许多朝廷大臣。这一年，裴略参加了兵部主持的武官考试。考完后裴略自我感觉不错，觉得很有把握被录取。谁知到了开榜之日，裴略竟名落孙山。气恼之余，他想去找宰相温彦博申诉，或许能争得一个转折的机会。反正是死马当活马医，成功了是意外，不成功也无所失，裴略抱着这样的心理去见温宰相。

裴略是宫中侍卫，没费什么周折便进入宰相宫邸。正巧，兵部尚书杜如晦也在温家，二人在客厅饮茶交谈，已有一会儿了。

裴略一见杜如晦也在座，感到来得不是时候，上前施礼后，便临时改换了一个话题。裴略彬彬有礼地对温、杜二人说：“我在宫中干了几年，长了不少见识，我觉得自己能明辨事理，记忆力极好，尤其对语言特别敏感，别人说一段话，我能一字不漏地复述下来，如果在朝廷做个通事舍人，我相信是非常称职的。”温彦博一听，笑了起来，心想：真是一个自命不凡的人。他看了看杜如晦，见他没有开口说话的意思，便对裴略说：“太宗皇帝爱才惜才，古今少有，但皇上量才录用，视能授职，要通过一定的考试程序。前不久兵部主持的考试，就是为了选拔人才，你参加了这次考试没有？”

裴略接口说：“我不但参加了，而且考得很好；但也许是考官们那天喝多了酒，醉眼昏花，录取时把我的名字给弄丢了。”温彦博哈哈大笑，对杜如晦说：“你看，有人到这儿来告你兵部的状了。”杜如晦从容说道：“我真希望有人能对我们兵部的工作提出意见。不过，评卷、复查，手续完备，至今尚未听说过有什么偏差。年轻人，你考得也许是不错，但别人考得更不错哩。这次没被录取，下次再考嘛。”裴略一听，心里凉了半截。杜如晦接着又说：“看你这样能说会道的，你还有何才能？”裴略一听，随即转忧为喜，马上大声说：“我会写诗作赋，不信，您出题试试？”温彦博抬头看到院子甬道两旁的数枝翠竹，于是对裴略说：“你就以竹为题，赋诗一首吧。”

裴略低头略一思索，一首诗脱口而出：

庭前数竿竹，风吹青萧萧。
凌寒叶不凋，经夏子不熟。
虚心未能待国土，皮上何须生节目。

这首诗抓住竹子外表有节、内里空虚，经冬不凋、经夏无子的特征，讥讽竹子徒有其表而不务实际。以竹喻人，一语双关。

温彦博和杜如晦听罢点点头，露出赞许的目光。温彦博心想：也许他曾经作过这个题目的诗，所以显得敏捷、成熟，便决定换个题目，再试一下。于是又指着屏风对裴略说：“你再以屏风为题，作诗一首，好吗？”

裴略随即缓缓走到屏风前，口中吟道：

高下八九尺，东西六七步。
突兀当厅坐，几许遮贤路。

他略一停顿后，突然亮开嗓门大声说：“当今圣明在上，大敞四门以待天下士人，君是何人，竟在此妨贤？”话音刚落，伸出双手“哗”地一声，将屏风推倒在地。裴略出语惊人，行动更是出人意外。这首诗，这番话，明里说的是屏风挡道，实际暗示当权者不识人才，堵塞贤路。裴略说话时，吐字清晰，语调铿锵，声音洪亮，落落大方。

温彦博笑着对杜如晦说：“你听出来没有？年轻人的弦外之音，是讽刺我温彦博哩。”裴略随即接口，一面比划着自己的臂膀和肚皮，一面说：“不但刺膊（博），还刺肚（杜）呢。”温彦博和杜如晦不觉被他的机敏逗得哈哈大笑。

没过几天，补齐必要的手续后，裴略被朝廷授予陪戎校尉，这是武职中第 30 队，一个从九品的小官。官职虽小，但裴略毕竟是正式进入了仕途。

在怀才不遇的情况下，君子应该坚持不懈，自强不息，积极进取，用自己的才华，让世人认识自己，要像孔子所说的那样“譬如平地，虽覆一篑，进，吾往也”，而不要中途停止，忍气吞声，不再奋斗。奋斗不奋斗所获得的结果是完全不同的。

天行健，君子以自强不息。人生在世，由于各种各样的原因，别人不可能一下子完全认识自己，甚至在某些情况下还会误解自己，这就需要自己坚持不懈地去充分展示自己的才华，积极进取地抓住各种机会，让别人去充分认识自己。

智慧13
一定要严于律己

【原文】

子曰："君子求诸己，小人求诸人。"

【解析】

孔子说："君子严格要求自己，小人苛刻要求别人。"

孔子说："君子求诸己，小人求诸人。"这话的意思就是君子严于律己，让自己的一言一行都符合道德规范，使自己经得起时间与历史的考验。而小人只苛刻要求他人，而对自己却放任自流。在严格要求自己方面，长孙皇后的言行为我们做出了很好的榜样。

长孙皇后十三岁时与唐太宗成婚，武德元年（618年），被册立为秦王妃。武德九年（626年）六月，册拜为皇太子妃。武德九年八月，太宗即皇帝位，立为皇后。

长孙皇后崇尚节俭，服饰用具，力求简省。太宗经常与长孙皇后谈论朝廷赏罚之事，皇后引用《尚书·牧誓》中的话回答道："'……牝鸡之晨，惟家之索。'我是个妇人，岂敢干预国家的政事？"太宗坚持与皇后谈论，皇后终不发一言。皇后的哥哥长孙无忌与太宗皇帝早在少年时期就交往密切，又是辅佐太宗取得成功的元勋，太宗对他十分信任，他经常出入内宫。太宗想把朝廷重任委托给他，皇后坚持认为不可，找机会对太宗说："我既已托身紫宫，尊贵已到了极点，实在不愿让我的兄弟子侄在朝廷担任要职。汉朝吕氏、霍氏两家外戚专权，应该引为铭心刻骨的教训，希望本朝不要让我的兄长担任宰相。"太宗没有采纳皇后的意见，终于任命长孙无忌为左武侯大将军、吏部尚书、尚书右仆射。皇后又秘密地让长孙无忌苦苦地请求不担任要职，太宗不得已而答应了长孙无忌的请求，改授予长孙无忌开府仪同三司，皇后才安心愉悦了。

长孙皇后有个异母兄长，名叫长孙安业，好酗酒，而且不务正业。皇后的父亲长孙晟去世的时候，皇后和长孙无忌都还年幼，长孙安业就把他们兄妹俩赶回他们的舅舅高士廉家，皇后对此事毫不介意，时常请太宗厚待长孙安业，长孙安业的官位做到监门将军。后来长孙安业与刘德裕密谋叛乱，太宗将要杀掉长孙安业，长孙皇后叩头流泪为他请命说："长孙安业罪该万死。可是他对我不仁慈的事，天下人都知道，现在若对他处以极刑，人们必定认为我倚仗皇帝的宠幸而报复自己的兄长，这不是有损圣朝的名誉吗？"因此，长孙安业才得以免去死刑。

长孙皇后所生的长乐公主，太宗特别疼爱。到长乐公主将要出嫁时，太宗命令有司，陪送的嫁妆要是长公主的一倍。魏徵进谏道："当初汉明帝时，将要封皇子，明帝说：'我的儿子怎么能和先帝的儿子同等对待呢？'可是，所谓长公主，确实应该比公主尊贵，感情远近虽有差别，义是没有等级差别的。如果让公主的礼仪超过长公主，恐怕于理不合，请陛下考虑。"太宗回到内宫后，把魏徵的话告诉了长孙皇后，皇后叹息道："我曾经听说陛下十分器重魏徵，但一点都不了解其中的缘故。他实在是能用义来制止皇上感情用事，他真称得上国家正直的大臣了。我与陛下是结发的夫妻，深受礼遇，情义深重，可是每当进言时，必定要看陛下脸色行事，尚且不敢轻易冒犯陛下的威严，何况臣下感情比我与陛下要远，礼节上又有君臣之隔，所以韩非子为此称向君主进言难，东方朔也说向君主进言不容易，这其中确实有原因啊！忠言虽然逆耳，可是对行事有利。有关国家急务的意见，若采纳，则社会安定；若拒绝，则政局混乱。我诚恳地希望陛下仔细考虑，则天下人都十分幸运。"于是长孙皇后派内宫太监带着五百匹帛，前往魏徵的住宅赏赐给他。

太子李承乾的乳母遂安夫人常对长孙皇后说："东宫的用具缺少，想奏请皇上、皇后予以添置。"皇后不答应，说道："作为太子，所担忧的是美德不立、美名不扬，何必计较用具少呢？"贞观八年（634 年），长孙皇后陪太宗住在九成宫，不幸染病，且病势沉重，太子李承乾入宫侍奉，秘密启奏皇后道："医药已经用尽，您的病势仍不见好转，请让我奏请父皇赦免囚犯，并使人入道观，希望能得到上天赐福。"皇后说："人的死生由命注定，不是人力所给予的。若做善事就能延长寿命，那么我平时从未作恶；若做善事无效，又有什么福可求呢？赦罪是国家的大事，佛教、道教不过是产生于不同地域的宗教罢了，不仅国家政体无此弊端，而且是皇上所不作的，岂能因为我一个妇人而扰乱国家的法令？"听了母后的这番话，太子李承乾不敢向父皇提出这个要求。太子把皇后的话告诉了左仆射房玄龄，房玄龄又把这些话奏闻太宗，太宗和侍臣们听了这些话，无不流泪叹息。朝臣们都请求大赦天下罪犯，太宗答应了朝臣的请求，长孙皇后听说以后，坚决要求撤销赦罪的决定，这个决定才没有实行。

长孙皇后在病危时与太宗诀别。当时，房玄龄因为小的过失触怒了太宗而被免官回家，皇后强撑着病体对太宗说道："房玄龄事奉陛下最久，小心谨慎，奇谋秘计，都是他参与策划的，他始终不曾泄露过一个字，他没有什么大的过失，希望您不要抛弃他。另外，我家族之人，侥幸成为皇亲，既然不是因德高望重而被抬举，就容易踏上危险境地，若要永久保全，一定不要让他们把握重权，只以外戚的身份朝见皇上就很幸运了。我在世时，既对国家没有什么益处，死了也不要厚葬。况且所谓葬，就是藏的意思，就是让人们看不见。自古以来的圣人、贤人，都崇尚节俭、薄葬，只有无道的朝代，才大造陵墓，劳民伤财，被有智识的人们嘲笑。我死后只求依山而葬，不起坟墓，不用棺椁，埋葬我所需的物品，都用瓦木造就。俭薄送终，就是对我的怀念。"

贞观十年（636年）六月己卯日，长孙皇后在立政殿去世，享年三十六岁。

长孙皇后生前曾撰述古代妇女的善事，刻成十卷，书名叫《女则》，皇后亲自为这部书写了序言。还曾经著论文一篇，批评东汉明帝马皇后，认为她不抑退外戚，使他们当朝掌握重权，却制止他们车水马龙，认为这是开其祸患之源而节其末节之事。并且告诫主管的官员道："这些文章是我用来约束自己的。妇人的著述没有条理，不想让皇上看到，千万不要对皇上说。"

皇后去世后，宫中的官员把此事奏明太宗，太宗读了以后更加悲痛，把这些书拿给近臣们看，并且说："皇后此书，足可以流传后代。难道是我不知道天命而不能割断思念之情吗？因为她常能规劝我，补足我的缺漏，如今不能再听到她的善言，这使我失去了一位贤德的助手，因此令人哀痛啊！"

长孙皇后能严于律己，决不干预朝政，而且严格约束亲兄，力戒外戚专权，这既是为了唐王朝的长治久安，也是对长孙家族的保护，因为历史上外戚始而专权，终遭灭门之祸者并不鲜见；长孙皇后在政治上不是无所作为，而是适时适度地规谏太宗，为太宗拾遗补阙，使太宗既不因喜以谬赏，又不因怒而滥刑；长孙皇后又能宽以待人，豁达大度，不计较个人恩怨，而且能以德报怨；长孙皇后虽位极人臣，但崇尚节俭，身前不求奢华，身后更只求薄葬。纵观长孙皇后的立身处世，她不愧是一个深谋远虑的女丈夫。在长孙皇后身上集中了中国妇女的许多传统美德，太宗能成为中国历史上的一代明君，应该说也有着长孙皇后的一份功劳。

长孙皇后参加了玄武门之变，深知取得政权的艰难，于是自觉承担巩固政权的责任；为了强化唐太宗的地位，她采取了严于律己的立身之法，因为皇后的品行，正是皇帝政治作风的体现。皇后的严谨，反映出这个政权的希望。

严于律己，既是做人的内在要求，也是保全自身的长远之道。一个人，一旦他放松了对自己的严格要求，也就是他走向失败的开始。

智慧14
克服私欲，才能刚毅

【原文】

子曰："吾未见刚者。"或对曰："申枨。"子曰："枨也欲，焉得刚？"

【解析】

孔子说："我没有见过刚强的人。"有人回答说："申枨就是刚强的。"孔子说："申枨这个人欲望太多，怎么能刚强呢？"孔子向来认为，一个人的欲望多了，他就会违背周礼。从这一章来看，人的欲望过多不仅做不到"义"，甚至也做不到"刚"。

在现实中，一般来说，一个人很难做到刚毅不屈，无私正直，原因就在于心中还存有私欲，而私欲又是人的一种本性。这种矛盾几乎存在于每一个渴望成就一番事业的人身上，因此，对于他们来说，用正直来压制私欲的过程就几乎成了奋斗的大部分内容。而在几乎所有的成功者和仁人志士身上，我们都可以发现，正直刚毅而无私欲是他们共有的品质。

心中无私，才能做到自己为人刚毅正直，办事公正有度。这既是一种高洁的品行，也是一种做人做事的智慧。东汉时期的马皇后，在这方面的表现就很令后人敬服。

东汉光武帝时期，有一位南征北战、功勋赫赫的名将马援。他有个女儿，自幼聪明伶俐，然而，不幸的是母亲过早地离开了人世，马援又长年征战在外，关照弟弟、妹妹的家事，不得不过早地落在她的肩上。这也使她早早地懂事、成熟起来，马援后来在征讨武陵"五溪蛮"时，病死军中，实现了"以马革裹尸还葬"的雄心。马援死后，光武帝爱怜其后，将马援十三岁的女儿召入宫中，留在阴皇后身边使唤。太子刘庄（即汉明帝）见其秀丽端庄，礼仪周全，渐生感情。公元 57 年 2 月，光武帝死后，刘庄继位，立马援之女为贵人。公元 60 年 2 月，又立贵人马氏为皇后。

马皇后是个才貌双全、很有能力的女性。她在宫中熟读经史，尤其喜读《春秋》《楚辞》等著作，所以，涉及国家的重大政令，她总能提出自己比较高明的见解，使汉明帝很佩服。公元 70 年，有个叫燕广的人揭发楚王英有密谋造反之嫌，汉明帝没有调查清楚，就大兴问罪之师，将楚王英赶到丹阳。英自杀，京师之内凡与英王有牵连的亲属、朋友、诸侯、州郡豪杰都被连坐，上千人被赶出京师，全国因楚王英一案下狱的有数千人。公元 73 年，又发生了类似的冤狱。马皇后对这种情况非常忧虑，她从国家长远利益出发，大胆向明帝谏言，说明这样发展下去十分危险，将危及自己的统治。明帝采纳了马皇后的意见，制止了这类事件的恶性发展。马皇后能够虚心听取来自各方面反映的问题，平等而又宽宏待人。凡有人想要通过她向明帝反映情况，她总是能认真地听取，认真地思考、调查，以便把真实的情况反映给明帝。

马皇后没有生子，汉明帝因见她考虑事情周到，又有较高的修养，就把贾妃生的儿子刘旭送到她身边，由她抚养教育。马皇后则以自己的严格律己，教育、影响刘旭。她在生活上注意节俭，爱穿粗布衣服，衣裙也不饰华丽。在宫中她经常对宫妃们说粗布衣料容易染色而又大方耐用。所以，经她提倡宫廷生活一度变得严谨而俭省，后来的人们既尊敬她，又愿意接近她。

公元 75 年 8 月明帝卒，太子刘炟即位，是为汉章帝。马皇后被尊为皇太后。为了辅佐刘炟，使其了解前朝的历史，她开始撰写汉明帝起居注。马皇后的哥哥马防，曾任负责汉明帝健康以及用药方面的官吏，本应在起居注中提到一笔，但是，马皇后只字未提。章帝看了对太后说："我的舅舅在父皇身边忙碌一生，没有功劳也有苦劳，书中总该写上他。"马皇后却说："他们多尽些力是应该的。"

她从不凭借自己的地位，为亲戚谋私利。反之，她对兄弟们平日的言行要求非常严格。她曾向京城官吏们表示：如有马家兄弟违犯地方法令，请依法制裁并报告给我，他们若做了好事，也请给予表彰和赏赐；眼下他们都有一定的官职，如不称职或违法，就应当罢官，送回老家。

汉章帝初登基时，曾打算给几位舅父加封爵位，一些拍马屁的大臣也怂恿年轻皇帝这样做。马皇后却坚决不同意。章帝担心不封侯于众舅父，会使他们终生怀恨皇帝。马皇后经过反复认真地考虑，为章帝想了个两全其美的办法，她说：高祖时就有规定，没有军功者不能封侯，马氏兄弟目前还没有给国家立下什么军功。何况现在国家连年遭灾，谷价涨了好几倍，我为这些事昼夜不安。你未成年时，一切依靠父母，现在你已成人即位了，就应该全力去实现你的志向，把国家治理好。只有这样，我才能放心。你应该鼓励你的舅舅们努力建功立业。章帝听了这番话，深受感动，终于打消了给舅舅封侯的念头。他鼓励舅舅们去沙场建立军功。公元77年8月，马防同耿恭率兵平定西羌。第二年，马防又大败西羌兵，年末，被任命为车骑大将军。

公元79年6月，为宫廷和国事操劳一生的马皇后得了重病，她不相信那些神巫邪术，也不欢迎人们为她而祈祷。不久，马皇后离开人世，死时才四十几岁。

马皇后的一生，可谓是行事公正、做人无私的一生。她虽贵为皇后，但并没有像大多数人那样卷入后宫的勾心斗角之中，不但留下了令名，同时也合情合理地维持了家族利益。而这一切，是与她正确的为人处世之道分不开的。

当然，无论做什么事，我们都希望自己是对的。当我们得出正确的结论时，我们会感到特别高兴。当老师对学生说你答对了的时候，学生会觉得骄傲和快乐。相反地，如果老师说“你答错了！你没有通过考试”，那么学生就会因此害怕自己又答错，反而会答错得更多。但大多数人都应该知道，在人们所做的事情中，很少有人能说哪些事情是百分之百正确或百分之百错误的。然而，不管是在学校也好，公司也好，还是从事政治活动或是在运动场上，我们所有的社会系统都只能容忍我们做出正确的事情。结果很多人都在充满防御的心理下长大，而且学会掩饰自己的错误。还有一种人，他们在被指出错误之后，因为害怕再犯错，干脆就什么事情也不做。他们会变得既紧张又有抵触的心理。

当然，如果采取相反的态度，即对任何事情都认定我对你错，这也是不明智的。一句俗话讲得好："或许你会因此而赢得某场战役，可是你最后可能会输掉整场战争。"有些人固执地认为自己无时无刻都对，而且他们在辩赢了之后，还会对别人幸灾乐祸，自我吹嘘，这种人是典型的令人无法忍受的，装出什么都懂的样子，只会让别人讨厌而已。

对这些人我们要奉劝：与其装出一副自己什么都对、洋洋得意的样子，倒不如做错事情的时候勇敢承认比较明智一些，如果一个令人难以忍受的人在你做错事情的时候贬抑你，你内心应清醒地明白这个人的心理大概是有些问题；同样的道理，对于那些斩钉截铁地说自己对，并常常要证明自己是对的人，人们便会对他敬而远之。

智慧15
士不可以不弘毅

【原文】

曾子曰："士，不可以不弘毅，任重而道远。仁以为己任，不亦重乎？死而后已，不亦远乎？"

【解析】

曾子说："读书人不可以不心胸宽广和意志刚强，因为他们任务重大而前程遥远。他们把实现仁德作为自己的任务，难道还不重大吗？他们奋斗到死才停止，难道还不遥远吗？"

人活在世上，免不了有被人误解的时候。人和人消除误解的方式不同。有的人火冒三丈，非要找人弄个是非分明，水落石出。有的人淡而处之，让时间的流逝和事态的发展去洗掉层层尘埃，最后将事实自然澄清。三国时陆逊的弘毅与忍辱负重，就是后一种。

陆逊，字伯言，吴郡吴县（今属江苏省）人。为人忠厚，凡事都能容让别人，不计恩怨。

由于陆逊受到孙权的器重，便有人到孙权那里告点状。会稽（今浙江省绍兴市）太守淳于式对陆逊不满，给孙权上书，指责陆逊在打仗过程中向老百姓征收物资数量太多，给百姓造成困难和忧虑，而且讲得很夸张。

战事结束后，陆逊回到孙权身边。孙权将淳于式的指责转告给陆逊，陆逊没有说什么。孙权接着又问淳于式的为人和表现怎么样？陆逊极力称赞淳于式，说他是个很好的官吏。

孙权奇怪地问陆逊："淳于式背后告你状，你却如此赞扬他，这是为什么啊？"

陆逊回答说："淳于式告我的状，虽不完全符合事实，但他的出发点是好的，是为了维护老百姓的利益；因为他告了我的状，我就在您面前讲他的坏话，那我就不是一个正派的人了。"

孙权听了，很钦佩陆逊的为人，说："你真是个忠厚的人，胸怀如此宽阔，一般的人是很难做到的啊！"

吴黄武元年（222 年），刘备领兵征讨吴国，孙权命令陆逊为大都督，指挥朱然、潘璋、宋谦、孙恒等 5 万大军抵抗刘备。陆逊当时统率的各部队的将领中，有的是孙策的老将，有的是皇亲贵戚，资历比陆逊老，地位比陆逊高，有些看不起陆逊。因此打起仗来，往往不听陆逊的指挥，各行其是。陆逊看到这种状态，很是着急。在一次战斗之前，陆逊又碰到难处，有几位老将军不服从军令，各持己见。陆逊没有办法，只好以手握剑，十分严厉地说："你们应该知道，刘备是闻名天下的英雄，连曹操都很怕他。现在刘备的军队已侵犯了我们的边境，大敌当前，我们应该团结一致、齐心协力，共同抵抗刘备。你们各位将军都是身负重任的人，而现在却互不协调，不听指挥，实在太不应该了。"

听陆逊说这番话，将领们才有所收敛。

陆逊接着又说："我是书生出身，资历威望都不如各位老将军。但我已受命指挥大军作战。国家给予我这样的重任，是相信我能不负重托、忍辱负重，团结大家完成使命。国家委屈各位将军，接受我的指挥，各人都应承担自己的责任，没有理由推辞。否则如何对得起国家的恩典呢？"

最后，陆逊严肃宣布："军令如山倒，有谁敢任意违抗，我只能依法惩处了。"

各位将领这才统一行动，不敢各行其是了。

陆逊在战争中出了很多计策谋略，用火攻的办法烧了刘备的营寨。结果连破刘备四十多个军营，蜀军将士死伤数万人，把刘备打退到白帝城。

战争结束后，大家总结打胜仗的原因，很多成功的计谋都是陆逊策划的。那些老将们才真正口服心服了。从此陆逊的威信大大提高。

有一次，孙权问陆逊："在击退刘备的战役中，你遇到这样大的困难，当时你为什么不把将领不听指挥的情况报告我啊？”

陆逊回答说：“各位将军都是国家的功臣，要依靠他们创建大业。您对我如此信任，交给我的重任和我的才能很不相称，但为了对国家有利，我能做到忍辱负重。从前蔺相如能容忍廉颇、寇恂能包涵贾覆的佳话，实在叫我钦佩。我和他们相比，还相差很远呢！”

孙权听了，连连称赞：“说得好，做得对！”于是聘任他为辅国将军，封他为江陵侯。

忍辱负重与忍气吞声绝对不是一码事。忍气吞声者没有原则，无论事大事小，一概逆来顺受。忍气吞声者也无自信，不认为自己有能力改变现状。

忍辱负重者则不同。以陆逊为例，他之所以能忍受部将对他因误解而产生的不敬，是因为他身负抵御蜀汉大军的重任，他不能因小失大。同时他也坚信，随着最终打败蜀汉的进攻，一切误解也将烟消云散。陆逊在面临老将军们蔑视小看他、不听指挥的困难情况下，忠厚待人、忍辱负重，不以统帅自居，对各行其是的将领们晓之以理，动之以情，终于以超众才能和智慧战胜了刘备。这种为了大局委曲求全的处事态度也最终得到了别人的尊敬和信服。陆逊的弘毅与忍辱负重，是一种大将风度、大将胸怀、大将谋略！

人生在世，任重而道远。这要求我们心胸宽广，意志坚强，并且能够忍辱负重，在各种不利情况下仍坚持自己的理想！

智慧 16
士行有耻，君命不辱

【原文】

子贡问曰：“何如斯可谓之士矣？”子曰：“行己有耻，使于四方不辱君命。”

【解析】

子贡问道：“怎样才可以叫作士呢？”孔子说：“能用羞耻之心约束自己的行为，出使外国而不辜负君主的委托，这就可以叫作士。”

也许你会遇到这种情况：每天翻开报纸，总有一些事情会令你愤慨。为什么有那么多人会去做那些无耻之事呢？原因就在于，他们在道德良心上，根本没有以之为耻的感觉。一个人一旦丧失了耻辱感，那么就会不仅对自己的言行无所顾忌，即使面对有关全局大计乃至民族大节的事情，也会丧失根本的原则。这种道德沦丧，应当是我们必须警惕的，包括对自己。

最名副其实的“士”是德才兼备的。他们在道德方面“行己有耻”，言行顾惜名节，有所不为，但在国家大事上又有所为：“使于四方，不辱君命。”这种“士”才是国家依靠的力量。子贡问道：“怎样才配称为‘士’？”孔子说：“自己做事知道什么是羞耻，出使到其他国家能不辜负君主委托的使命，这就可以称为‘士’了。”

唐代的颜真卿和宋代的沈括，他们在这方面的作为，可视为士人的典范。

颜真卿，字清臣，京兆万年（今陕西西安）人。他不但擅长书法艺术，而且有一颗爱国之心。

唐德宗建中三年（782 年），淮宁节度使李喜烈发动叛乱，自称天下大元帅，派兵攻陷汝州（今河南汝州），打到东京洛阳附近，朝廷大为震动。宰相卢杞平时嫉恨颜真卿公正无私，想乘藩镇叛乱的机会陷害他。因此，就向唐德宗建议：“颜真卿威望很高，何不派他去规劝李希烈归附，不用一刀一枪，就能把叛乱平息下去。”

唐德宗听信了他的话，于是就把颜真卿派去见李希烈。

颜真卿这时候已经七十多岁了，他不顾自身的安危，带着自己的侄子颜岘和随从官吏来到汝州。李希烈听说颜真卿来了，想给他来个下马威，在见面的时候，叫部下一千多人，都聚集在厅堂内外。颜真卿刚向李希烈宣读唐德宗的诏书，劝说他停止叛乱，那些部将们就冲了进来，拔出快刀，围住颜真卿，又是谩骂又是威胁。颜真卿毫不畏惧，站在堂上，岿然不动。

过了几天，李希烈大摆筵席，也邀请颜真卿参加，宴会开始以后，李希烈强迫歌妓在表演的时候，加入侮辱朝廷的内容。颜真卿听了十分气愤，质问李希烈：“你是唐朝的臣子，为什么叫他们这样侮辱朝廷？”说罢，拂袖而去。

颜真卿一到汝州，叛军将领都向李希烈祝贺，说：“早听说颜太师德高望重，元帅将来想要称帝，正好有现成的宰相。”颜真卿听后十分气愤，指着李希烈手下的将领们大骂道：“什么宰相不宰相，我年纪快八十了。要杀、要剐都不怕，难道会受你们的威胁利诱吗？”在座的叛将们听了这番大义凛然的话，大惊失色，狼狈不堪。

李希烈没有办法，知道颜真卿终不肯投降自己，就把这位一心爱国的正义之士杀害了。

沈括是北宋中后期的一位政治家和自然科学家。他在天文、数学、历法、地理、物理、生物、医药、文学、史学、音乐等学科中都有卓越的成就。太阳系里有几颗以我国古代科学家名字命名的行星中，有一颗叫作“沈括”；他的《梦溪笔谈》一书还被今人英国科学家李约瑟博士誉为“中国科学史上的里程碑”。

沈括还是一位不辱君命的外交谈判能手。

有一次，辽国的萧禧前来争要河东黄嵬（今山西原平市西北）一带地方，留在宾馆不肯辞去，说："我一定要达到目的才能返回。"当时北宋的大臣迫于辽国的军事压力，多数都主张答应对方要求，沈括却不同意那样做。宋神宗也感到对方要求不合理，便决定派沈括为使臣，前去谈判。

沈括对辽使贪得无厌的态度看在眼里，恼在心上，他决心在谈判桌上击败对方。他到枢密院翻看以前的档案文件，查找到往年商定边境的文件，文件上指定以古代的长城为边境，而现在所争的地方与长城相差三十里远，就画出地图，上表论述这件事。宋神宗特地在休假日打开天章阁，召见了沈括，让他陈述自己的意见。宋神宗听后高兴地说："大臣们根本不去探讨事情的本末原委，几乎误了国家大事。"于是命令将沈括所画地图拿给萧禧看。萧禧理屈词穷，才不再争了。宋神宗又赏赐沈括白金一千两，让他出发去辽国了结此事。沈括一行到了契丹宫廷，契丹宰相杨益戒来同他面议。沈括找到争论土地的文件数十件，预先让随从办事人员和幕僚背熟这些文件。杨益戒提出问题，沈括就让办事人员举例回答。第二天再提问，还是同样回答。杨益戒对沈括提出的质问却无话可答，便傲慢地说："你们连几里的地方也不愿放弃，难道想轻易断绝两国的和好吗？"他想用武力向沈括施加压力。沈括满不在乎地说："出兵有道理，士气就高昂；没有道理，士气就低落。现在你们舍弃以前的重大信誓，用暴力来役使你们的人民，这对我们宋朝没有什么不利。"总共会晤了六次，契丹方面知道沈括的意志不会屈服，于是不得不做出让步，便丢开黄嵬地区不谈，只要求将天池一带地方划归他们。沈括于是启程回朝。他在路上画下沿途山川的险峻和平缓，道路的迂曲和顺直，风俗的单纯和复杂，人心的拥护与不满，写成《使契丹图抄》一书，献给朝廷。朝廷因他出使契丹有功又提升他为翰林学士，权三司使。

颜真卿与沈括，他们的言行，不仅是以自己的才能作支撑的，更强大的力量来自于他们知道怎样做才能不辱自己和自己所代表的国家的尊严、责任和使命。这种崇高的气节，于私，值得托付；于公，值得信赖。

所以，做人不卑不亢，面对权高势重不奴颜婢膝，面对势单力薄者不盛气凌人，这就是一个士的处世风格，这样既不有辱于人格，也不会有辱于国格。

智慧17
不因小利而失大义

【原文】

子曰："君子喻于义，小人喻于利。"

【解析】

孔子说："君子懂得大义，小人只懂得小利。""君子喻于义，小人喻于利"是孔子学说中对后世影响较大的一句话，被人们传说。这就明确提出了义利问题。孔子认为，利要服从义，要重义轻利。

"舍生取义"是君子的做人准则之一，历史上有许多先人正是这样做的，文天祥、谭嗣同都是令人景仰的大义君子。而在今天，也许不需舍生才能取义，但在这物欲横流的社会，每个从政者应练好"内功"以防"糖衣炮弹"，勿以小利而失大义。春秋祁黄平公"忍所私以行大义"，才是现在每个为官者正确的义利观。但反其道而为者是否仍层出不穷呢？看看古人先哲的作为吧。

刘悝是东汉章帝的曾孙，质帝时被封为勃海王。延熹八年（165年）因犯谋逆之罪，被贬官。当时正是桓帝时，中常侍王甫在朝中权势极大。刘悝为了恢复勃海王之位，对王甫许愿，说只要帮助他恢复王位，他就以五千万钱相报。王甫还未来得及活动，桓帝就死了。因为刘悝是桓帝的弟弟，所以桓帝特留下遗诏，恢复刘悝的勃海王之位。这个巧合，使王甫将不费力白得五千万钱。

不料刘悝知道了自己王位的失而复得不是王甫的功劳，便毁弃前约，一文钱也没给他，王甫从此对刘悝怀恨在心，暗地里寻找他的过错。桓帝死后，灵帝继位。灵帝继位时，朝内外就流传说，刘悝认为自己应该继位，他对灵帝继位非常不满。王甫便开始利用这个流言为刘悝罗织罪名。

当时朝内还有两个人也很骄横，一个是中常侍郑飒，一个是中黄门董腾。他们与朝内外权势互相交结，结党营私。这两个人都与刘悝关系极密。王甫便密告司隶校尉段颖，说郑飒图谋不轨。熹平元年（172 年），郑飒被逮捕入狱。王甫又让尚书令廉忠诬陷郑飒等图谋立刘悝为帝，大逆不道。灵帝于是下诏，让冀州刺史将刘悝收监审讯。刘悝被逼无奈，自杀。其妃妾 11 人、子女 70 人，使女 24 人皆死于狱中。

相反，苏武却不因小利而失大义，他的这种坚贞不屈的精神饱受人们的赞扬。

汉武帝太初四年（前 101 年）冬，匈奴单于病死，国人立其弟且鞮侯为单于。且鞮侯因怕汉朝乘新立之机来攻，遂对众臣说："我乃儿子，怎敢敌汉？汉天子本是我的丈人。"并下令将原扣押在匈奴的汉臣，一律派使臣护送归国，且奉书求和。

天汉元年（前 100 年）正月，汉武帝因感匈奴单于诚意，也将被押匈奴使臣释出，派中郎将苏武持节送归，并令武携带金帛，厚赠单于。苏武，字子卿，杜陵（今陕西西安市东南）人，为故子陵侯苏建之子。时与兄弟同为朝中郎官。苏武此次奉命出使匈奴，心知前途未卜，特与家人告别，率副中郎将张胜、从吏常惠，及兵役百余人，离都北行。

苏武一行到了匈奴，见到了且鞮侯，转达了武帝的问候，赠送了金帛。且鞮侯并非真心与汉议和，只不过借此缓兵，以寻机后图。他见汉帝中计，不由傲慢起来，对待汉使礼貌不周。苏武至此，也只好忍耐，公事办完，便告辞退出，留待遣归。谁知就在这几日，出现了一件意外之事，使苏武等人被困匈奴近 20 年。

在苏武未出使匈奴之前，有一长水胡人之子卫律，与协律都尉李延年相好。李延年便将其推荐给武帝。武帝见卫律通晓胡事，便命其出使匈奴。不久，李延年因罪被囚。卫律在匈奴得知，因怕株累，竟背汉降胡，被匈奴封为了灵王。卫律有一从人虞常，虽随律降胡，但心中颇为不愿。时还有一昆邪王姐之子缑王，前从昆邪王归汉，此时与赵破奴等人同困匈奴，心情也同虞常一样，二人遂成知己，欲谋杀卫律，劫持单于母阏氏，一同归议。凑巧张胜来到匈奴。虞常本与张胜相识，乘探望之机与胜私谋道：“闻汉天子甚怨卫律，常能为汉伏弩将其射杀，还望赐教！”张胜听后，一心争功，瞒着苏武，当即应允，并以货物相助。不久，且鞮侯单于出猎。缑王、虞常认为有机可乘，便招集党羽70余人，准备发难。不料其中有一人贪生怕死，乘夜将此事报告了单于子弟。单于子弟立即调兵围捕，缑王战死，虞常被擒。且鞮侯闻报，也星夜赶回，立命卫律严审此案。

张胜见事已败露，怕受诛杀，这才将事情始末告诉了苏武。苏武听后，大惊，说道：“事已至此，必连累于我，若被匈奴捕审，岂非更有辱国家？不如早图自尽。”说着拔出佩剑，便要自刎。亏张胜、常惠将宝剑夺住，苏武才得无恙。苏武无奈，只盼虞常不要供出张胜。哪知虞常连遭酷刑，坚持不住，竟将张胜供出。卫律将供词录示单于。单于见后，立召贵臣，议杀汉使。当时左伊秩訾劝道：“汉使若直接谋害单于，也不过死罪，今尚不至此，不如赦其一死，迫他投降！”单于听后令卫律往召苏武。苏武闻召，对常惠道：“屈节辱命，即使得生，还有何面目再回汉朝？”说着，拔出剑来，向颈上挥去。卫律见状，急忙上前把住苏武双手，但剑锋已着脖颈，血流满身，苏武已昏死过去。卫律忙令召医生。及医生赶来，见剑锋尚未伤到喉管，经半日抢救，苏武才清醒过来。卫律见苏武已无危险，便令常惠好生看护，自己回报单于。

单于听后，也颇为苏武气节所感动，一面派人问候，一面下令将张胜收入狱中。

数月后，苏武颈伤痊愈。且鞮侯便令卫律将苏武请到庭中，并将虞常、张胜从狱中提出，当场宣布：虞常死罪，立即拉出斩首。又对张胜道：“汉使张胜，谋杀单于近臣，罪亦当死，但若旨归降，尚可赦免！”说着，卫律上前，举剑欲砍张胜。张胜见状，慌忙伏倒在地，连称愿降。卫律冷笑数声，转身问苏武道：“副使有罪，君当连坐。”苏武道：“本未同谋，又非亲属，怎能连坐？”卫律又举剑试武，苏武仍神态自若，面不改色。卫律见后，又将宝剑收起，和颜劝苏武道：“苏君，律前负汉归匈奴，幸蒙大恩，授爵为王，拥众数万，马畜满山，富贵如此。苏君若肯投降，定与卫律相同，又何必执拗成性，自寻死路呢？”苏武听后摇头不语。卫律接着说道：“君肯因我而降，当与君为兄弟；若不听我言，恐不能再见我面了！”苏武听了此语，当即怒道：“卫律！你为人臣子，不顾恩义，叛主背亲，甘降夷狄，有何面目见我？且单于令你断狱，你不能秉公而断，反欲借此挑拨两主，坐观成败。你要想想，南越杀汉使，屠为九郡；宛王杀汉使，头悬北门；朝鲜杀汉使，即时诛灭。独匈奴尚未至此。你明知我不肯降胡，还多方胁迫，我死不要紧，恐自此匈奴祸至，到时，你能幸免吗？”一席话，骂得卫律张口结舌，又不好擅杀苏武，只得往报单于。

单于闻后，更加敬重苏武，降武之心更加强烈，遂令将苏武囚于大窖之中，不给饮食。时天下大雪，苏武食雪嚼旃，才得数日不死。单于疑为神助，乃徙武于北海上（今贝加尔湖），令其牧羝。羝系公羊，怎能产子。但单于说直到羝羊乳子，方可释归。又将常惠等分置他处，不能与苏武相见。可怜苏武身处荒野，没有食物，只得掘野鼠，觅草籽充饥。尽管如此，苏武仍未忘使命，持着汉节，在匈奴过了一年又一年，希望有一天能重返故土。

汉昭帝始元二年（前 85 年），匈奴狐鹿姑单于病死，遗命立弟右谷蠡王。而阏氏颛渠与卫律密谋，匿起遗命，竟立狐鹿姑幼子壶衍鞮为单于，召集诸王，祭享天地鬼神。右谷蠡王及左贤王等，不服幼主，拒召不至。自此，匈奴国力渐衰。始元六年（前 81 年），匈奴颛渠阏氏恐内乱外患相继而来，派使臣前往汉廷和亲。汉廷也遣使来胡，提出只有匈奴释归苏武、常惠等人，方准言和。此时，苏武已困匈奴 19 年，对外边之事，知之甚少。

汉使向匈奴索还苏武。胡人谎称苏武已死。多亏常惠得知消息，设法说通胡吏，得以见汉使，说明了真情，且附耳献了一计。汉使听后，连连称善。次日，汉使又往见壶衍鞮，指名要索回苏武。壶衍鞮道：“苏武确已病死。”汉使闻后，怒道：“单于休得相欺，大汉天子在上林中射得一雁，雁足上系有帛书，乃是苏武亲笔，言其正在北海牧羊。今单于既要言和，为何还要欺人？”单于闻言，顿时失色，对左右道：“苏武忠节，难道还能感动鸟兽？”

不得已只得向汉使谢罪道："苏武果真尚在，我释他归国就是了。"汉使乘机再索常惠、马宏等人，壶衍鞮一一答应释归。

不久，苏武被从北海召回。始元六年（前81年）中，苏武、常惠等九人，随汉使返回长安。苏武出使匈奴时，年方四十，至此须眉皆白，但手中仍持着汉节，旄头早已落尽，都人见了，无不称赞。及见了昭帝，交还使节，又奉命往拜了武帝庙。不久，昭帝下诏，拜苏武为典属国，赐钱二百万，公田二顷，宅一所。

苏武受武帝所遣，出使匈奴，因受张胜参与谋杀卫律的牵连，被困匈奴19年。在这19年间，他经受住了匈奴的逼降、诱降，经受住了恶劣环境所造成的饥饿、寒冷、孤独，始终保持住了使节的尊严、忠君爱国的气节。这种气节虽带有一定时代的局限性，但其精髓，却是我国优秀文化传统的核心，也是我们中华民族繁衍生息，虽久经磨难，但始终屹立世界民族之林的根本精神。正因为如此，"苏武牧羊"的故事历代流传，直至今天。

苏武在匈奴受了19年的磨难。19年中，他一直没有丢掉标志自己身份的"节"。我们每个人都有自己的身份，每个人都有一根"节"，然而，是不是每个人都始终将其保持住呢？

智慧 18
学会爱憎分明的立场

【原文】

子曰："惟仁者能好人，能恶人。"

【解析】

孔子的意思是说："只有有仁德的人才能（正确地）喜爱人，憎恨人。"

任何一个有点智慧的人，都有自己的善恶观，都会区分什么东西是善的，什么东西又是恶的；这件事为什么这样做是应该，而那样做就是不应该的，等等。

在秦末项羽的起义军中，有一员英勇的战将叫季布。季布最讲信誉，凡是有人恳求他，他一旦承诺，必然完成。所以在楚霸王的军队中，流传一句话："得千金易，得季布一诺难。"

在楚军与汉军作战时，季布为将军，有几次带兵把汉王刘邦围困住，使刘邦败得很狼狈。但最后垓下一战，霸王自刎于乌江之畔，刘邦取得了胜利。

刘邦做了皇帝后，一想起当年被季布围困的窘迫情景便十分生气，于是下令全国，通缉季布，能抓到季布的赏千金，有谁匿藏就灭三族。由于季布在江湖上的信誉，还是有人冒灭族的危险，把他隐藏起来。

季布化装为奴隶藏起来后，被卖到鲁地一个姓朱的侠客家。朱氏认出了季布，假作不认识，把季布安排在地里干活。但对儿子说，种田的事你听这个奴隶的，吃饭时叫他和你一桌吃，不要看不起他，更不准虐待他。把一切都安排好后，朱氏便到京城，找到早年江湖上的朋友夏侯婴。夏侯婴同刘邦一同起义抗秦，多次立下战功，现在已经是汉朝的大将。朱氏与夏侯婴在叙旧中谈起了季布。

朱氏说："季布犯了什么大罪，皇上这样急迫地悬赏要捉住他？"

夏侯婴解释说："季布为项羽大将时，几次围困皇上，使皇上狼狈败去。皇上心里很怨恨，所以一定要捉住他，以消心头之恨。"

朱氏又说你看季布为人如何？

夏侯婴对老朋友尽吐自己内心的真实看法，直言不讳地说："季布是条好汉，一言九鼎，对朋友够义气。"

朱氏进一步说道："当年刘项两家夺天下，手下大将各为其主，季布围困皇上，打败刘家的军队，是一个将军的职责。现在项羽失败，皇上胜利了，难道要杀尽项羽所有的部下吗？现在皇上初得天下，应向全国示以宽厚，得到全国的拥护，怎么可以为了个人的恩怨而急着捉拿得罪过自己的人呢？这岂不表示皇上的心胸不宽广，难以容人了吗？"

夏侯婴被朱侠客说得频频点头。

朱氏继续说："季布是一员战将，能攻善战，在江湖上声誉也好，如果被皇上逼急了，他会做出些事来的。譬如他可能向北投向匈奴，或向南投向南越王。皇上为了个人恩怨把一个战将逼到敌国去，不是心胸太狭窄了吗！怎么像一个皇帝啊！"

夏侯婴觉得朱氏说得有理，同时也察觉出来，季布可能就隐藏在朱家。便说："朱兄，你要我做什么？"

朱氏说："为了国家的利益，你找个机会给皇帝建议，赦免季布吧。这有利于提高皇上的威望。"

夏侯婴答应了他的请求。过了不久，皇帝果然下令赦免季布，撤销了追捕令。

又过了些时候，皇上召见季布，并任命他为郎中，后来季布又被任命为河东太守。

从朱氏、夏侯婴、刘邦三人对季布的态度可以看出，唯有朱氏扮演了一个"能好人，能恶人"的仁者角色。他对季布好恶的评价，最为客观公正，最符合国家利益，所以他的意见能左右夏侯婴和刘邦。特别是他的意见实际上符合刘邦的最大利益，所以最终为刘邦所接受。当然，刘邦作为一国的君主，能从善如流，改正错误认识，也是难能可贵的。

虽然喜恶是人的一种自然情感，但仍应该有理性的判断才行，而谁才能有正确的理性判断呢？孔子说“惟仁者能”，仁是区分善恶的标准。只有仁者才能清楚地辨别是非、善恶，采取鲜明的态度，真正做到爱憎分明。

可见，能挺身而出，明辨善恶者，必须要具有极大的道德勇气。

智慧19
不拘小节才能有突破

【原文】

子夏曰："大德不踰闲，小德出入可也。"

【解析】

子夏说："人在大的节操上不能超越界限，在小节作风上有些出入是可以的。"这句话提出了大节小节的问题。儒家向来认为，作为有君子人格的人，他应当顾全大局，而不在细微末节上斤斤计较。

普通的人都拘泥于小节小利来处理自己的事务，这常常使他们得小而失大，而真正有所作为的君子从来都是从大节大义着手来处理那些至关重要的事情，这虽然使他们常常遭到有些人的误解，但也正是这样，他们才能成就自己非凡的事业，做成利国惠民的事情来。管仲的故事就充分地说明了这一点，这也是伟大的教育家孔子把他当作仁者的缘故。

春秋时期，鲍叔牙和管仲是一对好朋友，一起打过仗，一起做过买卖。齐国发生内乱以后，公子纠和小白兄弟俩争夺王位。鲍叔牙辅佐小白，就是后来的齐桓公；管仲帮助哥哥纠。两个好友就这样各为其主，进入势不两立的政坛。在这场争夺王位的斗争中，管仲曾射过公子小白一箭，差一点结果了他的性命。后来，公子小白夺得了王位，鲍叔牙也就成了齐国的有功之臣，而管仲和公子纠却逃到了鲁国。齐国便派大军进攻鲁国，要求鲁国杀死公子纠，交出管仲。当时是齐强鲁弱，鲁国只好答应。

鲁国有一个大臣叫施伯，鲁庄公因为以前未采纳他的意见，打了大败仗，从此凡有大事必跟他商量。施伯劝鲁庄公说："公子纠已经杀死了，要想办法和齐国商量一下，把管仲留下敬为上宾。如果事情不成，就杀了他。这个人是天下的奇才，他活着回去一定会受到重用，这对鲁国来说是一个大威胁，鲁国就会受到齐国的欺侮。”

齐国的一个名叫公孙隰朋的人，正在鲁国出使，便以使者的身份急急忙忙拜见鲁庄公，说：“管仲差一点射死我们的国君，国君对他恨之入骨，准备亲手杀死他，以报仇雪恨。你们不必杀他，否则我回去就没法交差！”

鲁庄公听信了他的话，就把公子纠的头用盒子封好，把管仲装进了囚车，一起交给公孙隰朋。原来，公孙隰朋在齐临行时，鲍叔牙就嘱咐他：“一定要把管仲活着接回来，要准备起用他；如果鲁国要杀他，你就提起管仲曾射大王一箭之事，鲁庄公一定会相信。”

管仲就这样坐着囚车向齐国走去，他知道这是鲍叔牙救他的计策，但是又非常恐慌，虽然鲁庄公放了我，施伯可是个厉害人物，他会劝鲁庄公反悔，一定会有追兵前来杀我。想到这里，尽管是暮春时节，管仲却满头大汗，心急如焚，连连央求士兵们快一点走。士兵们走得筋疲力尽，很不耐烦，越走越慢。管仲忽然大声说：“来，我教诸位唱支歌！”随后便引吭高歌：

黄鹄啊，黄鹄啊，
关在笼里不飞不叫，
天高地阔不得自由，
引颈长号泪如雨飘！
黄鹄啊，黄鹄啊，
凌空展翅的天骄，
一朝破笼冲云霄，
劝君助力不会徒劳！

士兵们也随着边唱边走，精神振奋，不知不觉中加快了步伐。鲍叔牙见到管仲，如获至宝，立刻命令打开囚车，亲热地打招呼。

管仲感激地说：“不是你的计策，我就逃不了杀头之祸。今天是我的再生之日！”

鲍叔牙哈哈大笑：“我还要向大王推荐你呢！”

管仲悲愤地说：“我不能帮助公子纠得到王位，又不能舍生取义，本来就很亏心，怎么能帮助公子纠的仇人？公子纠在黄泉之下也会嘲笑我！”

鲍叔牙说：“成大事的人不计较小的耻辱，大英雄不拘小节。你有治理天下的才能，但是没有遇到好机会。我们的大王是个有大志、有远见的人，如果你能辅佐他，一定会成就霸业。那时，你会誉满天下、名扬诸侯，为什么却要守匹夫之节，做没有意义的事呢？”一席话把管仲说得无言可对。

鲍叔牙见到齐桓公，先吊丧后祝贺，把齐桓公搞糊涂了，问：“你为谁吊丧？”

鲍叔牙说：“公子纠是你的哥哥，大王为国灭亲，是不得已而为之，怎么能不吊丧？”

“有道理，你又为什么向我祝贺？”齐桓公问。

鲍叔牙说：“管仲博古通今，有经天纬地之才，匡国济时之略，是天下的奇才，今天我已把他请来，祝贺你得到一个贤明的相国。”

齐桓公怒气冲冲地嚷了起来：“管仲差点要了我的命，我怎么能重用他呢？我恨不得吃他的肉，扒他的皮！”

鲍叔牙诚恳地说：“当大臣的各为其主，您无须用这件事来责怪他。再说您如果能用这样的仇人，天下的贤能之士听说您尊敬贤士，不计私仇，都会来投奔的。”

齐桓公的气消了下去，但还是说：“我了解你，拜你为相国，管仲只能当副手。”

鲍叔牙说：“您如果只想治理齐国，不打算建立霸业，有我就能凑合；如果您打算建立霸业，就一定要重用管仲。他在许多方面比我强：他善于安抚老百姓，会取信于民；能治理好国家，妥善地制定各种法令；指挥军队，士兵没有人敢后退。”

齐桓公听完之后，神气十足地说：“好吧，我尊重你的意见，把管仲叫来，让我亲自考问考问他，看他有多大的本领！”

鲍叔牙气得涨红了脸，高声说：“国事重于私，难道大王就这样‘礼贤下士’吗？对待一个相国之才，怎能像使唤仆人一样？轻视相国也就是轻视君王。大王一定要用隆重的礼节请管仲入朝！”

齐桓公采纳了鲍叔牙的建议，选择了吉日，亲自把管仲迎进王宫，赐座求教。他们谈了三天三夜，越谈越投机，毫无倦意。齐桓公恳切地说：“我决定拜你为相，你看怎样？”

管仲坚决推辞。齐桓公自省说：“我爱好打猎，还贪恋女色，这是影响建立霸业的。”管仲回答说：“这是小事，没有关系，君王不能成大业的主要毛病，一是不能识贤能；二是知贤不用；三是用贤而不信任；四是用贤又参之以小人。我知道，建立大厦不能只靠一根栋梁之材；浩瀚的大海不能只靠一条河流之水。大王如果要拜我为相国，请用五个杰出的人！”

齐桓公问：“这五个人是谁？”

管仲说：“公孙隰朋善于管理官吏，公平升迁；宁越善于管理农业；王子成父善于指挥军队作战；宾须无能够明察狱讼；东郭牙刚直不阿，能够犯君颜进谏。大王用这五个人，使之各居其位，我才服从你的命令，为齐国建立霸业出力。”

于是，齐桓公拜管仲为相国，将管仲所推荐的五个人一一拜官，各治其事。并尊管仲为仲父，通告百官：“国家有大事，先告诉仲父，然后再告诉寡人，重大的决定由仲父裁决。”

管仲被拜为相国，而鲍叔牙则甘心当了好朋友的副手。后来，管仲果然运用他的才智，帮助齐桓公成为“春秋五霸”的第一个霸主。

真正有所成就的人从来都是不拘于小节小利，而是着眼于大节大义这个方向来调整自己人生的路标的。因为这样才能真正做到利国利民，从而也有利于自己的宏图伟业！

过于拘小节，人的思维就会狭窄，就谈不上创新。虽然它不是一条真理，但在有些时候，确实有一定的道理。

有这样一个故事，一个负责销售的普通职员突然接到一个十万火急的信息，必须马上通知生产部门，否则会给公司带来巨大损失。按公司规定，这类通知必须由经理以书面形式下发。可经理在哪里呢？外出有事，并不在公司。于是这个职员在通知书上签下了经理的名字，交给了生产部门。

按该公司规定，他的这种行为应被辞退。于是他在通知发出后，将辞呈放在了经理的桌上，并说明原委。

经理了解情况后，给他的答复是“不同意”，并告诉他，有两种职员是任何企业都不想雇用的，一种是从来不听从命令的人，另一种是只听从命令的人。他不属于这两种。

拘泥小节的人，人称之为“小职员型”的人。这种类型的人，只能反复从事自己熟知及经历过的事。一个人若真如此，虽生活舒适却不能从其中求取任何进步，也不能得到赏识的机会，三年如一日，过着虽安稳却枯燥无味的生活。

面对激烈的竞争，想成大事的男人必须寻找新的突破口，独辟蹊径，才能在诸多竞争对手中脱颖而出，找到真正属于自己的世界。当一个人为了创立专注于求新求异求变时，他哪有心情顾及到“小节”方面的事情呢？

一位《纽约时报》记者在追踪了比尔·盖茨和网景公司电脑神童马克·安德林等人的“暴发”历程后发现，盖茨之类的人物正是依仗他们的创造力，从而攀上世界富豪的群山之巅。但是，据我们所知，盖茨是一个着眼于大事、不拘泥小节的典型人物，尤其是在初创业时，他经常领着员工加班加点，头发蓬乱、两肩头皮屑、在地板上睡觉，对个人生活毫不在意。

分析人类的能力，显在的部分微乎其微，潜在的部分却大得出人意料，长久隐藏于内层深处，如同一只睡狮，不鸣则已，一鸣惊人。因此，不妨以大处着眼的魄力与远大的胸襟、宽阔的视界，向琐碎陈腐的日子告别吧！

智慧 20
处世之道当灵活

【原文】

子绝四：毋意，毋必，毋固，毋我。

【解析】

孔子杜绝了这四种毛病：他不凭空猜测，不绝对肯定，不拘泥固执，不自以为是。应该说“绝四”是孔子的一大特点，这涉及人的道德观念和价值观念。人只有首先做到这几点才能够更好地适应社会。

人生就是无常，无常就是人生。只要活着，就有生老病死，七灾八难。何况你还是世俗中人，时而风云诡谲，变幻莫测；时而礼崩乐坏，瓦釜雷鸣；时而高岸为谷，深谷为陵。你身不由己，一会儿波峰，一会儿波谷，那是再正常不过的了。

正常的事却各有各的处理方式。孔子列举了三种：一种是不降其志，不辱其身。伯夷、叔齐就是这样，他们生当殷周交替之时，不愿昨天是殷人，今天就成了周人，所以逃到首阳山，靠挖野菜度日，有人告诉他们野菜也是周朝的，他们便绝食辟谷，终于饿死。一种是降志辱身。孔子把少连、柳下惠列入其中。少连的事迹已无从考证，柳下惠在鲁国做官，因为不肯牺牲原则苟且取宠，所以三次上台三次下台。别人劝他，既如此，何不离开鲁国？他回答说，如果不能牺牲原则，不会奉承拍马，到哪里去不是被罢官？如果会的话，又何必离开父母之邦？但无论怎样被传来呼去，升来黜去，他始终“言中伦，行中虑”，不为保全地位而放弃原则。一种是隐居放言。正如虞仲、夷逸，干脆隐居山林，独善其身，不和你玩了，但该说的话还要说，而且“身中清，废中权”。当然，还有四种，那就是见风使舵、见利忘义、卑躬屈膝、舍义取宠、卖友求荣之人。看来，孔子不屑去谈论他们。

对待他们的做法，孔子认为都有存在的理由，但孔子却不奉为圭臬。孔子的态度是："毋意，毋必，毋固，毋我"，"无可无不可"，"君子之于天下也，无适也，无莫也，义之与比"。天下事有定理，但无定形。面对诸多无形之事，只要怀抱定理，该做便做，不该便不做，怎么合适怎么做，怎么恰当就怎么做。正如毛泽东教育干部时说的，要有坚定正确的政治方向和灵活机动的战略战术。假如一条道走到黑，那么天亮也找不到光明大路。比如伯夷、叔齐守节固然可敬，迂腐却也可惜，你就不问问人心向背吗？比如柳下惠，反复受辱，无法行道，为什么就不信奉"树挪死人挪活"的道理？比如虞仲、夷逸，远离尘嚣，逃避责任，空怀绝技，是不是太拘谨了？

孔子就很灵活。公山弗扰是个叛贼呀！为人所不齿。他要邀请孔子前往扶政，"子欲往"，子路很不高兴，孔子和颜悦色地说，只要能复兴周礼，我才不在乎他是什么人呢！南子是卫国国君卫灵公的夫人，妖艳淫荡，臭名昭著，她召见了孔子，子路不禁大怒，而孔子却很坦然：我又没什么越轨举动，我为什么不能推行自己的主张？佛肸也是一个脑后有反骨之人，他也要召请，子依然"欲往"，子路又发牢骚，孔子幽默地说，我难道是个匏瓜，只能挂着不能吃吗？尽管最终孔子未能成行，却也反映了孔子"无可无不可"的态度。唐宋八大家之一的韩愈，仕途开始之时很不顺利，但为了实现自己的抱负，依然投靠于奸佞之辈京兆尹李实，而被提拔为监察御史，为百姓做了很多好事。

孔子欣赏公冶长的"邦有道，不废；邦无道，免于刑戮"的处世之道，欣赏宁武子的"邦有道，则智；邦无道，则愚"的为政智慧，欣赏蘧伯玉的"邦有道则仕，邦无道则可卷而怀之"的洒脱达观。他自己也说，"用之则行，舍之则藏"，"天下有道则见，无道则隐"。但孔子的"藏"是为了更好地"行"，"隐"是为了更好地"见"。灵活是有原则的，比如高考就得按分数，灵活就会乱套。比如体育比赛就得按规则，灵活就会作假。比如工程就得按标准，灵活就会出现"豆腐渣工程"。比如手术就得按程序，灵活就会出事故。比如收费就得按规定，灵活就是乱收费。比如犯法的人就得绳之以法，灵活就是徇私枉法。这些原则如同核按钮，是碰不得的。孔子的真意是，为了道德，为了理想，在行为方式上，一切从实际出发，不固执，不偏狭，不妄为。有了这些，还怕时间不给你一个好的答案吗?

人生应该坚持理想与原则，但在行为方式上，却需根据实际情况加以变通灵活，这样方可与时俱进，更好地实现理想与坚持原则!

智慧 21
己所不欲，勿施于人

【原文】

仲弓问仁，子曰："出门如见大宾，使民如承大祭。己所不欲，勿施于人。在邦无怨，在家无怨。"仲弓曰："雍虽不敏，请事斯语矣。"

【解析】

仲弓问什么是仁，孔子说："出门去工作就像接待贵宾一样认真，役使老百姓就像承当重大祭祀一样谨慎。自己不想得到的，不要加给别人。在诸侯的国家没有人对自己有怨气，在卿大夫的封地没有人对自己有怨气。"仲弓说："我虽然不才，让我照您这些话去实行吧。"

有这样一些人，他们的心中只有"我"，一切以"我"为中心，一切从"我"出发，对于别人的痛苦和快乐漠不关心。更有甚者，他们还时常把自己的意愿强加于别人，以一种极强的报复心理对待他人。这样的人，不仅没有朋友，而且还得罪大多数人，结果受害更深的还是自己。

这些人不大懂得"己所不欲，勿施于人"的生活准则。这个准则是孔子提出的，从精神生活而言，已是全世界的共同财富，这是各种处世方式的基础，这种精神就是从爱心出发，以己度人，推己及人，提倡人与人之间的宽容，互相帮助，互相关心，互相爱护，互相尊重。如果人人都只为自己着想，举天下以换一己之得，牺牲千万人为一己之私，那么这个世界岂不连虎狼世界也不如了！

战国时，梁国与楚国交界，两国在边境上各设界亭，亭卒们也都在各自的地界里种了西瓜。梁亭的亭卒勤劳，锄草浇水，瓜秧长势极好；而楚亭的亭卒懒惰，对瓜事很少过问，瓜秧又瘦又弱，与对面瓜田的长势简直不能相比。楚人死要面子，在一个五月之夜，偷跑过去把梁亭的瓜秧全给扯断了。梁亭的人第二天发现后，气愤难平，报告了县令宋就，说我们也过去把他们的瓜秧扯断好了。宋就听了以后，对梁亭的人说："楚亭的人这样做当然是很卑鄙的，可是，我们明明不愿他们扯断我们的瓜秧，那么为什么再反过去扯断人家的瓜秧？别人不对，我们再跟着学，那就太狭隘了。你们听我的话，从今天起，每天晚上去给他们的瓜秧浇水，让他们的瓜秧长得好，而且，你们这样做，一定不可以让他们知道。"梁亭的人听了宋就的话后觉得有道理，于是就照办了。

楚亭的人发现自己的瓜秧长势一天好似一天，仔细观察，发现每天早上地都被人浇过了，而且是梁亭的人在黑夜里悄悄为他们浇的。楚国的边县县令听到亭卒们的报告后，感到非常惭愧又非常敬佩，于是把这事报告给了楚王。楚王听说后，也感于梁国人修睦边邻的诚心，特备重礼送梁王，既以示自责，也以示酬谢，结果这一对敌国成了友邻。

在现实生活中，我们会遇到很多争端，人们总是首先考虑自己的利益，不想让自己受到损失，但从解决问题的角度考虑，这种想法往往会使问题得不到顺利解决。如果这时能够以"己所不欲，勿施于人"的原则设身处地为对方着想，就能达成共识来解决双方的问题。

明朝宰相严讷很重视教育。有一年，他准备资助家乡建一座学堂，在规划地基时，自然要碰到民房拆迁问题。他告诫当地政府，一定合情合理地处理拆迁一事。由于处理得当，房屋地基规划进行得很顺利。眼看就要结束时，在地基边缘有一座破旧的民房，主管人去查看时，见是一家卖果酒蔬菜的小店，就对户主说："严宰相资助家乡盖学堂，你这房子正好在其范围内，需要拆迁，你出个价吧，亏不了你们家的。"户主世代居住此处，恋根性自然很强，但他也从内心钦佩严讷的义举，心中矛盾又不能不说："严大人为民着想，小民感激不尽。可我这房屋是祖上传下来的，在我手中丢了又觉愧对列祖列宗，小民很为难啊！您就把俺的心事禀明严大人吧，望求得他的谅解。"

这位户主语言婉转，但话中的意思很明确：他不会卖房的。主管人反反复复地解说，这户主只是一个劲地称赞严宰相，卖房的事却一字不吐。主管人又急怒不得，因为严宰相一再告诫不能对民粗鲁无礼。于是，他只得回头向宰相禀报。

严讷听了汇报，想了想说：“他不肯卖就不必硬买。先动工兴建其他的房屋，这户人家我自有办法让他搬迁。”主管人磨破了嘴皮都未能说服这户人，听宰相如此说，甚觉好奇，便向他讨计。严讷说：“不过是投其所好罢了，工地需要的果酒蔬菜，全由这户人家去买，价格随他，而且要预先付款。”

学堂如期动工，工地上热火朝天。几百号人的吃喝，全由那户人家采办，他家往日萧条的生意一下变得兴隆了！全家人倾巢出动，起五更睡半夜地忙，有时还忙不过来，只得雇人帮忙。学堂的地基还未打好，这家人就已赚了不少钱。他添置了许多新家具，大人孩子购买了新衣，主人乐得合不拢嘴。可有一件事也着实为难了他，这便是满屋子储存着果酒蔬菜，连插脚之处都没有了。工地上的活还早着呢！照此看来，这小屋真是太狭小了！

严讷已将这店主的心理掌握得一清二楚，他适时地派人去找店主：“店家呀，过两天我们工地还要增加几百人，以后你的生意会更加兴旺发达了！”店主高兴得满面红光，但又非常歉意地说：“全仗严宰相的关照，我们才有今日的富足。宰相当初想买下这片地基，我却舍不下这破陋的小屋，为难了你们，也辜负了宰相的厚意，小民实在愧对啦！”很快，店主主动让出小屋。严讷得知后，忙吩咐主管人在附近找到一所宽敞的新屋卖给店主，那家人愉快地搬走了。

这事传出后，人们纷纷赞誉严宰相的高尚官品，说他是个有智有谋，又能体谅百姓疾苦的好官。经过严讷宰相的一番努力，不仅让店主搬迁了，而且也为自己赢得了声誉。这就是推己及人的好处，它体现了一个人的智慧和品质。

己欲立而立人，己欲达而达人。你自己喜欢的，也可能是别人想要的；你自己不想要，也可能是别人讨厌的。你只要事事都从别人的立场去思考与行动，以心换心，推己及人，你的人际关系肯定会十分和谐。

智慧 22
要有虚怀若谷的气度

【原文】

或曰："以德报怨，何如？"子曰："何以报德？以直报怨，以德报德。"

【解析】

有人说："用恩德来报答怨恨怎么样？"孔子说："用什么来报答恩德呢？应该是用正直来报答怨恨，用恩德来报答恩德。"孔子不同意"以德报怨"的做法，认为应当是"以直报怨"。这是说，不以有旧恶旧怨而改变自己的公平正直，也就是坚持了正直，"以直报怨"对于个人处世极为重要。

报怨以德就是以德报怨，用恩德回报怨恨。最典型最极端的说法是基督教《圣经》上所说的，你在我左脸上打了一记耳光，我不仅不还手，不躲避，反而再送上右脸让你打一记耳光。

《新唐书・娄师德传》记载，当娄师德的弟弟要到代州去做官时，他教导弟弟要学会忍耐。弟弟说："这没问题，比如说有人向我脸上吐口水，我把它擦掉就是。"可娄师德却说："擦掉也不对，因为这样还是会显露出你对他的做法不满，所以，应该让它自己在脸上干掉。"这样的修养功夫就是以德报怨，一般人真是很难做到。

同时，我们也看到，孔圣人并不赞成这样的做法。他虽然没有正面回答有人提出的这个问题，但却很艺术地说，以德报怨，那又用什么去报德呢？所以他主张"以直报怨，以德报德"。要用正直的行为去回报别人的怨恨，用恩德去回报别人的恩德。所谓用正直的行为去回报别人的怨恨，那就并不排除对那些恶意怨恨的反击，善恶是非还是应当恩怨分明。

总而言之是“投桃报李”或“投我以木瓜，报之以琼瑶”。而不是一味地逆来顺受，不讲是非原则地以德报怨。

当然，圣人也并不主张以怨报怨。你不仁，我不义；你打我一拳，我踢你一脚。所谓“冤冤相报何时了”，无休无止地斗下去，也就没有意思了。

在日常人际交往的过程中，我们不免会遇到些许摩擦与不快，每当这个时候，我们面对问题的态度，就往往体现了一个人的心胸与度量：心胸狭窄的人选择斤斤计较，因而“失众友”；心胸宽阔的人，选择用宽容包容一切，因而“聚众朋”。

宽容与一个人的道德修养、人生抱负息息相关。纪伯伦曾说过：“一个伟大的人有两颗心，一颗心流血，一颗心宽容。”一个道德修养高、有着远大抱负的人，一定是一个胸襟宽阔、懂得宽容与饶恕的人；相反，那些没有宽宏大量的气度，凡事只知斤斤计较的人，很难成就大事，成为真正的英雄。

事实上，人心往往不是靠武力征服，而是靠宽容大度征服。三国时期的著名军事家曹操就是这样一个不计私仇、宽以待人的人。张绣曾是曹操的死敌，曹操的儿子、侄子都死于张绣之手，但曹操觉得张绣有一定的军事才能，因此在官渡之战前，和他重归于好。陈琳曾为袁绍写檄文痛骂曹操，乃至平定河北，捉到陈琳，曹操虽然当面责备他，却并没有处分他，反而任用他为自己掌管文书工作。正因为曹操的宽容与不计前嫌，才使张绣与陈琳心悦诚服，诚心归顺。

因为宽容，无数的干戈，瞬间都化成了片片的玉帛；因为宽容，一切仇恨与不愉快都变得淡然如水，好像微风吹过耳畔般，霎时即逝。

法国作家雨果曾说：“世界上最宽阔的是海洋，比海洋更宽阔的是天空，比天空更宽阔的是人的胸怀。”让我们学会宽容，用宽容筑起爱的长城，用宽容撑起一方温暖的晴空，使一切仇恨的冰雪，在这里消融。

当我们与人发生矛盾，不妨用大海般广阔的胸怀包容一切；不妨做到“有容”与“无欲”；不妨“忍得一时怒，免得百日忧”；不妨“度尽劫波兄弟在，相逢一笑泯恩仇”。

毕竟，是非成败，转头成空，青山依旧，几度霞红！富贵荣华，霎时化作尘土；恩仇爱恨，瞬间过眼云烟。吾人焉能活在争执计较之中，作茧以自缚？

学会退让，是为了更好地攻取。退让并不意味着失败，攻取也不一定意味着成功。现在的退让是为了将来的攻取，这是成大事的一条原理。让出一片江山，赢得整个世界。

有的人只知道一味地去打江山、占江山，而不知让江山，很快就会失去更多。

古希腊智者毕达哥拉斯说：“人生有如一场奥林匹亚竞技，在这里，有一种人在参加竞赛，赢得光荣；有一种人在做生意获取财富；而第三种人只在观看，他们就是哲人。”

哲人并不只是看客，因为他已经过了参加竞赛与做生意这两个阶段，所以必然上升为观者。他必须与众人有一段距离，这样才能引领众人。

哲人把竞赛让给别人，把生意让给别人，这样，他才能腾出空间来参悟自身，为全体谋求更大的生存。正如老子所说：“当其无有，车之用也。”

孔子当初执政也好，周游列国也好，对很多事都志在必得，但他没做成，因此悟出自己并不适合做有些事。于是说：“不在其位，不谋其政。”

富人不会与穷人比富，圣人不与世俗争利。因此，一定要把空间让出来，一方面给别人，一方面给自己，这样才会轻松快乐。

儒家尊崇“让”的美德，不与人争，不居功，不以己为大。这种“让”的背后是“得”。“让”的同时就会得到，“让”的行为本身是一种“得”。“舍得舍得”，就是越舍越得。因为已经得到，所以不会失去，因此不妨让出，与人同事天下。

孔子说：“以礼让为国。”同时，我们也要以宽容为心，以礼让为人。

智慧 23

知他人之所需

【原文】

子曰："不患人之不己知，患不知人也。"

【解析】

孔子说："不因别人不了解自己而忧虑，应当担心自己不了解别人。"这段话是孔子对自己学生所传授的为人处世之道。这里的潜台词是：在了解别人的过程中，也使别人了解自己。

一场甘霖就可以使久旱的禾苗恢复生机。一盆清水就可以使落在干沟里的小鱼逃离厄运。对人的重视可以使受过不平等待遇的人感激涕零。人都有最需要帮助的时候，一旦这种需要得到满足，就会出现奇迹。因此孔子说："不患人之不己知，患不知人也。"其中所含的意思就是说，为人处世需要对别人有充分的了解，对别人需要什么要有充分的认识。同时也要让他人充分地了解和信任自己。张松献图的典故充分说明了这一点的重要性。

兴平元年（194 年），益州牧刘焉重病去世，朝廷下诏书，任命刘璋为益州牧。刘璋这个人性格软弱，没有主见。驻守在川西（今四川绵阳）地区的张鲁便不肯顺从刘璋。刘璋就杀了张鲁的母亲和弟弟，从此与张鲁结下仇恨。刘璋几次派人攻打张鲁，但都被打败。刘璋内部又发生兵变。当时曹操正征伐荆州，定于汉中。刘璋就想借助曹操讨伐张鲁。一天，刘璋得到消息，说张鲁领兵准备夺取四川。刘璋心中忧虑，召集众谋臣商量对策。忽然有一人自荐说："主公放心。我有办法去求见曹操，请曹操出兵对付张鲁，定叫那张鲁不敢正眼来看西川。"说话的人原来是益州别驾张松。于是刘璋派张松为大使，带上金银珠宝、锦缎丝绸等贡物，去晋见曹操。张松私下又画了一张西川地理图，藏在身上，便带着随从赴许都。

张松到许都后，每天都到相府求见曹操，过了两天才被召见，到了堂上，张松拜见曹操。曹操问："刘璋为何好几年不来进贡？"张松说："路途艰险，贼寇猖狂，无法前来。"曹操训斥说："我已扫清中原，还有什么盗贼？"张松说："还有孙权、张鲁、刘备，每人都带兵十多万人，怎么能说已太平了呢？"曹操见张松长得尖头猴脑，龇牙咧嘴，身短五尺，很不讨人喜欢，再听到他那冲撞的话语，很是生气，一挥衣袖起身就进了后堂。左右的人责备张松说："你是使者，语言不恭，惹丞相生气，幸亏丞相看你远道而来，不给你加罪。还不赶快回去！"张松正要走，后堂出来一人传曹操的话，让张松第二天去西教场点军，见识见识曹兵的军容风貌。

第二天，张松来到西教场。曹操点雄兵五万，布置在教场中。果然衣袍灿烂，盔甲闪光，战鼓震天，旌旗飘扬。过了一会儿，曹操指着四面八方的队伍问张松："你们西川有这样的英雄吗？"张松说："我蜀军中没有这样的兵和武器，但讲究仁义道德。"曹操一听变了脸色。张松并没有畏惧。曹操对着张松说："我视天下无能的人像草芥一样，我的军队，攻无不克，战无不胜；顺我者昌，逆我者亡。你懂吗？"张松用轻蔑的口气回答说："我一向知道丞相的军队所到之处，攻必克，战必胜。过去你们在赤壁遇到周郎，华容道与关羽相逢，在潼关割须丢袍，渭水夺船避箭……这都是无敌于天下啊！"曹操听了大怒道："你竟敢揭我的短处！"命令手下人用棍棒把张松打了出去。

张松回到旅馆，当晚就收拾行装准备回西川。一路上张松想："我本来想把西川州郡献给曹操，谁料想他如此藐视我。我来时向刘璋夸过口，现在一事无成，回去岂不被人笑话。听说荆州刘备待人仁义，不如去那里看看这人会怎样待我？"于是朝荆州方向走去。

张松风尘仆仆，一路不停来到郢州（今湖北江陵县）地界边。前面奔来一队人马，为首一员大将，勒住马问张松："你莫非就是张别驾？"张松答："正是。"那人赶紧下马说："赵云我等候半天了。"张松说："莫非你就是赵子龙？"赵云答："是啊，我奉主公的命令，前来迎接。"赵云将张松领到事先安排好的客店，酒筵招待。当晚住下。张松暗自欢喜："人们都说刘备宽厚仁义，果然不假，我这趟可能不会白来！"

第二天早上，赵云陪同张松继续前进，上马行进刚有四五里路程，只见来了一队人马。原来是刘备带着诸葛亮等亲自前来迎接张松。刘备远远地就下马等候。张松急忙下马拜见。刘备说："久闻大名，无法相见。听说您路过我处，如不嫌弃，请到荒州暂歇，叙叙仰慕之情，我会感到荣幸的。"张松喜形于色，随刘备进了荆州城。刘备设宴招待张松。宴席间张松问："皇叔占守荆州，还有几个郡？"诸葛亮说："荆州也是借东吴的，以往人家催讨归还，只因现在我主公已是东吴女婿，所以才在此安身。"张松说："东吴占据六郡八十一州，国富民强，难道还不知足吗？"刘备说："我才疏力薄，岂敢奢望。"张松说："您是汉室宗族，仁义四海皆知。别说占据州郡，即便代替皇帝治国也非过分。"刘备说："您太过奖了，我怎么敢当啊！"宴席间谈话气氛热闹，各抒己见。但刘备却一直不提西川的事情。就这样一连留张松住了三天，每天宴请一番，也并无人提西川的问题。

张松三天之后，准备回程，向刘备告辞。刘备在十里长亭又设宴送行。刘备举起酒杯敬张松，说道："承蒙您不把我看作外人，畅谈了三天；今天离别，不知什么时候再能听到您的教诲啊！"说罢，凄然泪下。张松感动万分，对刘备说："您如此宽宏仁义，我有一个想法，干脆对您说了吧。我看荆州：东面有孙权，常怀占据之心；北面有曹操，时刻想并吞。荆州不是久居之地啊！"刘备说："我也明白这个道理，但是没有别的安身之处啊。"张松说："益州是个险要的地方，土地辽阔，国富民强，有智有谋的人，很久就仰慕皇叔的为人。假若带领荆州军民，长驱直入西边，那么您就可以大业告成、重兴汉室了。"刘备说："我怎么敢这么做呢？刘璋也是帝王宗室，给予蜀地的恩惠已经很久了。别人怎么可能动摇他呢？"张松说："我并非卖主求荣。今天遇到您这样英明的人，我不得不说肺腑之言：刘璋虽拥有益州这方土地，但他秉性懦弱，不能任人唯贤；加上张鲁在北面，时刻梦想侵犯；所以益州人心离散，盼望能有开明的主公。我这次出行，本想专为曹操贡献计谋；谁知这贼傲慢奸诈，怠慢贤士，所以我特意来拜见明公。明公可先取西川作为基地，然后北伐汉中，收复中原，重振天朝，青史留名，天大的功绩啊！如果您果真有意夺取西川，我张松愿尽犬马之劳，不知您的意向如何？”刘备说：“我感谢您对我的厚爱。但刘璋与我同一宗室，假若攻打他，恐怕天下人都要唾骂我啊！”张松说：“大丈夫在世，应首先考虑建功立业之大事，你若不取，必为他人所夺，后悔就晚了。”刘备说：“我听说蜀道艰险，车不易过，马不易行，虽想夺取，却没有良策啊！”张松从袖中取出地图，递给刘备说：“我感谢明公对我的盛情，决心献上此图。只要看这图，便知道蜀地的道路了。”刘备和诸葛亮展开地图粗略一看，上面详细写着行程路线，标明险要的山川狭谷，还有重要官府，仓库钱粮，一一写得清楚明白。刘备拱手连连作谢说：“青山绿水，长存不老。来日事成，定将厚报。”张松说：“我遇到明主，愿意尽情出力帮助，哪里希望什么报答啊！”说完就告别起程了。

诸葛亮又让赵云等人护送几十里后才返回。夺取西川，是刘备早已定下的战略目标，但“蜀道难，难于上青天”。详细了解西川的复杂地形是进川的必要准备工作。正在此时，张松放弃曹操投靠刘备，献出宝图，这真是天赐良机。刘备迫切想得到西川地形图的心情，从他热情款待张松的态度上可以看得清楚。但是刘备外表却装出仁义厚道的样子，三天酒宴上只字不提西川之事；十里长亭张松被他的盛情感动得五体投地，决心献图时，刘备仍是一推再推，使张松似乎更相信刘备是“正人君子”，越加鼓动刘备夺取西川。刘备这种礼贤下士、仁义宽厚的表现与曹操骄横蔑视的态度成了鲜明的对照，也更突出了刘备“智胜一筹”的军事外交才能。

双向选择并不是现代人的发明，古来如此。动荡年代，不但君择臣，臣亦择君，就是一种双向选择。战国时候，各国国君都在延揽人才，庞涓选择了魏国，孙膑却选择了齐国。楚汉相争时，韩信先投靠项羽，最终却选择了刘邦。三国时，张松也想为曹操效劳，最后却将西川地图献给了刘备。人与人选择关系的最终确立，取决于是否知道别人的需要，以及满足了对方的需要。

雪中送炭最珍贵，这是因为在关键时候满足了别人最迫切的需要。为人处世也是如此，明白了他人之所需并满足对方之所需，并且能够让他人相信和认可自己，我们就能使自己处于不败之地。

智慧 24
中庸处世，和谐人生

【原文】

子曰："中庸之为德也，其至矣乎！民鲜久矣。"

【解析】

孔子说："中庸作为一种道德，该是最高的吧！人们缺乏这种道德已经很久了！"

宋朝的理学大师程颐说过："做事，不偏不倚叫作中，不改变叫作庸。行中，这是天下的正道；用中道，这是天下的公理。中庸的基本要义，就是不偏不倚，恰到好处。"中庸的道理讲究不偏不倚，过与不及都是不好的。体现在做事上，则必须做到恰到好处。为人处世、持家治国等人生作为，无不体现了这个道理。

"中庸"强调的是做事守其"中"，既不左冲右突，又戒参差不齐。其实这种人生哲理，从我们的日常生活中的许多细节中即可体察出来。商汤的开国大臣伊尹，不仅能把握做菜口味的"中庸"技巧，甚至于干脆就把它上升到"齐家治国"的高度上来了。

伊尹辅佐汤推翻了夏桀的残暴统治，建立了在我国历史上维系约 600 年之久的商朝。伊尹原来不过是汤身边的厨师，汤妻陪嫁的奴隶，他之所以被汤看中而委以重任，是因为他确实有一番才干，也善于从生活中发现人生智慧。他看到汤成天为与夏桀争夺天下而忙碌着，显得十分焦急，以致一日三餐都食不甘味。他就想出一个办法来引起汤的注意。他把上一顿饭的菜做得特别咸，下一顿饭的菜又故意不放盐，让汤吃得不对味而来责备自己。接着，他又把每顿饭的菜做得咸淡适中，美味可口，让汤吃得十分满意。伊尹已算计好了，汤准会表扬自己。果然，饭后汤对伊尹说："看来你做菜的本事确实不凡。"

伊尹已是成竹在胸，不等汤把话说完，就借题发挥说：“大王，这并不值得夸奖，菜不能太咸，也不能太淡，只要把佐料调配得当，吃起来自然适口有味。这和你治理国家是一个道理，既不能无所作为，也不能急于求成，只有掌握好分寸关节，才能把事情办好。”

孟子后来对伊尹的评价是：“治亦进，乱亦进，伊尹也。”意思是说伊尹在天下太平时可入仕做官，在天下动乱时也可入仕做官。伊尹之所以能够做到这点，关键是善于把握分寸，有所为有所不为，深悟中庸的为人处世哲理。

而下面这个“傻小子做客”的故事，也颇能发人深思。

有一个傻小子到朋友家去做客。主人殷勤地做了几道好菜招待他，但因一时匆忙，每道菜都忘记放盐，所以每一道菜都淡而无味。

傻小子吃了后说：“你烧的菜怎么都淡而无味呢？”

主人立刻想起忘了放盐，赶紧在每道菜里加一点盐，并请他再食用。傻小子吃了之后，觉得菜都变得非常可口。

于是，他就自言自语地说：“菜之所以鲜美，就是因为放进盐的缘故。只加一点盐就那么鲜美，若加多一点，那一定更好吃了。”

接着，这个人菜也不吃了，就抓起大把盐往嘴里塞。结果，他被咸得哇哇大叫。

就常理而言，盐不能吃得太多，亦不可吃得太少，要恰到好处。同理，炒菜不可太生，亦不可太熟。生熟恰到好处，菜才好吃。此恰到好处，即是“中”。又如商人卖东西，要价太贵，则人不买；要价太少，又不能赚钱。必须要价不多不少，恰到好处，此恰到好处，即是其中。中庸学既讲恰到好处，又讲因时而中，做任何事情，都是这样。

一个人想做到中庸，必须加强品德修养，提高自我调控能力，使自己的言行、情感、欲望等要适度、恰当，避免“过”与“不及”。

子曰：“不有祝沱之佞，而有宋朝之美，难乎免于今之世矣！”意思是说，如果既有宋公子朝那样的美貌，又有祝沱那样的口才，是不是可以免祸于当时的社会呢？谋士陈轸的经历大抵可以为此做出回答，这个秦惠王的大臣曾经受到张仪的中伤，说他为楚国提供了国家机密，尤其糟糕的是，立即就要叛变而奔楚。秦王于是把陈轸叫来，要他对此事做出解释。言外之意已经很明白，说得清楚没啥事，说不清楚保不住脑袋。因为若叛国这样的事情成立，无论如何都是不能够原谅的。

陈轸不慌不忙地答说：“如果我向楚出卖情报，楚王难道真会用我吗？”他的反驳用的是讲故事的方式，故事说得别开生面：有个楚人有两个妻子，分别遇到了某个男人的勾引，当勾引者挑逗年龄大的妻子时遭到对方痛骂，当他勾引年轻妻子时却成功了。这个楚人死后，有人问勾引者娶哪个女人做妻子，勾引者说要娶年龄大的做妻子才可靠。年轻的妻子既然可以背叛原来的丈夫，难道不能够同样背叛新丈夫吗？作为这个故事的结论，陈轸的说法很有味道：“如果我向楚国卖情报，不就如同年轻妻子吗？又怎么会得到楚王的信任呢？”秦王觉得他的说法很有道理，便没有因为张仪的刻意中伤而对其加以治罪，用口才免祸对于纵横家来说从来不是难事。能者“敏于事而慎于言”，而“慎于言”不等于是言谈甚少。陈轸的故事讲完之后，秦王实实在在地听出了新意。

而陈轸的最大特点在于精通中庸之道，这种折中的处世方式不是霸权之道也不是逃避之道，而是圆滑的明哲保身，是以最微弱代价取得极大成功的思考和操作方式。《孔子家语》载：“孔子观于鲁桓公之庙，有欹器焉。夫子问于守庙者曰：‘此谓何器？’对曰：‘宥坐之器。’孔子曰：‘吾闻宥坐之器，虚则欹，中则正，满则覆，名君以为至诫，故常置于坐侧。’顾谓弟子曰：‘试注水焉。’乃注之水，中则正，满则覆。夫子喟然叹曰：‘呜呼！夫物恶有满而不覆者哉！’”

后来陈轸成了齐国的使节，面临着危急任务，当楚国打败魏国之后，即将攻打齐国，陈轸特意去祝贺楚军的成功，临走的时候问楚国大臣昭阳：“按照楚国规定，击溃敌军又杀死敌将，夺取对方的城池，该受到怎样的封赏呢？”昭阳的回答比较实在：“官为上柱国，爵是上执圭。”陈轸知道该怎么说了：“此外还有没有比这更高的官爵？”昭阳说那只有令尹了。令尹是当时国家最尊贵的领导，昭阳觉得不可能有什么职位有所超越。陈轸这时以“画蛇添足”打比方：“楚国有个负责祭祀的专职官员，曾赏给他左右一壶酒，部属见酒不多，便商量着以比赛谁画蛇最快来决定酒的归属，有个人画得非常快，他觉得别人画得太慢，可以用这段时间再为蛇添上两只脚，然后便认真画起‘蛇足’，其余的人很快画好了，抢过酒壶说道：蛇本来就是没有脚的，为何多此一举？画蛇添足者遂未喝上酒。如今，楚国打败了魏国，已经挣得了无以复加的官爵，又何必画蛇添足再攻打齐国？要是不慎战败于沙场，难道官爵不会被赐予他人吗？”这番话把昭阳说得目瞪口呆，楚王是极其嫉妒的人，贸然攻齐不如立即收兵回国。

孔子曾经说过，“过犹不及”，“执两端而用其中”。陈轸的纵横之道在于为他人讲明白中庸的道理，在乱世时能够把持中庸之道，弱国可以尽可能长期地保持存在，强国也可以获得更多的发展空间和增大成功的几率，双方都可能对他的这种纵横给予高度的评价，陈轸所理解的这种道理对于政治及其外的事情的处理都有极好的借鉴意义。在纵横说辩的过程中，不仅可以用精彩的话语吸引统治者，还可以深入浅出地拆解统治者可能遭遇的处境，因为任何人都不可能长久地存在于利害的正中，当偏离弊端的时候，利端又会自觉地生长出相对的某种新的弊端。因此，时势确实也需要这种纵横之士，他们不断地指出弊端和不断生成的弊端，让人们真正走出对于利端的单纯迷恋。而在快乐的时候提及烦恼事，无论如何都要有技巧的方式，陈轸的方式在于喻证。有时候我们总能在看似与自己毫无关联的例子中找到自己应该改进的地方，喻证的方式也不断完善着谈话者和倾听者的对话质量，他们都因为有了中庸而有了意义。

“中则正”，偏执从来都是成功的大敌，而在不偏不倚的中庸态度中关注时局，保持的肯定是冷静和理智的目光。

智慧 25
要学会处变不惊

【原文】

司马牛问君子，子曰："君子不忧不惧。"曰："不忧不惧，斯谓之君子已乎？"子曰："内省不疚，夫何忧何惧？"

【解析】

司马牛问怎样才是君子，孔子说："君子不忧愁，不畏惧。"司马牛说："不忧愁、不畏惧，就叫作君子了吗？"孔子说："自己问心无愧，那还有什么忧愁，有什么畏惧呢？"

孔子认为君子因为心胸宽广，意志坚强，明于事理，因此他们做任何事情都能够从容不迫，处变不惊，而不像小人那样心胸狭窄，意志漂浮不定，对事理认识不清，因此他们做起事来埋怨满天，一遇到变故就惊慌失措。晋朝的谢安就是这样的一位君子。

有一次，谢安和朋友们一起乘船在海上游玩，忽然，狂风骤起，白浪滔天，船被颠簸得东倒西歪，船上的人都吓得面无人色，紧紧地抓着船舷，动也不敢动，只有谢安面不改色，依然如故，还迎着风浪吟唱呼啸。船夫倒是个有趣的人，以为谢安在这样的风浪中行船很高兴，就继续费劲地向前划。这时狂风恶浪越来越猛，船夫却只顾划船，别人都害怕得不行了，但又碍于面子，不好意思要求回去，这时谢安才不紧不慢地说道："像这样的天气，还要把船划到哪儿去玩？"船夫这才掉过船头往回划。大家对谢安遇难不乱的气度非常钦佩，从此知道，将来治理国家是非谢安莫属了。

东晋宁康元年（373 年），简文帝司马昱死，孝武帝司马曜刚刚即位，早就觊觎皇位的大司马桓温，便调兵遣将，炫耀武力，想趁此机会夺取皇位。

他率兵进驻到了新亭，而新亭就在京城建康的近郊，地近江滨，依山为城垒，是军事及交通重地。桓温大兵抵达此处，自然引起朝廷恐慌。

当时朝廷的重望所在，是吏部尚书谢安和侍中王坦之二人。而王坦之本来就对桓温心存胆怯，因为他曾经阻止过桓温篡权。简文帝在弥留之际曾命人起草遗诏，让大司马桓温依据周公摄政的先例来治理国家，还说："少子可辅最佳；如不可辅，卿可自取之。"王坦之读了草诏，当着简文帝的面就把它撕碎，愤怒地说："天下是宣帝（指司马懿）、元帝（指司马睿）的天下，陛下怎么能私相授受呢？"简文帝听了他的这一番话，觉得十分有道理，就让王坦之改诏为："家国事一禀大司马，可仿照当年诸葛亮、王导辅助幼主之故事。"这样一来，桓温才没有当上皇帝。现在，桓温带兵前来，京城朝野议论纷纷，认为桓温带兵前来，不是要废黜幼主，就是要诛戮王、谢。王坦之听了这些议论，当然不免心惊肉跳，坐立不安。

谢安则不同，他听了众人的议论，不以为忧，神色表情一如平常。实际上，谢安曾经应聘做过征西大将军桓温的司马，桓温十分明白谢安才是他篡权的最大障碍，因为自己很了解他的才干。果如所料，桓温此来确是想借机杀掉王坦之和谢安。

不久，他便派人传话，要王坦之和谢安二人去新亭见他。王坦之接到桓温的通知，不知如何是好，就去找谢安商量办法。谢安却神色不变，态度安详，和往常一样，好像没有什么杀身之祸等着他。

王坦之说："桓将军这次带兵前来，恐怕凶多吉少。现在又要我们两人去新亭见他，恐怕是有去无回，如何是好？"

谢安笑道："你我同受国家俸禄，当为国家效力。晋室江山的存亡，就看我们这一回的作为了！"说完，谢安牵着王坦之的手一起出门，径直去新亭，朝廷官员也有许多人相随同去。

到了新亭，众人见桓温兵营阵容严密，队伍肃然，心情就更加紧张起来。刚走进桓温大营，几位稍有声望的官员，唯恐得罪桓温，马上远远地向桓温叩拜，战战兢兢，脸都变了色。王坦之也吓出一了身冷汗。他勉强移着脚步走到桓温面前，向他行礼，慌乱中竟然把手板都倒着拿了。

只有谢安态度自若，不拘形迹。他稳步走到桓温前，不卑不亢地对桓温说：“明公别来无恙？”

桓温虽然知道谢安是个不同寻常的人物，但未料到他居然能如此处变不惊，自己反倒有些吃惊了，连连说：“好，好，谢大人请坐，请坐。”

谢安从容就座。这时，王坦之等人惊魂未定，还在浑身哆嗦。谢安在席间，说东道西，谈笑自如，所言之事，左右逢源，桓温和他的谋士们找不到茬，无法下手。而谢安却在闲谈时观察左右，早已看到壁后埋伏着武士。他见已经到了应该说破的机会，便转身笑着对桓温说：“我听人讲：‘诸侯有道，守在四邻（意思是说如果诸侯有道德的话，那么四邻都会帮你防守，是用不着自己到处设防的）。’明公又何须在壁后藏人呢？”

这是对桓温的绝大讽刺，桓温显得极为尴尬，急忙说：“在军中这已经成了习惯，恐怕有突然事变，不得不如此啊！谢大人这么说，就赶快撤走吧！”

谢安又和桓温谈笑了大半天，他那么风度翩翩，安详稳重，使桓温始终不能加害于他。而王坦之却一直呆若木鸡，一言不发，待到和谢安一同回建康时，冷汗已把里衣都湿透了。

王坦之与谢安本来在治国、为人等方面都是齐名的，但经过这次风波，两人的优劣便分出来了。

不久，桓温生了重病，却还想向朝廷要“九锡”（古代帝王赐给有大功或有权势的诸侯大臣的九种礼器，后世权臣篡位前，常先赐九锡），便托人向朝廷请求。因为他再三催促，谢安只好让吏部郎袁宏起草。袁宏文才很好，起笔立就，谁知谢安偏偏故意找茬，吹毛求疵，要他一改再改，改了一个月还没改成。袁宏虽然文才极好，但在“政治”上却是个糊涂人，他觉得十分奇怪，自己怎么连个诏书都写不好，便暗中问仆射王彪之，究竟应该怎么写。王彪之说：“像你这样的大才，何用修饰，这是谢尚书故意要你一改再改，他知道桓公病势一天天加重，料定长不了，所以借此来拖延时间。”袁宏这才大悟，懂得了谢安的用心。由于谢安不动声色地用了拖延策略，致使后来桓温的野心未能得逞便死去。

君子因为拥有豁达大度的气量，所以他才能不忧不惧，从容不迫，处变不惊。有了这种处变不惊的气度，成功也就有了保证。

智慧 26
处世要谨小慎微

【原文】

曾子有疾，召门弟子曰："启予足，启予手！《诗》云：'战战兢兢，如临深渊，如履薄冰。'而今而后，吾知免夫！小子！"

【解析】

曾子有病，召集学生们到他身边，说："看看我的足，看看我的手！《诗经》说：'小心谨慎啊，就好像经常面临着深渊，就好像经常走在薄冰之上。'从今以后，我自己知道可以免于祸害了！学生们！"

所谓立身，包括树立自己的名声，明确自己的做人原则，建立自己有代表性的业绩。这里的环节很多，而且有许多潜在的危机，所以必须谨慎，要"战战兢兢，如临深渊，如履薄冰"，才有可能避免一些不必要的祸害。下面的两个例子可以给我们这方面的启示。

吕僧珍字元瑜，是东平郡（治今山东济宁市北）范县人，家世居广陵（今江苏扬州）。从南齐时起，吕僧珍便随从萧衍。萧衍为豫州刺史，他任典笺。萧衍任领军，他补为主簿。建武二年（495 年），萧衍率师援助义阳抗御北魏，吕僧珍随军前往。萧衍任雍州刺史，吕僧珍为萧衍手下中兵参军，被当作心腹之人。萧衍起兵，吕僧珍被任为前锋大将军，大破萧齐军队，为萧衍立下大功。

吕僧珍有大功于萧衍，被萧衍恩遇重用，其所受优待，无人可以相比。但其从未居功自傲，恃宠纵情，而是更加小心谨慎。当值宫禁之中，盛夏也不敢解衣。每次陪伴萧衍，总是屏气低声，不随意吃桌上的果实。有一次，他喝醉了酒，拿了桌上一个柑橘，萧衍笑着说："卿真是大有进步了。"拿一个柑橘被认为是大有进步，可见吕僧珍谨慎到什么程度。

吕僧珍因离乡日久，上表请求萧衍让他回乡祭扫先人之墓。萧衍为使其衣锦还乡，光宗耀祖，不但准其还乡，还给其使持节、平北将军、南兖州（治今江苏扬州）刺史，即管理其家乡所在州的最高行政长官。然而，吕僧珍到任后，平心待下，不私亲戚，没有丝毫张狂之举。吕僧珍的从侄，是个卖葱的，他听说自己的叔叔做了大官，便不再卖葱了，跑到吕僧珍处要求谋个官做。吕僧珍对他说："我深受国家重恩，还没有做出什么事情以为报效，怎敢以公济私。你们都有自己的事干，岂可妄求他职，快回葱市干你的本行吧！"

吕僧珍的旧宅在市北，前面有督邮的官府挡着。乡人都劝吕僧珍把督邮府迁走，把旧宅扩建。吕僧珍说："督邮官府自我家盖房以来一直在北地，怎能为扩建吾宅让其搬家呢？"遂不许。吕僧珍有个姐姐，嫁给当地的一个姓于的人，家就在市西。她家的房子低矮临街，左邻右舍都开买卖的店铺货摊，一看就是下等人住的地方。但吕僧珍常到姐姐家中做客，丝毫不觉以出入这种地方为耻。

君子立身处世，贫贱不能移，威武不能屈，富贵不能淫。这是封建社会中理想的做人准则。然而，这并非常人可以做到。更有甚者，贵而忘贱，得志便猖狂，恣意妄为，最终身败名裂。吕僧珍可谓深知立身之道的智者，他功高不自居，身贵不自傲，从而使皇帝对他更加信任、放心。吕僧珍58岁时病死，梁武帝萧衍下诏说："大业初构，茂勋克举，及居禁卫，朝夕尽诚。方参任台槐，式隆朝寄；奄致丧逝，伤恸于怀。宜加优典，以隆宠命，可赠骠骑将军、开府仪同三司、常侍、鼓吹、侯如故。"不但如此，吕僧珍还被加谥为忠敬侯。吕僧珍善有其终，当和他立身谨慎是分不开的。

谨慎立身，是对立身的价值有了充分认识。有了功劳，不要经常说起；有了恩宠，注意不可张扬；有了权力，注意不要滥用；有了做高官的朋友，注意不要趋炎附势；有过去不得志的朋友，要注意不嫌弃。志当高远，事当谨慎，这是历史指示的做人原则。

大树将军指东汉光武帝手下的大将冯异。他为人谦虚礼让，不自夸，不争功。他在随从光武帝刘秀打天下时立有很多战功。每当诸将会到一起时，众人总是争着夸耀自己的功劳，而冯异却一个人常坐大树下，不与别人争功，因此被称为“大树将军”。无独有偶，南朝梁武帝时也出了个“大树将军”，这个人就是冯道根。

冯道根字巨基，是广平郡人。南朝萧齐末年，萧衍起兵襄阳（今湖北襄阳），攻打首都建康（今江苏南京）时，冯道根勇猛无比，杀敌甚多。梁朝建立后，他率军平定陈伯之的反叛，击退北魏军的进攻，保住了阜陵城。与韦敏一起救援钟离，在邵阳洲大破北魏军。冯道根因战功卓著，先后任过骁骑将军、游击将军、辅国将军、云骑将军、领直阁将军、中权中司马、右游击将军、武旅将军等职。

冯道根虽然屡立战功，但对自己的功劳却很少讲。每次征伐过后，诸将们都喧哗争竞，寸功必争，寸赏不让。唯独冯道根沉默不语。他的部下们很不满，认为跟随冯道根冲锋陷阵出生入死，遇到论功时，全让别人争了去，岂不太吃亏了？每次遇到这种情况，冯道根总是开导他们说：“主上（指萧衍）对众人所建之功自有明鉴，何用我大争大吵？”萧衍对冯道根此举非常满意，曾指着他对尚书令沈约说：“这个人从来口不言功。”沈约说：“这真是陛下的大树将军啊！”

冯道根以清廉谦退立身。他做地方官，和理清静，为部下所怀念，萧衍也说：“冯道根所在，能使朝廷忘记了还有一州。”他作为中央官，虽贵显而性俭约，所居宅不营墙屋，无器服侍卫，入室则萧然如素士之贫贱者。他口不言功，却独得大树将军之誉，这是高于其他人的记功碑。冯道根是以清廉谦退立身的成功者。

俗话说：小心驶得万年船。人生危机四伏，风险紧随，谨慎方可不在阴沟里翻船！

智慧27
要有宠辱不惊的气量

【原文】

子曰："君子泰而不骄，小人骄而不泰。"

【解析】

孔子曰："君子心情安定而不傲慢，小人傲慢而不心情安定。"这话的意思就是说，小人不能遇到事情不能保持心情的稳定，容易受到外部因素的影响，事情顺畅就傲慢，事情不顺时就懊丧，而君子碰到任何事情时应保持心情安定，宠辱不惊，处之泰然，不受外部环境的影响。的确，泰而不骄，方可宠辱不惊，平心待物，临危不乱，通达于时世，这就是所谓的大将风度，君子风范。

电视剧《三国演义》主题歌曲慷慨、激昂、悲壮。尤其是词中"是非成败转头空"这七个字颇能表达我们偶尔对人生所兴起的感触。三国中无论是足智多谋的诸葛亮、勇猛豪爽的张飞、义薄云天的关羽，还是雄姿英发的周瑜、雄才大略的曹操等无数英雄豪杰都随滚滚长江向东流去，纵横驰骋的战场早已硝烟散尽，空空如也。艺术家的彩笔为我们道尽人世的悲欢离合，但终如南柯一梦。人生无常，是非成败转头空。

人生无常，无物永驻。天下没有什么事物、对象、情势、局面是永远不变的。明月曾经照古人，古人不见今世月；好花不常开，好景不长在；年年岁岁花相似，岁岁年年人不同。人无百日好，花无千日红。物有生、死、毁、灭，人有生、老、病、死。盛极必衰、否极泰来；月有阴晴圆缺，人有悲欢离合；天下大势，分久必合，合久必分；官无常位，境遇常变；三十年河东三十年河西，风水轮流转。老子说："金玉满堂，也无法永远守住。"人生聚散、浮沉、荣辱、福祸，这一切都在不断地转化，相辅相成。“百年随手过，万事转头空。”明白此理，你就会视一切变化为正常，就会对一切事情的发生有思想准备，就不会呼天抢地，不撞南墙不回头与天道（客观规律）死顶下去。做人，不能逆天道（客观规律）而行事。

人生无常还指事物变动的不可预见性、偶然性，事情的不期而遇。俗话说天有不测风云，人有旦夕祸福；福无双至，祸不单行；运去金成土，时来土做金；屋漏偏逢连夜雨，船迟又遇顶头风……人生之中不可预测的事太多太多。

人生无常，天道有常。人生无常，正是天道有常的表现。对于那些觊觎权势、玩弄阴谋的人来说，既有小人得志飞黄腾达之时，也有时运不济，栽跟头之日。秦桧玩弄诡计、陷害忠良，落得个无穷骂名；严嵩专横跋扈、不可一世，终落得满门抄斩。多行不义必自毙，逞一时之能称一世之雄又能存于几时？爬得越高跌得越惨。也许对爬得高的这个人来说，这是他人生际遇的无常，对于群体和社会来说则正是有常的表现。一个肆无忌惮、伤天害理的人早晚会受到客观规律的惩罚，一个霸主早晚有稀里哗啦那一日。这对于他本人是天道无常的表现，对于别人则恰恰证明了天道有常。正所谓天网恢恢，疏而不漏。

感叹人生之无常，并不完全出自无奈的悲愁，相反，它可能出自人心对幸福的追求与对永恒的向往。哲学家努力透视人生真谛，帮助人们建构精神家园。宗教家则超越于无常的罗网之上，打通生前死后之结，引人走向不朽的乐土。可惜的是，现代人对哲学存着怀疑的眼光，对宗教抱着利用的心态，因而陷于变幻不已的现实世界，无法解开内心深处的愁结。

聪明的人总是在变化无常中力争主动，在变化之前或之初看到变化的端倪，去把握有常，居安思危，未雨绸缪，处变不惊，临危不惧，从而在恶劣的处境下，能登高望远，看到转机，看到希望，有所准备，不失时机地转败为胜，扭转乾坤。

唐伯虎诗中说：“钓月樵云共白头，也无荣辱也无忧；相逢话到投机处，山自青青水自流。”如果人人都能了然于山自青青水自流，自然宠辱不惊，物我两忘，也不会去徒自贬抑，自招屈辱。

唐朝宰相李泌就是一个这样的君子。

李泌处在安史之乱及之后的混乱时代，为唐王朝的安定上言献策，立下殊功，但他贵而不骄，激流勇退，恰当地把握住了一个宠臣、功臣的应有分寸，善始善终，圆满地走完了自己政治的一生。

李泌少时聪慧，被张九龄视为“小友”；成年后，精于《易》。天宝年间，玄宗命其为待诏翰林，供奉东宫，李泌不肯接受，玄宗只好让他与太子为布衣之交。当时李泌年长于太子，才学深为太子钦服，太子虽称之为“先生”，然两人私交甚笃。这位太子就是后来的肃宗皇帝。后来，李泌因赋诗讥讽杨国忠、安禄山等人，无法容身，遂归隐颍阳。安史之乱爆发后，玄宗至蜀中，肃宗即位于灵武（今宁夏永宁西南），统领平乱大计，李泌也赶到灵武。对于他的到来，肃宗十分欢喜，史称：“上大喜，出则联辔，寝则对榻，如为太子时。事无大小皆咨之，言无不从，至于进退将相亦与之议。”

这种宠遇实在是世人莫及，在这种情况下，李泌依然保持着清醒的头脑，平静如水。肃宗想任命他为右相时，他坚决辞让道：“陛下待以宾友，则贵于宰相矣，何必屈其志！”肃宗只好作罢。此后，李泌一直参与军国要务，协助肃宗处理朝政，军中朝中，众望所归。肃宗总想找个机会给予李泌一个名号。

肃宗每次与李泌巡视军队时，军士们便悄悄指点道：“衣黄者，圣人也；衣白者，山人也。”肃宗听到后，即对李泌道：“艰难之际，不敢相屈以官，且衣紫袍以绝群疑。”李泌不得已，只好接受，当他身着紫袍上朝拜谢时，肃宗又笑道：“既服此，岂可无名称！”马上从怀中取出拟好的诏敕，任命李泌为侍谋军国、元帅府行军长史。元帅府即天下兵马大元帅太子李俶之府署。李泌不肯，肃宗劝道：“朕非敢相臣，以济艰难耳。俟贼平，任行高志。”这样，他才勉强接受下来。肃宗将李俶的元帅府设在宫中，李泌与李俶总有一人在元帅府坐镇。李泌又建议道：“诸将畏惮天威，在陛下前敷陈军事，或不能尽所怀；万一小差，为害甚大。乞先令与臣及广平（即广平王李俶）

熟议，臣与广平从容奏闻，可者行之，不可者已之。”肃宗采纳了这一建议，这实际上是赋予李泌朝政全权，其地位在诸位宰相之上。当时，军政繁忙，四方奏报自昏至晓接连不断，肃宗完全交付李泌，李泌开视后，分门别类，转呈肃宗。而且，宫禁钥匙，也完全委托李泌与李俶掌管。

面对如此殊遇，李泌并不志满气骄，而是竭心尽力，辅助肃宗，在平定乱军与收复两京以及朝纲建设上都建有不可替代之功，实际上是肃代两朝的开朝元勋。平定安史之乱，肃宗返回长安后，李泌不贪恋恩宠与富贵，向肃宗提出要退隐山林，他说：“臣今报德足矣，复为闲人，何乐如之。”肃宗则言:“朕与先生累年同忧患,今方相同娱乐,奈何遽欲去乎！”李泌陈述道:“臣有五不可留,愿陛下听臣去,免臣于死。”肃宗问：“何谓也？”李泌答道：“臣遇陛下太早，陛下任臣太重，宠臣太深，臣功太高，迹太奇，此其所以不可留也。”可以说，李泌的这五不可留，还是十分深刻的，尤其是“任臣太重、宠臣太深、臣功太高”更是三项必去的理由。身受宠荣，能冷眼相对，不沉迷其中，这是难得的政治家气度。肃宗听后，有些不以为意，劝道：“且眠矣，异日议之。”李泌则坚持道：“陛下今就臣榻卧，犹不得请，况异日香案之前乎！陛下不听臣去，是杀臣也。”说到这儿，肃宗有些不高兴了，反问道:“不意卿疑朕如此,岂有如朕而办杀卿邪！是直以朕为勾践也！”李泌还是坚持道:“陛下不办杀臣，故臣求归；若其既办，臣安敢复言！且杀臣者，非陛下也，乃‘五不可’也。陛下昔曩日待臣如此，臣于事犹有不敢言者，况天下既安，臣敢言乎！”

肃宗无可奈何，只好听其归隐嵩山。代宗李俶即位后，又将他召至朝中，将他安置在蓬莱殿书阁中，依然恩宠有加。但此时，李泌却居安思危，感受到了他与代宗之间的微妙变化。当李俶为太子时，局势动荡，其皇储之位也不稳定，因此，他视李泌为师长，百般倚重，而李泌也尽心辅佐，几次救其于危颠。现在，他是一国之君，对于往昔的这位师长、勋旧固然有道不尽的恩宠，但也有种种道不明的不安与不自如。

这时，朝中有一位专权的宰相元载，这位宰相大人，与李泌是截然相反的人物。他凭借代宗的宠任，志气骄逸，洋洋自得，自认为有文武才略，古今莫及。他专擅朝政，弄权舞智，僭侈无度。曾有一位家乡远亲到元载这儿求取官职，元载见其人年老不堪，猥猥琐琐，便未许他官职，写了一封给河北道的信给他。老者走到河北境内后，将信拆开一看，上面一句话也没有，只是签了元载之名，老者十分不悦，但既已至此，只好持此信去拜谒节度使。僚属们一听有元载书信，大吃一惊，立即报告节度使。节度使派人将信恭恭敬敬地存到箱中，在上等馆舍招待老者，饮宴数日。临行时，又赠绢千匹。这可见元载的威权之重。就是这位元载，见李泌如此被信用，十分忌妒，与其同党不断攻击李泌。在李泌重回朝中的第三年，也就是大历五年（770年），江西观察使魏少游到朝中寻求僚佑，代宗对李泌道："元载不容卿，朕今匿卿于魏少游所，俟朕决意除载，当有信报卿，可束装来。"于是，代宗任命李泌为江西观察使的判官，这与李泌在朝中的地位可谓天上地下，太不相称，但李泌还是愉快地远赴江西。

客观地说，元载是不容李泌的，但元载虽为权臣，毕竟只是文人宰相，未握兵权，代宗若要除他，易如反掌，但值得玩味的是，在元载与李泌的天平上，代宗明显地偏向了前者，所以，要提出种种借口与许诺。

李泌到江西后七年，也就是大历十二年（777年），代宗方罢元载相，以图谋不轨诛元载及其全家。元载倚宠专权，下场可悲。一年以后，大历十三年（778年）年末，代宗方召李泌入朝。李泌到朝中后，君臣之间有一段很有意思的对话。代宗对李泌道："与卿别八年，乃能诛此贼。赖太子发其阴谋，不然，几不见卿。"对这一解释，李泌似乎不能接受，他对答道："臣昔日固尝言之，陛下知群臣有不善，则去之。含容太过，故至于此。"对此，代宗只好解释道："事亦应十全，不可轻发。"

李泌到长安刚刚安顿下来，朝中新任宰相常衮即上言道："陛下久欲用李泌，昔汉宣帝欲用人为公卿，必先试理人，请且以为刺史，使周知人间利病，俟报政而用之。"这一建议，可以说是十分荒唐。李泌自肃宗时即参与朝政机要，多次谢绝任相的旨意，而肃宗也实际上将他视为宰相。代宗即位，召其至朝中，也是要拜为宰相，但李泌又拒绝就任。如今常以代宗欲用李泌为由，要将他放为州刺史，应当是秉承了代宗的旨意。所以，第二年初，代宗便任命李泌为澧州刺史，澧州是偏远州郡，对于这一明显带有贬谪含义的任命，李泌未发一言，还是再次离开长安，走马上任。

以后，李泌又改任杭州刺史。就这样，这位多次拒任宰相的政治家，在疏远与排斥中，常年在外流连，远离朝政。但李泌从未心灰意冷，无论是在江西，还是在澧州、杭州，他都勤于政务，“皆有风绩”。

至德宗在奉天（今沈阳）被围，又将李泌召至，不久，任命宰相，但李泌还是平心待物，淡泊自然，真正体现了宠辱不惊的宰相气度。

智慧 28
坦荡为怀，人生宽广

【原文】

子曰："君子坦荡荡，小人长戚戚。"

【解析】

这句话的意思是说："君子心地坦荡宽广，小人却经常局促忧愁。"

一个人若是内心十分充实，即在道德、人格、知识、趣味、情感等方面，比较完善，有一定质量，达到一定境界，有一个广阔的胸襟，心里容量大，就能有正确的自足感，能够避免无节制地被外界事物刺激和骚扰，视名利、权势、情欲为身外之物，不会过于计较。内心保持这样的境界，无论得意的时候或是艰难困苦的时候，都会是很乐观的。当然也不是盲目的乐观，而是自然的胸襟开朗，对人也没有仇怨。为人处世能养成这种"坦荡荡"的境界，具备这种豁达胸怀，才使修身冶性具有基本的保证，修身正己就有了一种自觉性，会产生一种满足感、愉悦感。

俗话说，心底无私天地宽。古今中外的所谓"君子"，之所以能够品行正、修养好、境界高，原因即在于他们拥有一个坦荡的胸怀，因此，也能拥有一个宽广坦荡的人生。

坦山是日本明治时代的一个有道行的高僧。一天，天正下着雨，他和另一个和尚因事外出，途中见到一位漂亮的姑娘手足无措地站在一段泥泞的路前发呆，原来她因怕弄脏身穿的和服而无法跨过这段泥泞路。坦山见状，征得了她的同意，就将她抱过了那段泥泞路，然后继续上路。路上，与坦山同行的和尚半天都不说话，脸上总挂着困惑不解的表情，到夜晚投宿时，他终于按捺不住地问坦山："依照戒律，我们出家人不能近女色。否则，将会危及我们的修行，我不明白，你白天为什么要那样做？"

坦山答道："哦，那个女子吗？我早就把她放下了，你还抱着呢！"

在这简单的故事与机智的回答中，表明了坦山乐于助人济人的胸怀，采取的是一种十分自然的应对策略，他甚至不因成文的戒律而抱避嫌、旁而远之的态度。事过境迁之后，他既没有因自己的济人助人而沾沾自喜，也没有因想到什么戒律而心颤心悸，他依然是一个没有心理负担、磊磊落落、自由自在的人，因为他具有一种“坦荡荡”的胸襟，所以能以一种行云流水般的意念来持身涉世。

无独有偶，早在中国春秋时代，就有一个“坐怀不乱”的君子柳下惠。

某天，一个因赶路而找不到住宿地的女子，来到鲁国人柳下惠住处求宿。柳下惠收留了她。因怕晚上的寒风将她冻了，柳下惠就解开外衣，让她坐在自己的怀里，并用外衣来紧紧地裹着她，就这样，两人坐了一夜。由于柳下惠为人正派，没有人怀疑他对这个女子有什么非礼越轨的行为，后世人就依据此一美谈，用“坐怀不乱”来形容那些坚持道德的正人君子。

柳下惠与那位日本和尚，为什么会有如此“坦荡荡”之胸怀？明末文人洪应明在他的《菜根谭》中对这种持身处世的行云流水般的意念，有一些很好因而也很著名的形容：

风来疏竹，风过而竹不留声；
雁渡寒潭，雁去而潭不留影。
故君子事来而心始现，事去而心随空。

翻译成白话，这段话的意思是：

当轻风拂过竹林的时候，竹子会发出刷刷的声响，但轻风过后竹林便变得寂静无声；当鸿雁飞渡清寒的潭面时潭水中会倒映出鸿雁的英姿，但鸿雁过后潭面上便不再有任何鸿雁的影子。所以修养高深的君子只有在事情到来的时候才显露出他的本性，表白他的心迹，事情一过去，他的内心也就立即恢复了空灵平静。

一个人达到了如此的境界，就会自得其乐，不会因得失荣辱而耿耿于怀。反之，就难以体验到工作与人生的乐趣；更严重者，则会执着于贪念，使人生面临着重重的危机。

智慧 29
“做”才是生存的根本

【原文】

子曰：“君子耻其言而过其行。”

【解析】

孔子说：“君子认为说得多而做得少是可耻的。”

我们知道建楼房，必须要有个坚实而牢固的根基。基础不牢，地动山摇，没有一个好的根基，楼房是建不起来的，根基不扎实，楼房也不可能建高。但要想把楼房建起来，建好，光靠地面下的根基是不够的，关键还是要靠地面上的工作。这个地面上边的工作，放在人的生存过程中，就是“做”，而且要能干。

古时候，有个人很会贮藏柑橘，到了寒冬腊月，别人家的柑橘早都干的干，烂的烂，而他家的柑橘却新鲜如初。这样的柑橘拿到集市上，自然可以卖个不错的价钱。这个人也因此而大赚了一笔。可买柑橘的人拿回去却发现，这样的柑橘只是在外表上好看，而实际上内里的东西全都像破败的棉絮，根本不能吃了。

人们把这种柑橘称作“金玉其外，败絮其中”。

人世间有这样一个简单的道理：一个柑橘即使内里的果肉再好再甜，如果没有差不多的外表，绝对没有人会看上一眼的；同样，光有美丽的外表，却没有实实在在甘美的果肉，这样的柑橘人们也不会要。卖这种柑橘的人只能骗几个人，骗不了多数，这样的柑橘也只能卖一次，第二次也绝对没人买。

做人也是一样，不管你肚子里有多少才学，说不出来，不会有人注意。于是常常有人“怀才不遇”，也常有人感叹“千里马常有而伯乐不常有”。

现代人重视情商的培养，也说明了它的重要。但除了一张利嘴外，没有什么才干的人，更不可能有什么作为。毛泽东给这种人作过一个十分形象的描述：墙上芦苇，头重脚轻根底浅；山间竹笋，嘴尖皮厚腹中空。

实际上，“说”和“做”的关系，就像是一棵大树的枝叶和主干，没有枝叶，主干难以成活；没有了主干，也就不存在枝叶。

一个人活着，仅仅会说，是远远不够的。就像我国历史上发生过的王衍清谈误国的故事就值得我们深刻地反省。晋惠帝时期，一些朝廷士族官员不务正事，经常三五成群聚集一起胡乱吹牛，浮夸连天。他们谈的话题多是不着边际，荒诞无稽的事情。这种谈话当时比较风行，人们称它为“清谈”。

王衍当时在朝中任尚书令，他经常与河南尹乐广凑在一起清谈。一时间他们在社会上的名声很大，朝廷内外的人都争相效仿他们。王衍与弟弟王澄，喜好品评人物，当时的人都以他们的评价作为标准。

王衍神态聪明，容貌秀美。他小的时候，山涛见到他，赞叹了很久，说：“什么样的妇人，竟然生下这样好的孩子！但是危害天下百姓的，未必就不是这个人。”

乐广性情淡泊简约，与世无争。他每次谈论，总是用简略的语言辨析事理，使人感到内心满足。而对于他所不知道的事情，他就保持沉默。他议论别人，一定先称赞这个人的长处，那么这人的短处不用他说，也就自然而然地显现出来了。

王澄以及阮咸、阮咸的侄子阮修、泰山人胡毋辅之、陈国人谢鲲、新蔡人毕卓等人，都以任性放纵为通达，甚至他们喝醉了酒发狂裸体，也不觉得有什么不对的。

胡毋辅之一次痛饮，他的儿子胡毋谦之见到了，厉声叫着他的字说：“彦国，你是上了年纪的人，不应该做这样的事了！”胡毋辅之听后放声大笑，叫他进来一起喝酒。毕卓曾经担任吏部郎，一次他的邻居酿造的酒熟了，毕卓就借着酒劲，趁夜跑到隔壁去偷酒喝，结果被看管的人捆绑起来。第二天早晨，邻居才发现是吏部郎毕卓。乐广听说此事后取笑他说：“名教之中自有欢乐之处，何必这样呢？”当初何晏等人继承老庄学说，提出了新的观点。他们认为：“天地万物，都以‘无’作为根本。所谓‘无’，就是滋生万物，成就万事，无论到哪儿都存在的东西。阴阳依赖它而变化相生，贤者依赖它而成就德性。所以‘无’所到之处，没有爵位也照样富贵。”对何晏的学说，王衍非常认同。朝廷中的士大夫知道后，就都把虚浮放诞看作美好的行为，而荒废了正业。

侍中裴頠认为崇尚虚无，有害无益，于是他就写了一篇论文《崇有论》，来纠正虚无思想的误导。然而当时那种崇尚虚无的风气已经非常盛行了，裴頠的论文也就无法进行纠正了。

到了公元311年4月，东海王司马越在项县去世，太尉王衍等人一起扶奉司马越的灵柩回东海郡安葬。途中，石勒率领轻装骑兵追击司马越的灵车，在苦县宁平城大败晋军，消灭了十几万护送的晋朝军队。

石勒擒获太尉王衍等人后，让他们坐在帐幕下，向他们询问晋朝的事情。王衍详细陈说了祸患衰败的原因，声称计策不是自己制定的，并且说自己从小就没有当官的欲望，不参与俗世的事务。又借这个机会劝石勒称帝，希望自己能因此得到赦免。石勒听完后冷笑着说：“您年轻力壮的时候就已在朝廷当官了，身居要位，名声响彻海内，凭什么说自己没有当官的欲望呢？你把天下搞得一团糟，不是你又是谁呢？”说完，他命令部下将王衍架了出去。石勒对部下孔苌说：“天下我去过的地方多了，还不曾见过这种人，你看这种人应不应该留？”孔苌说：“他们都是晋朝的王公大臣，终究不会被我们所用。”言下之意很明显。石勒说：“那就杀了他们。不过为了表示尊重，就不要让他们死在刀刃之下了。”

于是当天晚上，石勒就派人推倒墙壁，将王衍等人压死了。

因此，我们不仅仅要会说，还应当要做到言行一致。这就要求我们行动起来，敢于务实，切不可清谈务虚。只清谈务虚，容易使自己行为张扬，容易导致他人忌恨，这样祸害也就不远了。更何况人要想生存，就注定了必须要以劳动为根本。多劳多得，少劳少得，不劳不得，不管是人还是动物，不做事，你无法生活。

寒号鸟是以懒而出名的。在寒冷的天气里，它躲在石头缝里“哆罗罗，哆罗罗”地叫，发誓一定要在第二天垒窝。但只要第二天的天气稍稍变好一点，它就会懒洋洋地蹲在一个背风的地方晒太阳，并不断地给自己寻找各种不用垒窝的理由。最终的结果大家都知道，它不得不吞下自己种下的苦果，接受冻死的命运。人世间也是这样，勤劳的不一定能致富，但懒人绝大多数都是贫穷的。不做事，你不可能得到实实在在的东西，当一个人连最起码的衣食住行都保障不了的时候，所谓的做人的尊严、地位就更加不必奢望了，在这种情况下，即使他仍旧能够在这个世界上苟延残喘，也不过是个行尸走肉，生和死对于他而言，已经没有什么太大的区别了。

寒号鸟的故事差不多人人皆知，可并不是所有的人都能明白“做”的重要性的。譬如说我们身边那些已经参加工作，却整天不思进取、慵懒无比的人，他们中间有些人在浑浑噩噩中由天才变成了傻子，有些人不得不在“失业，择业，再失业，再择业”怪圈中耗费人生，这样的人永远不可能成为竞争中的胜利者，也永远得不到享受美好人生的权利和机会。

自然界的生存竞争，其意义是物种的进化。物竞天择，适者生存，不适者被淘汰。即使没有人类的破坏，也同样会有许多物种因为不能适应自然规律而自然消亡。人类社会也存在激烈的竞争，但这种竞争淘汰的不是人类或哪一个人，它淘汰的是不适应社会进步所需要的生存方式。如果一个人固守那种生活方式，始终不愿意松手，他必将成为这种生活方式的陪葬品。不愿意“做”的人，就时刻面临着这样的危险。

我们不是皇族地主，也很少有人能够因彩票中注而一夜之间暴富，大多数的我们都极其平凡，没有殷实的家底，没有强大的靠山，我们所有的东西都是通过努力而得到的。因而，我们生存的过程从本质上说，应该是个“打江山”而不是“坐江山”的过程。那么，既然是在“打江山”，“做”就非常重要，就是根本。

智慧30
该智则智，当愚则愚

【原文】

子曰："宁武子，邦有道，则知；邦无道，则愚。其知可及也，其愚不可及也。"

【解析】

这句话意思是说："宁武子，当国家有道的时候，就显示聪明；当国家无道的时候，他就装傻。他的聪明，别人可以赶得上，他的装傻，别人就做不到了。"

郑板桥有句名言："聪明难，糊涂更难；由聪明而转入糊涂尤难。"这其中包含了对把握人生的态度之难的感慨。其实，不管人自身的素质——诸如智商、情商等各种做人做事的本领如何，相对于强大的外部外境，都显得比较弱小。尤其当局势动荡变化，人成为其中一颗身不由己的小棋子，必须采取适当的态度和手段，该智则智，当愚则愚，这样才能保住身家平安，才能图谋机会以求发展。

世事诡谲，风波变幻，非人力所能把握控制；而几乎所有的事物，都存在人所看不透彻、无从预料的一面。因此，只有让自己心如明镜，顺应事物变化的规律，才能赢得自己做人的主动，不被无常的大势裹挟。

公元前5世纪，在今天的苏杭一带，有吴、越两国，两国虽然相邻，但是为了争夺霸业，互不相让，相互对抗。后来，越王勾践败于吴王夫差之手，不得不逃亡会稽山，忍辱负重与吴国谈和，在几经交涉后，吴国才答应勾践回国。勾践回国后一直记着所受的耻辱，卧薪尝胆，立誓雪耻。二十年后，终于灭掉吴国。而帮助越王成功的就是范蠡。范蠡不但是一个忠心耿耿的臣子，而且是一个理智的智者。

范蠡被任命为大将军后，自忖：长久在得意之至的君主手下工作是危机的根源。勾践这个人臣下虽然可以与他分担劳苦，但是不能与他共享成果。于是他便向勾践表明自己的辞意。勾践并不知道范蠡的真实意图，于是拼命挽留他。但范蠡去意已定，搬到齐国居住，自此与勾践一刀两断，不再往来。

移居齐国后，范蠡不问政事，与儿子共同经商，很快成为富甲一方的大富翁。齐王也看中他的能力，想请他当宰相。但他婉言谢绝。他深知"在野而拥有千万财富，在朝而荣任一国宰相，这确实是莫大的荣耀。可是，荣耀太长久了反而会成为祸害的根源"。于是，他将财产分给众人，又悄悄离开了齐国到了陶地。不久后他又在陶地经营商业成功，积存了百万财富。

范蠡才智过人，并具有过人的洞察力。他之所以离开越国，拒绝齐王的招聘，以及成功地经营事业，这些都由他深刻敏锐的洞察力所致。有个成语叫"明哲保身"，明哲就是指深刻的洞察力，即发挥深刻的洞察力来保全自己。范蠡正是这种能够明哲保身的人。

唐朝郭子仪平定安史之乱的事迹已为人所熟知，但很少人知道，这位名极一时的大将为人处世却极为小心谨慎，与他在千军万马中叱咤风云、指挥若定的风格全然不同。

唐肃宗上元二年（761 年），郭子仪晋封汾阳郡王，住进了位于长安亲仁里金碧辉煌的王府。令人不解的是，堂堂汾阳王府每天总是门户大开，任人出入，不闻不问，与别处官宅门禁森严的情况判然有别。客人来访，郭子仪无所忌讳地请他们进入内室，并且命姬妾侍候。有一次，某将军离京赴职，前来王府辞行，看见他的夫人和爱女正在梳妆，差使郭子仪递这拿那，竟同使唤仆人没有两样。儿子们觉得他身为王爷，这样子总是不太好，一齐来劝谏父亲以后分个内外，以免让人耻笑。

郭子仪笑着说："你们根本不知道我的用意，我的马吃公家草料的有 500 匹，我的部属、仆人吃公家粮食的有 1000 人。现在我可以说是位极人臣，受尽恩宠了。但是，谁能保证没人正在暗中算计我们呢？如果我一向修筑高墙，关闭门户，和朝廷内外不相往来，假如有人与我结下怨仇，诬陷我怀有二心，我就百口莫辩了。现在我大开府门无所隐私，不使流言蜚语有滋生的余地，就是有人想用谗言诋毁我，也找不到什么借口了。”

几个儿子听了这一席话，都拜倒在地，对父亲的深谋远虑深感佩服。

中国历史上多的是有大功于朝廷的文臣武将，但大多数的下场都不好。郭子仪历经玄宗、肃宗、代宗、德宗数朝，身居要职60年，虽然在宦海也几经沉浮，但总算保全了自己和子孙，以80多岁的高龄寿终正寝，给几十年戎马生涯画上了一个完美句号。这不能不归之于他的这份谨慎。

范蠡和郭子仪显然都是才智超群的人。但若依某种世俗的眼光看，他们的某些行为又“蠢”得不可理解。其实，这才是真正的“若愚的大智”，他们超出常人的聪明之处，也正在于此。

智慧 31
建功隐退，看准时机

【原文】

子谓南容：“邦有道不废；邦无道免于刑戮。”以其兄之子妻之。

【解析】

孔子谈论南容：“在国家政治清明的时候，他总有官做，不被免职；在国家政治黑暗的时候，他也没有遭受刑罚。”于是把自己哥哥的女儿嫁给他。

人的一生，都有水涨船高和水落船泊的时候，这不仅跟人自身有关，更是由各种外部因素决定的。因此，是否能够准确把握时机和形势，做出正确判断和决策，对于人的生活、事业，乃至一生的命运，都有至关重要的影响。真正的聪明人总是会让自己去适应这个世界，结果一生顺风顺水。

如孔子所说，“有道”或“无道”，都是一种世道，同时也是人所处的大环境。对于一般人，外界大的动荡往往会对他造成伤害，但倘若能认清局势变化加以利用，就能够像玩冲浪的人那样，随波起伏而不伤毫毛，并且“尽兴”地大获其利。由隋入唐的裴矩，就是这样一个“代代红”的人物。

裴矩一生侍奉过北齐、隋文帝、隋炀帝、宇文化及、窦建德、唐高祖、唐太宗，共三个王朝，七个主子，他在每一个主子手下都很得意。

他看出隋炀帝是一个好大喜功的人，便想方设法挑动他拓边扩土的野心。他不辞辛苦，亲自深入西域各国，采访各国的风俗习惯、山川状况、民族分布、物产等状况，撰写了一本《西域图记》，果然大得炀帝的欢心。一次便赏赐他五百匹绸缎，每天将他召到御座之旁，详细询问西域状况，并将他升为黄门侍郎，让他到西北地区处理与西域各国的事务；他倒不负所望，说服了十几个小国归顺了隋朝。

有一年，隋炀帝要到西北边地巡视，裴矩不惜花费重金，说服西域二十七个国家的酋长，佩珠戴玉，服锦衣绣，焚香奏乐，载歌载舞，拜谒于道旁；又命令当地男女百姓浓妆艳抹，纵情围观，队伍绵延数十里，可谓盛况空前。隋炀帝大为高兴，又将他升为银青光禄大夫。

裴矩一看他这一手屡屡奏效，便越发别出心裁，劝请隋炀帝将天下四方各种奇技，诸如爬高竿、走钢丝、相扑、摔跤以及斗鸡走马等各种杂技玩耍，全都集中到东都洛阳，令西域各国酋长使节纵情观看，以夸示国威，前后历时一月之久。在这期间，又在洛阳街头大设篷帐，盛陈酒食，让外国人随意吃喝，醉饱而散，分文不取。当时外国人中的一些有识之士也看出这是浮夸，是打肿脸充胖子，隋炀帝却十分满意，对裴矩更是夸奖备至，说道："裴矩是太了解我了，凡是他所奏请的，都是我早已想到的，可还没等我说出来，他就先提出来了。如果不是对国家的事处处留心，怎么能做到这一点？"于是一次又赐钱四十万，还有各种珍贵的毛皮及西域的宝物。

裴矩个人是既富又贵了，却给国家和人民带来了巨大的灾难。那场讨伐辽东的战争便是在裴矩的唆使之下而发动的，战争旷日持久，屡打屡败，耗尽了隋朝的人力、物力、财力，以致闹得国敝民穷，怨声四起，导致了隋朝的灭亡。

而当义兵满布、怒火四起，隋炀帝困守扬州、一筹莫展之时，裴矩看出来，这个皇帝已是日暮途穷了，再一味地巴结他，对自己会有百害而无一利，他要转舵了，将目标转向那些躁动不安的军官士卒了。哪怕是地位再低的官吏，他也总是笑脸相迎。他并且向隋炀帝建议："陛下来扬州已经两年了，士兵们在这里形单影只，也没个贴心人，这不是长久之计，请陛下允许士卒在这里娶妻成家，将扬州内外的孤女寡妇、女尼道姑分配给士兵，原来有私情来往的，一律予以承认。"

隋炀帝对这一建议十分赞赏，立即批准执行，士兵们更是皆大欢喜，对裴矩赞不绝口，纷纷说："这是裴大人的恩惠！"到将士们发动政变，绞杀隋炀帝时，原来的一些宠臣都被乱兵杀死，唯独裴矩，士兵们异口同声说他是好人，得以幸免于难。

后来他几经辗转，投降了唐朝，在唐太宗时担任吏部尚书。他也看到唐太宗喜欢谏臣，于是摇身一变，也成了仗义执言、直言敢谏的忠臣了。

唐太宗对官吏贪赃受贿之事十分担忧，决心加以禁绝，可又苦于抓不住证据。有一次他故意派人给人送礼行贿，有一个掌管门禁的小官接受了一匹绢，太宗大怒，要将这个小官杀掉。裴矩阻拦道："此人受贿，应当严惩。可是，陛下先以财物引诱，因此而处极刑，这叫作作人以罪，恐怕不符合以礼义道德教导人的原则。"

唐太宗接受了他的意见，并召集臣僚说道："裴矩能够当众表达不同的意见，而不是表面上顺从而心存不满。如果在每一件事情上都能这样，还用担心天下不会大治吗？"

裴矩的聪明之处在于善于"见风使舵"，但他这种转变是高智商、高水平的，是以准确把握人心趋势，细心揣测上司心理为基础的。当然，我们可以学他那种"邦有道，不废；邦无道，免戮"的手段，做一个世俗的聪明人；但对于他助隋炀帝为虐的做法，则应加以摈弃。

智慧32
敬事而后取的做事态度

【原文】

宪问耻。子曰："邦有道，谷；邦无道，谷，耻也。"

【解析】

这里讲的"谷"，是代表当时的俸禄。这段话的意思是说，学生原宪问什么是可耻的事情，孔子说，国家社会上了轨道，像我们这一类的人，就用不着了，我们不必去占住那个职位，可以让别人去做了。如果仍旧占住那个位置，拿俸禄，无所建树，就是可耻的。其次，社会国家没有上轨道，而你占在位置上，又对社会国家没有贡献，也是可耻的。结论下来就是说，一个知识分子，为什么读书？为什么从政？不是为了自己吃饭，是为了对社会国家有所贡献，假如没有贡献，无论在安定的社会或动乱的社会都是可耻的。

孔子"敬其事而后其食"的观点，不仅表现了他严格要求自己，始终把社会责任放在首位的高境界，同时对于世人也是有益的劝诫。它是人类维持社会正常秩序、人生实现其社会价值的重要策略。因为人与社会之间，是相互依存的关系，在人与社会这种相互依存的关系中，每个人首先应该想到为社会先做贡献，多做贡献，促使社会财富迅速增加，逐渐发达，然后才能谈得上取之于社会。对从政者而言，严格意义上讲他从政本身就应该是效力社会，而不应先考虑为个人捞好处。所以从政者首先必须考虑如何为国家出力。历史上辅政者、从政者多得无法统计，但能流芳后世的哪一个不是"敬其事而后其食"的能人、贤者呢！

唐朝贞观年间的宰相房玄龄，可算是一个"敬其事而后其食"的贤臣。

智慧 32
敬事而后取的做事态度

房玄龄是齐州临淄县人，开始在隋朝做官，任隰城县尉，后来因事获罪被革官，迁居上郡。李世民率军巡行渭北，房玄龄拄着拐杖到军门拜见。李世民一见房玄龄就像看到久别的故人，于是暂任他为渭北道行军记室参军。房玄龄既然喜遇知己，就竭尽心力效劳。当时，每平定一个地方，别人都争相搜珍宝，唯独房玄龄先收罗人才，送他们到幕府。如有善于谋划的文臣和武艺高强的猛将，就暗中向他们再三致意，互相结约，各尽死力报效国家。后来房玄龄得到多次提升，官做到秦王府记室兼陕东大行台考功郎中。房玄龄在秦王府中供职十多年，长期主管记室，很得秦王李世民的信任。李世民的势力威胁到身为太子的李建成，李建成十分嫉妒，更嫉恨李世民的得力助手房玄龄，就在高祖李渊面前说李世民的坏话。这样，房玄龄与杜如晦一起受到高祖的驱逐斥退。到李建成将要作乱的时候，李世民就召见房玄龄与杜如晦，令他二人穿上道家服装，暗中进入秦王府商议。玄武门之变平息后，李世民当上皇帝，房玄龄被任命为尚书省尉，监管修撰国史，又被封邢国公，任宰相，总管百官。房玄龄更是从早到晚地虔诚奉职，尽心尽力，不愿让一人一事处理失当。听到别人有优点，就如自己有一样。房玄龄明了、熟悉公文事务，又用文辞修饰，审查或制定法令，注意宽缓平和；用人不求全责备，也不用自己的长处去衡量别人，总是按照才能的高低或成绩的大小来录用或奖励，不嫌弃出身低微的人。贞观十三年（639 年），又被加封为太子少师。房玄龄独任宰相职务十五年，多次向唐太宗李世民呈递奏章，要求辞去宰相职务，太宗下诏不同意。贞观十六年（642 年），房玄龄又晋官为司空，仍然总理朝政，依旧监管修撰国史。房玄龄又以年纪老迈，请求辞官。太宗派使者对房玄龄说："国家长期任用，一旦突然没有贤良的宰相，就像一个人失去了两手。你如果精力不衰，就不要辞让此职，如果自己感觉精力衰弱，再另奏明。"房玄龄这才停止自己的请求。李世民又经常想到开创帝业的艰难和房玄龄辅佐自己创业的功劳，就写了一篇《威风赋》来比喻自己，将它赐给了房玄龄，由此可看出太宗对房玄龄的称赞与信赖到何等程度。

东南名胜西湖，"水光潋滟晴方好，山色空蒙雨亦奇"。苏轼曾把它赞美为“淡妆浓抹总相宜”的美女。在这仪态万方的“美女”身旁却葬着两位铮铮铁骨、气壮山河的汉子。后人有“赖有岳于双少保，人间始觉重西湖”的诗句。“岳于双少保”，一个是指南宋抗金名将岳飞岳少保，另一少保则是明代名臣于谦。这位于谦于少保便是一位“敬其事而后其食”的典范。

明洪武三十一年（1398年），于谦出生于浙江钱塘县（今杭州）一个官宦诗书的家庭，从小就在祖父的督教下刻苦学习。他特别爱听历代先贤殉国忘身、舍生取义的故事，十分珍爱祖父的一幅文天祥的画像，在几十年的为官生涯中一直带在身边。于谦立志以身报国，常叹曰：“此一腔热血，竟洒何地！”他写下了著名的《石灰吟》一诗：

千锤万凿出深山，烈火焚烧若等闲。粉身碎骨浑不怕，要留清白在人间。

于谦一生的事迹与岳飞有相似之处，岳飞提出的“文官不爱钱，武将不惜死”，于谦都做到了。他不仅是一位军事家、民族英雄，更主要的是作为一个政治家，一生勤政爱民、刚直不阿、忧国忘家，在为政治国方面颇有建树。

于谦聪明好学，少有神童美誉，十五岁中秀才，二十三岁中举人，二十四岁中进士。次年，于谦被选授山西道御史，从此步入仕途。任御史期间，他直言敢谏，首先弹劾了西南地区某些将吏妄杀百姓、冒充军功的罪行，接着又弹劾了陕西将吏扰掠民众、为害地方的劣迹，引起朝廷重视，很快下令严办。宣德初，明宣宗接见御史，见于谦相貌堂堂，奏对自如，颇为注目。当时顾佐任都御史，对御史要求严格，唯独十分推重于谦。不久，于谦出任江西巡按，在任期间他不畏权贵，平反冤狱，打击豪强，官场震动，于谦名声大振。宣德五年（1430年），河南、山西灾荒严重，朝廷拟派大员前往治灾，明宣宗亲笔书写了于谦的名字，授给吏部，破格提拔于谦为兵部右侍郎，巡抚河南、山西。

于谦肩负重任，匆匆上路赴任了。为了了解情况，他“朝在太行南，暮在太行北”。大灾之后的惨景深深地震撼着他的心。他以诗歌的形式记载了民生的艰辛："村落甚荒凉，年年苦旱蝗。老翁佣纳债，稚子卖输粮。""倚门皓首老耕夫，辛苦年年叹未苏，桩木运来桑柘尽，民丁抽后子孙无。典余田宅因供役，买绝鸡豚为了逋。"历任地方官不谋民生，只知搜刮民脂民膏，辛苦终年的农夫到头只有用粥菜充饥。一遇灾荒绝收，面临的就是绝境。于是于谦上书请求朝廷拨款三十万两，开仓放粮，赈济饥民，并严令地方官秉公办事，严禁克扣中饱，违者严惩。这一举动，把几十万灾民从死亡线上解救下来。为了使人民度过荒年，于谦还下令将一些地方仓库的存粮减价卖给农民，还免去了一些地方百姓的田租劳役。为了制止灾后疫病的流行，他还设立了惠民药局，免费为百姓治病。

于谦在河南、山西任地方长官达十九年之久。这一地区历来多灾，尤以河南为甚。为给人民筹长远之利，他作了一项规定：每年三月青黄不接之时，官府借粮给贫苦的百姓，待秋后归还；对实在无力偿还者可酌情免掉他们的借粮；州县官每年必须备足粮食，否则，任满当迁者不许离任。河南黄河多水患，于谦发动百姓修筑大堤，并在堤上植树固基；设置亭长，专职督率修堤，一有缺损，随时修补。他还令地方种树凿井，为商旅提供歇息之处。于谦巡抚山西、河南期间，深受人民爱戴，人民亲切地称他为"于青天"。

从三十三岁起任兵部右侍郎巡抚河南、山西时起，于谦历任高级官职，但他一生清廉自守，把名节看得很重。他认为金钱会损害名节，聚敛金钱的人即使逃过了国法，也逃不过公议。他为官从不搞排场，都是轻车简从，也从不搞请客送礼。当时地方官进京办事，按例要带很多钱物，以疏通关系，而于谦每次空手入京。有人劝他说：你不带金银，也应带点手帕、蘑菇、线香之类的土产。于是，于谦作诗一首以明志：

手帕蘑菇与线香，本资民用反为殃。两袖清风朝天去，免得阎闾话短长。

于谦后来任兵部尚书时，日夜筹划军国大计，索性就住在官署，不回家了。他平生不治产业，所住的房子仅能蔽风雨，皇帝在西直门赐给他一所宅院，他固辞说："国家多难，臣子何敢自安。"皇帝不允，于谦不得已接受了，但始终没有住进正房，只住在偏房中。

天顺元年（1457年）爆发了"夺门之变"，以石亨、徐有贞为首的军人、政客和宦官曹吉祥等利用景帝病重之机，带兵闯入皇宫，撞门毁墙，接出英宗，拥至奉天殿。当时文武百官正待景帝临朝，徐有贞大呼："上皇复辟了！"事起仓促，百官惶恐，只得分班朝贺。一场宫廷政变就这样成功了，景帝被废掉，几天后就不明不白地死去了。

政变的发动者们把打击矛头指向于谦。石亨因保举于谦的儿子为官受到于谦的痛斥，一直心存怨恨，加之于谦平日对他约束甚严，他的侄子石彪贪赃枉法受过于谦的弹劾，因此，把于谦视为眼中钉。徐有贞本名徐呈，因倡言迁都遭于谦痛斥，臭名昭著，不得不改名有贞，更是恨于谦入骨。一些太监因于谦约束甚严，不得擅权，也恨于谦，于是他们群起攻之，定于谦谋逆罪。英宗因于谦当年拥立景帝，自然是心存私憾，但不忍杀之，说："于谦实在是有功。"但在徐有贞的极力怂恿下，英宗下了决心。

于谦被捕后，徐有贞下令痛加拷打，一同被捕的王文抗辩不已，于谦从容劝道："这是石亨的意思，辩也没用。"当年，于谦在北京惨遭杀害。当时，路人嗟悼，天下冤之，京郊妇孺无不洒泪。抄家时"无余资，萧然仅书籍耳"。抄家者见正房紧锁，破门一看，原来里面放着景帝赏赐的玺书、剑器、蟒衣等。当时有个叫陈逵的官员感念于谦的忠义，收殓了他的遗骸，于谦的女婿朱骥将灵柩运回故乡，葬于西湖三台山麓。宪宗成化初年，明政府为于谦平反昭雪，他在北京的故宅改为"忠节祠"，祠内悬有后人题写的匾额——"热血千秋"。

数百年来，于谦一直受到后人的景仰，激励着后代仁人志士舍生取义。这与他毕生恪守"敬其事而后其食"的信条，清廉刚直、爱国爱民是分不开的。

因此，在现实生活中一个人，首先要"敬其事"，就是现在讲的"负责任""敬业"；先真正能负了责任，然后考虑自己待遇、生活的问题。假使说为了待遇、生活而担任这个职务，那将为人们所不齿，不是一个君子应该做的。孔子是身体力行地体现了做人处世的责任感、事业心。

智慧 33
群策群力才能有力量

【原文】

子曰："君子周而不比，小人比而不周。"

【解析】

孔子说："君子团结而不相互勾结，小人相互勾结而不讲团结。"

"团结就是力量"，这是至理名言。同事之间只有彼此配合与团结才能把工作做好，如果闹意见闹分裂，便如南辕北辙不但前进不了，甚至倒退，把事情弄糟。能从大局着想的人，为了互相团结，在一些非原则问题上迁就对方；即使是一些原则问题，不影响大局的话，也不计较。东晋王导就是这样，晋元帝能在南方站稳脚跟，与王导能团结人大有关系。而唐时房玄龄与杜如晦二人契合很好，史称"房谋杜断"，对辅佐唐太宗创业起了关键性的作用。

西晋自从白痴惠帝继位，任其后贾南风胡作非为，引起八王之乱，互相残杀，国势日衰，至愍帝，被匈奴族、汉赵刘聪所灭，西晋亡，司马懿曾孙司马睿创建东晋。东晋的创建与王导的辅佐及其团结北、南士族是分不开的。

《晋书·王导传》记载：司马睿被封为琅邪王时，适逢八王之乱，他恭俭退让，得免于祸。王导素与琅邪王亲善，二人倾心相交，雅相器重，契同友执。王导见王室内讧以致天下大乱，劝琅邪王到封国。琅邪王出镇建康，王导帮助他依靠避乱南迁的北方大族，团结江南大族顾荣、纪瞻等，在长江中下游和珠江流域发展自己势力。愍帝被俘，琅邪王于建康称晋王，建立政权，史称东晋。愍帝被害，晋王称帝，即晋元帝。王导在辅佐元帝期间，一直坚持团结，反对分裂，司马睿即位后，以王导为开府仪同三司，王导堂兄王敦为大将军。故当时有"王与马共天下"之说。实际上东晋权力掌握在王氏手里，故元帝称帝时，一再令王导到御床共坐，以受百官朝贺，导固辞说：“若太阳下同万物，苍生何由仰照。”元帝乃止。

元帝表面尊重王导，暗地里却想削弱王氏势力，他任戴渊为征西将军、刘隗为征北将军，名义是北伐石勒，实是对付王敦。开始王敦恐元帝年长难制，想更议所立以专国政，王导固争乃罢。及刘隗受元帝宠信，王导渐被疏远，他“澹如也”，不与计较。王敦以“清君侧”为借口，从武昌举兵攻入建康，杀戴渊等，刘隗逃奔石勒。攻陷建康后，王敦对王导说：“不从吾言，几致族灭。”想篡夺政权，王导坚决反对，王敦阴谋没有得逞，及元帝死，明帝即位，王敦以为有机可乘，因病由其兄王含举兵内向，王导部署兵迎击，王含大败。王敦不久病死，其分裂势力终被镇压。

明帝死，王导与庾亮等同受遗诏，共辅幼主，是为成帝。庾亮出镇于外，有人向王导进谗说庾亮可能举兵内向，劝导密为之防，导说：“我与庾亮休戚与共，他若来了，我就回家去，有什么可怕！”其不计较个人进退如此！

王导辅东晋王朝三代，协调王氏势力与司马氏势力的矛盾，联合一切可以联合的南北方士族，团结一切可以团结的人，打击分裂势力，以巩固东晋在南方的统治。在南方，司马氏势力是很单薄的。西晋灭吴国后，排斥南方望族，故他们对司马氏很不满，这些望族如周氏、顾氏等是拥有部曲的大地主，如遭其反对，将会引起动乱。同时，“中原冠带，随晋渡江者百家”，他们都拥有部曲、佃客，也与南方望族发生矛盾。所以，如何争取南方士族的支持，调和南北士族的矛盾，是东晋王朝的要务。王导采取的措施是：一是安置好渡江的北方士族，使他们居住于南方望族势力较弱地区，使彼此少接触，以免引起摩擦；二是任用南方士族的首领如顾荣、贺循等，通过他们团结南方士族，并对南方武力强宗采取忍让的态度。如周勰父亲周玘因受北士轻侮而气死，死时嘱周勰为他报仇。周勰拟起兵叛乱，因其叔父从事中郎周札反对，周勰不敢发兵，但其族兄周续聚众响应。如果由朝廷发兵征讨，将扩大与周氏的矛盾，王导乃派周勰族弟周莛带兵去镇压，周莛用计杀了周续。对于周勰，则不穷追，抚之如昔，把周氏族众争取过来。

人至察则无明，能糊涂则安静。至察的人，能见秋毫之末，而往往忽略事物的整体。对事物的看法就可能作出错误的结论，故说人至察则无明。但是在特殊的情况下，明智的人为避免引起麻烦，便装作糊涂以求得一时安静，而明智的人假装糊涂是不容易的。故说难得糊涂。当时东晋靠以建立的基础很不牢固，那帮渡江来的北方士族只想偏安江左，南方士族则不尽支持司马氏，而东晋王朝必须依靠北方士族，团结南方士族，得罪哪一方都会激化矛盾，可能引起动乱，所以王导只能采取“举贤不出士族，用法不及权贵”的方针。而不管是北方士族或南方士族，为了本家族的利益，百般掠夺百姓，大多违法乱纪，且这些士族都拥有部曲，如果违法者都绳之以法，非朝廷力量所能及。何况北方统治者无时不在虎视眈眈，大敌当前，内部团结是最要紧的。因此，只要不危及东晋的统治，王导总是睁一眼闭一眼，装作看不清或看不见，置之不理，使大事化小事，小事化无事，以求得暂时安静。

王导任扬州刺史时，派属官到本州各郡去考察政治得失，回来后向他汇报，只有顾荣默不作声，王导问他看到些什么？顾荣说，你是国家首辅，应该让吞舟的大鱼也能漏出网去，何必计较地方官的好坏。王导连声称赞他见解高明。王导晚年常说，人家说我糊涂，将来会有人想念我这糊涂。糊涂便是王导能团结南北士族，也是他使东晋求得暂时安静的秘诀之一。

唐太宗能图天下，固然因他手中有许多猛将，如尉迟敬德、程知节等，更重要的是他有杰出谋臣房玄龄、杜如晦的辅佐，为他“运筹帷幄之中，决胜于千里之外”。可贵的是，他俩配合得很合契，房知杜善于决断，杜知房善于出谋，便各发挥其所长，遇事互相商量，然后作出决定，经过房谋杜断，于是正确的策略也就形成了。这使唐太宗在图天下时，由于有正确的策略指导，战无不胜；世民即皇帝位后，他俩也团结无间，共同为唐太宗制定治国方略，对贞观之治作出了贡献。

据《旧唐书》的《房玄龄传》和《杜如晦传》记载：玄龄“幼聪敏，博览经史，工草隶，善属文”，如晦也“少聪悟，好谈文史”。在他俩还默默无闻时，善于知人的吏部侍郎高孝基就对他俩深为器重，他对房玄龄的评价是："仆阅人多矣，未见如此郎者，将来必成伟器。"对杜如晦的评价是：如晦"有应变之才，当为栋梁之用"。在隋末还安定时，他俩都预知天下将大乱，房玄龄曾对其父泾阳令彦谦说："废嫡立庶，倾夺嗣位；贵族又竞相淫侈，隋终将内相诛夷，不足保全家国。今虽清平，其亡可翘足而待。"李渊父子揭起义旗入关，李世民攻取渭北，时任隋隰城尉的房玄龄立即前往投到其麾下；世民一见便如旧识，任为渭北道行军记室参军。杜如晦曾任滏阳尉，知天下将乱，早就弃官归去。及世民平京城，被引为秦王府兵曹参军。从此，房、杜二人得遇知己，便竭力献智，知无不为。

房玄龄能宽容人，善于团结同事，他知人善任，帮助李世民选拔贤才。玄龄随李世民出征，每次战胜，众将竞求珍玩，他"独先收人物，致于幕府。及有谋臣猛将，皆与之潜相申结，各尽其死力"。时秦王府中多英俊，被外调的日多，房玄龄听知杜如晦将要外调，当即去对李世民说："府僚去的虽多，都不足惜，杜如晦聪明识达，是王佐之才。如果大王只当秦王，不用他也行，必欲图天下，非此人莫可。"李世民大惊说："你不说，几失此人。"便奏请为府属。由于秦王李世民战功最大，军力最强，威望最隆，太子李建成深忌之，便与其三弟李元吉相互勾结，想中伤世民并陷害之。建成对元吉说："秦王府中可怕的，只有杜如晦与房玄龄。"因向高祖李渊进谗言，于是，杜、房两个同时被斥逐。

李氏兄弟矛盾越来越深，以太子建成和三弟元吉为一方，世民为一方，保嗣位和夺嗣位的斗争在发展，各方都使计设谋以消灭对方，已到了箭在弦上不得不发的地步。房玄龄早预料到这种形势的出现，他对李世民的妻兄长孙无忌说："今彼此嫌隙已成，危机将发，大乱必兴，不仅祸及秦府，且危及唐朝的统治。不如效法周公除掉管、蔡那样，消灭建成、元吉势力，内安李氏，孝敬高祖。古人说，'为国者不顾小节'，不然，国家将沦亡，我们也身败名裂。"无忌说："我也久怀此谋，不敢说出，公今所说，正合我心。"无忌便将此意告诉世民。世民召见房玄龄跟他商议施行措施，玄龄便与杜如晦秘密策划，同心戮力为世民效命。及建成、元吉将有变时，世民令无忌密召已被驱逐在外的房玄龄、杜如晦，他俩穿着道士服，潜入秦王府计事。于是发生“玄武门之变”，除掉建成、元吉，世民继为太子，高祖退位由世民为皇帝。论功行赏，以房玄龄、长孙无忌、杜如晦、尉迟敬德、侯君集五人为最。后杜如晦与房玄龄共掌朝政，他俩同心协力，为唐太宗治国安邦，甚获当代的赞誉。谈唐初良相，后代史学家都推崇房、杜。

要成就一项事业，没有众人之间的群策群力是不可能的，君子深深明白这个道理，因此他总是在关键时候讲团结与协调。

智慧34
忘记旧仇，不惹新怨

【原文】

子曰："伯夷、叔齐，不念旧恶，怨是用希。"

【解析】

孔子说："伯夷、叔齐这两兄弟不记过去的仇恨，别人对他们的怨恨也就很少。"

我们大概都对一句话耳熟能详："冤冤相报何时了。"这句话不仅适用于"江湖"，更适用于我们的日常生活，现实中有一些人，总是计较这样的事：谁曾在过去招惹过我，谁又曾在某时让我下不来台，将来找机会一定要好好整他一下，出口恶气。其实，这种"恶气"并不来源于别人，正是他自己催生的。可以想象，他倘若在某个时候得到机会去整别人，势必会引起新的怨隙，这于人于己，都是有害无益的事。

班超一行在西域联络了很多国家，与汉朝和好，但龟兹恃强不从。班超便去结交乌孙国。乌孙国王派使者到长安来访问，受到汉朝友好的接待。使者告别返回，汉章帝派卫侯李邑携带不少礼品同行护送。

李邑等人经天山南麓来到于阗，传来龟兹攻打疏勒的消息。李邑害怕，不敢前进，于是上书朝廷，中伤班超只顾在外享福，拥妻抱子，不思中原，还说班超联络乌孙，牵制龟兹的计划根本行不通。

班超知道了李邑从中作梗，叹息说："我不是曾参，被人家说了坏话，恐怕难免见疑。"他便给朝廷上书申明情由。

汉章帝相信班超的忠诚，下诏责备李邑说："即使班超拥妻抱子，不思中原，难道跟随他的一千多人都不想回家吗？"诏书命令李邑与班超会合，并受班超的节制。汉章帝又诏令班超收留李邑，与他共事。

李邑接到诏书，无可奈何地去疏勒见了班超。

班超不计前嫌，很好地接待李邑。他改派别人护送乌孙的使者回国，还劝乌孙王派王子去洛阳朝见汉帝。乌孙国王子启程时，班超打算派李邑陪同前往。

有人对班超说："过去李邑毁谤将军，破坏将军的名誉。这时正可以奉诏把他留下，另派别人执行护送任务，您怎么反倒放他回去呢？"

班超说："如果把李邑扣下的话，那就气量太小了。正因为他曾经说过我的坏话，所以让他回去。只要一心为朝廷出力，就不怕人说坏话。如果为了自己一时痛快，公报私仇，把他扣留，那就不是忠臣的行为。"

李邑知道后，对班超十分感激，从此尽心竭力地辅佐他。中国历史上，李世民在一定意义上也是依靠"不念人旧恶"，才得到众臣的鼎力相助，从而开创了唐代盛世的。如李靖曾在隋朝隋炀帝时代任郡丞，而且他最早发现李渊即李世民的父亲有图谋天下之意，并亲自向隋炀帝检举揭发。李渊灭隋后，要杀李靖，李世民却极力反对报复，再三恳求父亲说，目前正用人之际，不可念旧恶而滥杀将才；只要李靖甘心归顺，可免除一死。李靖的性命终于保住了。李靖有感于李世民的厚德，竭尽全力，为唐朝的安邦定国驰骋疆场，立下了赫赫战功。

在唐朝王室争权中，魏徵原来是辅佐李渊的长子太子李建成的。魏徵早就察觉到李世民不是等闲之辈，不会甘心屈居秦王之爵，为巩固太子的地位，以便日后顺利继位，曾鼓动太子建成杀掉李世民。这件事李世民耳闻已久，但玄武门政变夺取帝位后，同样不计旧恶，量才重用，使魏徵觉得"喜逢知己为主，竭其力用"，为唐朝盛世的开创立下了丰功伟绩。

除以上两人之外，李世民还对很多与他有过冲突的人不计旧怨，一概量才录用，因而成为历史上深受臣民拥护的君主。

明末文人洪应明在其所著《菜根谭》中说："邀千百人之欢，不如释一人之怨。"这是说，释怨的工作比施恩的工作更重要。事实确实如此，一人之怨不及时化解，会影响许多人，甚至会坏了大事。春秋时，宋郑两国交战。宋军主帅华元宰羊犒赏三军，在分羊肉时忘了为华元驾驶战车的羊斟，羊斟因此怨恨华元，华元没有觉察，更谈不上及时做释怨的工作。作战时，羊斟便把华元的战车驾到郑军阵地里，使华元当了俘虏。华元本来想犒赏三军以提高士气，但处事不细反而结怨于羊斟，而羊斟气量又小，导致兵败被俘的后果。

“君子报仇，十年不晚”这种偏激狭隘的话，不仅能误导人的精神言行，而且会改变一个人的一生。倘若付诸行动，则有可能产生毁己害人的恶果。聪明善良的人，无论从哪种角度出发，都不会采取这种不明智的做法。

智慧 35
欲速则不达，小利败大事

【原文】

子曰：“无欲速，无见小利。欲速则不达，见小利则大事不成。”

【解析】

孔子说：“不要求速成，不要图小利。想求速成，反而达不到目的；贪图小利，就办不成大事。”

人在世上要做点事业，常常面临许多不无遗憾的选择。所谓不无遗憾，就是二者不可兼得，想求快，就很难干大事业；要干大事，就得有非凡耐性。

在朝着大目标前进的过程中，绝没有康庄大道可走，而是荆棘密布，险象丛生。不经过艰苦卓绝的斗争，是不可能到达胜利的彼岸的，而且常常是目标越宏大，要走的路就越长，碰到的困难越多。所以，无论做什么事，都一定要考虑客观条件和事物的发展规律，绝不能蛮干、硬干；既然要干大事就不能为蝇头小利所诱惑，应该眼光放远大步向前。

反观历史，一心求速成，因冲动而坏事甚至误国的教训还少吗？

三国时期的刘备自桃园结义后，与义弟关羽、张飞弟兄三人想借“匡扶汉室”之名，成就一番事业。奋斗的前期一直是跌跌撞撞，未成什么大气候。倒是经常被别的诸侯逼得东躲西藏。后来得到诸葛亮的辅佐从而时来运转，得了荆州，进了四川，经过艰辛的斗争，好不容易在蜀地称帝。当时三国鼎立的态势虽已形成，但曹魏强大，吴蜀两国相对弱小的格局并未打破，蜀地周围少数民族经常袭扰。国家初立更是百废待兴，百业待举。刘备要展宏图，本应凭借天时、地利、人和的良机，或在自己的领地里励精图治，稳固基业；或者加强吴蜀联盟，一致北面抗魏。可是由于东吴利用关羽骄傲自满的情绪，赚取荆州，并杀了关羽，使刘备悔恨交加，决计举倾国之兵，东出伐吴，企图消灭吴国，为他的二弟关羽报仇。

赵云当时劝阻道："国贼乃曹操，非孙权也，今曹丕篡汉，神人共怒，陛下可早图关中，屯兵渭河上流，以讨凶逆，则关东义士，必裹粮策马以迎王师；若舍魏伐吴，兵势一交岂能骤解。愿陛下察之。"刘备却回答道，孙权害死我二弟关羽，我与他有切齿之仇，"啖其肉灭其族，方雪我恨！你不要阻拦。"赵云仍坚持劝阻道："魏国之曹丕是窃汉朝而王天下的国贼，我们与他的仇是公仇，讨伐东吴报杀弟之仇是私仇，但愿我主能以天下为重。"刘备愤愤地说道："朕不为弟报仇，虽有万里江山，何足为贵？"因一时的愤怒，奋斗的大目标他已抛至脑后，硬是不听赵云的劝谏。

诸葛亮见这种情形，便率领文武百官当面劝谏。刘备也不听，后来诸葛亮又专门写成奏章，讲明伐吴的害处，刘备也置之不理。学士秦宓再陈，刘备甚至要砍他的头。诸葛亮等人也只好由他去了。于是刘备亲自率领七十五万大军，出师伐吴。

起兵之时，蜀军一路上浩浩荡荡，气势恢宏，斩将夺关，蜂拥而来。此时东吴的大将周瑜、鲁肃、吕蒙已先后身故，孙权在危急之时，拜陆逊为大都督，统率东吴六郡八十一州兼荆楚诸路军马，并郑重地嘱托道："京城以内的事，我自己主持，京城以外的所有疆土上的事，由你决策。"

刘备进军之际，打了几个小胜仗，已是喜不自胜，如今又听说东吴任命一介书生为帅，更是不放在眼里，便催促各路人马加速前进，大有毕其功于一役的架势。陆逊走马上任后，运用"持重不抢先，待机而制人"的战略严阵以待。

首先，陆逊宣布决策："各处关防，牢守隘口，不许轻敌。"众将领开始对他这个白面书生统领大军就不大服气，今见他只下令死守不让出战，更是不理解，但碍于军令，勉强服从。当刘备大军压来，陆逊与吴将韩当并马而望，陆逊指着刘备的军马说道："刘备兵刚来，又连胜十余阵，锐气正盛……他们现在驰骋于平原旷野之间，正自得志，我们只要坚守不出，对方求战不得。

一等到时机成熟，我将用奇计破之。”韩当只是撇撇嘴，没说什么，心想一个乳臭未干的小子，胆怯就是胆怯，还吹什么牛，心里很不以为意。可时隔不久，陆逊果真瞅准时机，率军动如脱兔，终于一把火烧了蜀军七百里连营。

陆逊趁蜀军混乱，率大军掩杀过来，加之火助风威，风助火势，导致蜀军全线崩溃。刘备带一点残兵抢占马鞍山依险据守。陆逊又督各部兵马四面围攻。情急之下，刘备于夜晚乘黑冲出重围，靠沿途驿站焚烧将士丢弃的军车、铠甲等来阻断追兵，才逃回白帝城，所有舟船、军械等军用物资，丧失殆尽，蜀军尸骸漂满江面，倾江而下。直到此时，刘备还说：“我竟被陆逊所折辱，岂不是天意！”其实，哪里是什么天意，完全是他“见小利”“求速成”酿成的苦果。

一开始刘备只记得要报兄弟之仇，放弃主要的敌人曹魏，不惜破坏吴蜀联盟，动摇蜀国其所以能安稳的根基。这种政治上的近视，已埋下了失败的祸根。进而在率军队攻吴之中，又小视对方将帅的才能、彼军的实力，只求速战速决；到后来，竟发展到刚愎自用，不怕犯兵家之大忌，依山傍水结营，连接七百余里，终于给了陆逊可乘之机。前后观之，刘备正是在政治和军事上都急于求成，才导致失败。刘备失败的事实，正为孔子所告诫的“欲速则不达”提供了绝好的佐证。

做事有一条大原则，就是不可急功近利、急于求成，而要有远大的眼光。即拿出一种决策，开始每一项行动，都要顾及到后果，筹百年的大计，不要急功近利，不要想很快地就拿出成果来表现，更不可冲动，感情用事；也不要为一些小利益花费太多的心力，要顾及到整体大局。

为了眼前的利益，而不惜牺牲长远利益，虽然享受了一时的快乐，但是随之而来的将是终身的痛楚。为了物质上的享受而不惜失去国格、人格，这是每一个爱国的人，每一个有尊严的人都不应该做的事情。下面的这两个例子从正反两个方面说明了“见小利则大事不成”这个准则的正确性。

战国时期，蜀国是个小国，它凭借着地理上的优势，阻断了其他国家的进攻，牢牢地占据着蜀地。此地物产丰富，人民自给自足，安居乐业。秦惠王早就想消灭蜀国，只是蜀国周围是地势险峻的高山和湍急的河流，士兵们根本进不了蜀国，还没等到蜀国，自己早在爬山的路上、涉水的途中丧命了。秦惠王很是生气，心想小小的蜀国都收复不了，还怎么完成我统一天下的梦想。于是召集大臣们商议如何才能攻破蜀国。

有的说："我们现在就着手训练水军和能爬山的士兵，只有这样才能战胜蜀国。""训练水兵是一天两天的事情吗？训练一个合格的水兵要三五年，而训练一个能统率水兵的将领恐怕得数十年，我等不及了。"秦王说。又有人说："不如我们去贿赂蜀国领兵的将军，只要他不抵抗，我们就能够战胜蜀国。"马上有人反驳说："蜀国的大将军是个忠义耿直的人，不会接受任何人的礼物，更不要说我们的礼物了。"还有人说："不如我们花钱修一条通往蜀国的路，我们的士兵就可以顺利通过了。"这个提议说完就遭到大家反对，现在战乱纷繁，国家哪里还有钱来修路啊！大臣们讨论来讨论去，就是没有商量出一个好的计策。

秦惠王真的头疼，心想就没有什么办法能收服蜀国吗？这时，有人报告说抓住一个蜀国人，秦王马上令人把他带进大殿。秦王问那蜀国人："你为什么不老老实实地在蜀国待着，跑我秦国来做什么？"那人回答道："蜀王贪财好利，征收百姓重税，只顾自己享受，不管人民死活。只好偷偷跑出来，寻个活路。"

秦王听到这，心中突然想出一条妙计。于是命人打造了几尊石牛，并在每头牛的尾巴下面挂上许多黄金，打扮成会屙金子的神牛。又让人四处宣扬，说秦国国王得到几头会屙金子的神牛，要无偿送给蜀王。蜀王听到这个消息顿时乐开了花，心想会屙金子的神牛啊，有了它们我就可以要多少金子有多少金子，哪里还用像现在一样费力去向老百姓要呢。于是就派人给秦王送信，一方面确认消息是否属实，另一方面表示非常愿意接受馈赠。秦王回信说，这几尊神牛，又高又大，无法翻过你们国家那些高山，请您想个办法，我们好顺利给您送过去。

蜀王十分高兴，于是调集全国强壮劳力修路，争取尽快把神牛运进蜀国。

路很快就修好了，当蜀王正坐在椅子上兴奋时，有人报告秦国派大队人马将神牛送来了。可是，还没等蜀王欣赏到会屙金子的神牛，秦国的大军就已经顺利进入蜀地，打得蜀军抱头逃跑。蜀王这时才恍然大悟，但为时已晚，追悔莫及。

蜀国因为凭借艰险地势才没能被秦国所灭，但是由于蜀王贪财，听说秦王送给他神牛就不考虑后果，为迎接神牛而打破本国的自然屏障，筑路迎牛，亲自为秦国入侵铺路，结果招致亡国。这就是见利忘义的结果，见利忘义往往是“利”“义”尽失。

相反，春秋时的子罕见利不忘义，从而守住自己的清明亮节，廉洁美名，成为一个立身的智者，而广受后人的称赞。

春秋时，子罕在宋国任司城。有一天，一个宋国人得到一块美玉，前来献给子罕。子罕说：“我从来不收别人的馈赠，你拿回去吧。”

献玉的人说：“您怎么不收呢？我拿这块玉给玉工看过，玉工说这是一块宝物。我把宝物献给您，您为什么推辞呢？”

子罕说：“我已经有宝物了，所以不收。”

献玉者问：“您的宝物是什么？能否给我看看？”

子罕说：“我的宝物就叫不贪。我把不贪婪作为宝物，你把美玉作为宝物，我们各有各的宝物。如果我接受了你的美玉，你丧失了你的宝物，我也失掉了我的宝物。”

献玉者见硬给不成，便扑通一声跪下，叩着头说：“我是个平民百姓，拿着这样的好东西一定会被强盗图财害命。我把它献给您，是为了免自己一死。”

子罕说：“这好办。”便接过宝玉，送到自己的乡里，让玉工进行加工雕琢，然后把玉卖掉将钱交给献玉者，让他回家。

总之，天下没有免费的午餐。别人施予小利，肯定是想在你身上谋取大利。如果你不能坚持大义的话，就会导致你声名受损，甚至身败名裂。

智慧36
方法要活，原则要强

【原文】

子曰："君子之于天下也，无适也，无莫也，义之与比。"

【解析】

孔子说："君子对于天下的事情，没有一定要怎样去做，也没有一定不要怎样去做，而定服从于义理，义理要求该怎样做就怎样做。"

儒家认为，君子立身处世，应完全依据公道、正义来作为行事的基准，而没有主观的偏执和个人私利的考虑。义当富贵便富贵，义当贫贱则贫贱，义当生则生，义当死则死，义理上要求怎样干就怎样干。但同时也强调在这个框架内，并不拘泥于一定的死规矩。这个观点在今天也是有道理的，而且与我们所倡导的社会文明也是相符的，即做事方法要灵活，但一定要以正确、坚定的原则做保证。这既是正确做人的道理，也是成功做事的途径。

真正有远大志向和做事眼光的人，总是会在某种原则的基础之上，运用灵活机动的方法去行事，这既保证了自己的权威和公信力，又不会把事态弄僵。这种古今相通的正确途径，已被越来越多的人奉为立身处世的方法和准则。我们不妨通过下面这个古时的事例，从中得到点有益的启示。

春秋时期，晋国、燕国联合出兵攻打齐国，齐国节节败退。齐景公召集文武大臣商量如何挽救危局。

坐在齐景公身边的是相国晏婴，他认为最要紧的是选拔一个得力的统帅。他向齐景公说："臣举荐一人，名叫田穰苴，他文能服众，武能慑敌，希望大王试一试。"

齐景公立即召来田穰苴，和他谈用兵之法，退敌之计，听后齐景公非常高兴，认为他确实是难得的帅才，便当场宣布田穰苴为齐军最高统帅，由他率领大军抵抗晋燕之师，保卫齐国。

田穰苴受命之后，向齐景公请求说："我素来卑贱，大王虽然提拔我为大将，位居大夫之上，但恐怕人心不服，人微言轻，请大王派一位您最信任的显贵为监军，才好发兵！"

齐景公马上同意，任命他最宠爱的贵戚大臣庄贾为监军。田穰苴和庄贾约定，次日正午在军营的大门口相会。

第二天，田穰苴在军营门口等候庄贾。庄贾平时十分傲慢，仗着是齐景公的宠臣，根本无视田穰苴和军中的纪律。过了正午他还没有到，田穰苴只好独自发布命令，部署军队。直到黄昏时分，庄贾才慢腾腾地来。

田穰苴责问庄贾："你身为监军，为何不按时到来？"庄贾满不在乎地说："哎呀！听说我当了监军，亲戚朋友都来送行，留下喝酒啊，结果晚来一步！"田穰苴很严肃地说："一个带兵的人，从接到委任的那一刻起，就应当忘掉自己的家；治理军队就应当忘掉自己的亲人；临阵对敌，就应当忘掉自己。今强敌压境，举国上下人心浮动，士卒在边境死战，国君寝食不安，百姓生命难保，社稷危在旦夕，你还有什么心事饮酒作乐！"随即掉过头去问站在一旁的军正官："按照军法，约定时间而不能准时到达应当怎么办？"军正官说："杀头！"庄贾听到这两个字，顿时吓出一身冷汗，他的手下人忙去报知齐景公。

齐景公听到田穰苴要斩庄贾，立即派使臣持符节去营救。使臣在军中驾车奔跑，也犯了军令，本应斩首，因为持有君命，田穰苴命令斩其仆从及左骖，毁其车左边的立木，以晓示三军，并派使者向齐景公汇报，然后发兵。

从此，无人敢违军令，军威大震，田穰苴带领齐军抗击燕、晋联军，收复失地，取得胜利。齐景公闻捷大喜，极为称赞田穰苴是个治国安邦的栋梁之材。

田穰苴的这种治军之法，从理论上讲完全符合孔子那种"君子之于天下"的指导原则。他有以才治军的决心和能力，但又同时请求显贵做监军；他严格执法，但又能变通赦免庄贾和使臣。这种既有坚定的原则，又不墨守成规认死理，而是能够根据时、地、条件，决定自己该怎样做才能取得最佳效果的做事方法，是永远不会过时的。几千年前的古人已经能运用自如，作为现代人，既应该接受学习，更应该把它运用到自己的实际生活中去，让自己能够省心省力地做人做事。

智慧 37
口不妄言，远离麻烦

【原文】

子曰：“侍于君子有三愆：言未及之而言谓之躁，言及之而不言谓之隐，未见颜色而言谓之瞽。”

【解析】

孔子说：“侍奉在尊长身边的时候，容易犯三种过失：话没临到你说的时候抢着说，叫作急躁；临到你说时却不说，叫作隐瞒；不看看脸色就随意发言，叫作没眼色。”从这个意义上讲，孔子的这句话，实在可以作为我们“何时开口，怎样开口”的指导原则。

在我们的人生经验里，大概都听过、见过或亲身经历过因口无遮拦而惹祸上身的事情。

在古代，作为臣子侍奉君王，察言观色说话的本领十分重要，甚至到了与性命利益攸关的地步。但仍有一些人，因各种原因，放纵口舌，以致惹怒上司，引来祸端。他们的教训，让人深思。南北朝时，贺若敦为北周的大将，自以为功高自大，不甘心居于同僚们之下，心中十分不服气，口中多有抱怨之词。

不久，他奉调参加讨伐平湘洲战役，打了个胜仗之后，全军凯旋，这应该算是为国家又立了一大功吧，他自以为此次必然要受到封赏，不料由于种种原因，反而被撤掉了原来的职务，为此他大为不满，对传令使大发怨言。

晋公宇文护听了以后，十分震怒，把他从中州刺史任上调回来，迫使他自杀，临死之前他对儿子贺若弼说：“我有志平定江南，为国效力，而今未能实现，你一定要继承我的遗志。我是因为这舌头把命都丢了，这个教训你不能不记住！”说完了，便拿起锥子，狠狠地刺破了儿子的舌头，想让他记住这血的教训。

光阴似箭，斗转星移，转眼几十年过去了，贺若弼也做了隋朝的右领大将军，他没有记住父亲的教训，常常为自己的官位比他人低而怨声不断，自认为当个宰相也是应该的。不久，功绩不如他的杨素却做了尚书右仆射，而他仍为将军，未被提拔，他气不打一处来，不满的情绪和怨言便时常流露出来。

后来一些话传到了皇帝耳朵里，贺若弼被逮捕下狱。隋文帝杨坚责备他说："你这个人有三太猛：嫉妒心太猛；自以为是，自以为别人不是的心太猛；随口胡说目无长官的心太猛。"因为他有功，不久也就放了，他还不吸取教训，又对其他人夸耀他和皇太子之间的关系，说："皇太子杨勇跟我之间，情谊亲切，连高度的机密，也都对我附耳相告，言无不尽。"

后来杨勇在隋文帝那里失势，杨广取而代之为皇太子，贺若弼的处境可想而知。

隋文帝得知他又在那里大放厥词就把他召来说："我用高颎、杨素为宰相，你多次在众人面前放肆地说'这两个人只会吃饭，什么也不会干'，这是什么意思？言外之意连皇帝我也是废物不成？"贺回答说："高颎是我的老朋友，杨素是我舅舅的儿子，我了解他们，我也确实说过他们不适合担当宰相的话。"这时因他言语不慎，得罪了不少人，朝中一些公卿大臣怕株连，都揭发他过去说的那些对朝廷不满的话，并声称他罪当处死。

隋文帝见了对贺若弼说："大臣们对你都十分厌烦，要求严格执行法度，你自己寻思可有活命的道理？"贺若弼说："我曾凭陛下神威，率八千兵渡长江活捉了陈叔宝，希望能看在过去的功劳的分上，给我留条活命吧！"隋文帝说："你将出征陈国时，对高颖说：'陈叔宝被削平，问题是我们这些功臣会不会飞鸟尽，良弓藏？'高颖对你说：'我向你保证，皇上绝对不会这样。'是吧？等消灭了陈叔宝，你就要求当内史，又要求当仆射。这一切功劳过去我已格外重赏了，何必再提呢？"贺若弼说："我确实蒙受陛下格外的重赏，今天还希望格外的赏我活命。"此时他再也不敢攻击别人了。隋文帝念他劳苦功高，只把他的官职罢了。

父子两代人，同样是因妄言而坏事，一个丧命，一个丢官，教训不可谓不大。在今天，虽然在上者的意志权力没那么大了，但要忍那些不该讲的话，以免招致不必要的祸端，还是有必要的。

因为，语言是交流思想感情的工具。人们在交往中，没有语言做桥梁，就无法沟通，也就一事无成。但是语言能成事，也能坏事，所以古人认为凡事少说为佳。不是不说话，而是该说的要说，不该说的不说，要考虑好了再说，否则一言有失，即酿成大祸。

孔子一贯主张“先行其言而后从之”，可见他也是非常注意对弟子们的语言训练的。但他同时也认为不善于辩论并不是缺点，那种爱说不着边际的虚言妄语的人，是令人讨厌的。

不但从理论上讲是这样，在现实中更是如此。百无禁忌，口无遮拦，轻则会惹人厌烦，重则会引火烧身。在这方面，身为大儒的董仲舒的教训是值得世人去吸取的。

西汉学者都喜欢谈论灾异，著名人物如董仲舒、夏侯胜、刘向、京房等人，堪称“灾异学”专家，与此相“对应”的是，其本人也多灾多难。其中董仲舒首开风气，得祸也最先。

董仲舒是广川国人，早年治《公羊春秋》，景帝时召为《春秋》博士。他善于讲说《春秋》经传中所记载的灾异现象，以灾异附会人事。武帝建元初，董仲舒举试“贤良”，对策高等，授江都易王相，后来因事废为中大夫，闲居家中。

建元六年（公元前 135 年）四月，高祖长陵近旁的高园便殿发生大火灾。过了两个月，远在辽东的高祖庙又发生大火灾。董仲舒著书推论这两次火灾的原因，引春秋时鲁国的几次宫庙火灾以证今事，认为高祖祠庙不该建在辽东，高园便殿不该建在长陵近旁，按礼制就不该建这样的便殿。书中说如今国家大敝，灾难频降，天帝似乎在借火灾警告皇帝说：“这个世道只有用太平至公的手段才能治理好。应当像我烧毁辽东高庙那样，忍心诛除亲贵诸侯中的奸邪；像我烧毁高园便殿一样，忍心诛除左右近臣中的奸邪。”书中请求武帝按“天意”行动，杀一批在内在外的奸臣。

书稿写好后还没有来得及进呈，适逢居心险恶的无品文人主父偃前来拜访，主父偃看见书稿顿起坏心，便把它偷出来献给武帝，武帝召集诸儒讨论书稿内容，董仲舒的弟子吕步舒不知道是业师所著，发言说书稿所论是胡说八道。于是董仲舒被捕，依法当处死刑，武帝传诏赦免。

从此，这位著名学者再也不敢谈论灾异。

在这里，董仲舒虽是以文立论，所逞的并非口舌之利，但一个“逞”字，已足以给自己带来麻烦了。后来者应引以为戒。

忍言慎语，首先便要戒除伤人的话语，荀子也曾经说：“伤人之言，深于矛戟。”意思是说，伤害别人的语言，比用尖锐的长矛和战戟刺伤人的肉体还要厉害。戒伤人之恶言，是搞好人际关系，与别人和睦相处的重要法则。

总之，说话是一门艺术，既讲究发言的内容，又讲究发言的方式，这两者都要恰当。否则，就有可能显露出自己的没“水平”，甚至还会因此惹来麻烦。尤其在有尊长者的时候，掌握好说话的火候非常重要。在现代社会中，人际交往越来越频繁，语言也从一个侧面体现着一个人的综合素质，恰当的言辞可能给人带来意想不到的机遇，恶言恶语也可能给人招致不必要的麻烦。因此，我们在说话前应该认真思考思考我们要怎样表达才能得体。

智慧 38
一言兴邦，一言丧邦

【原文】

定公问：“一言而可以兴邦，有诸？”孔子对曰：“言不可以若是其几也！人之言曰：‘为君难，为臣不易。’如知为君之难也，不几乎一言而兴邦乎？”曰：“一言而丧邦，有诸？”孔子对曰：“言不可以若是其几也！人之言曰：‘予无乐乎为君，唯其言而莫予违也。’如其善而莫之违也，不亦善乎？如不善而莫之违也，不几乎一言而丧邦乎？”

【解析】

鲁定公问孔子：“一句话就可以使国家兴盛，有这样的话吗？”孔子回答说：“话不可以讲得像这样的简单、机械。不过，有的人说：‘做君主难，做臣子也不容易。’如果知道做君主难，自然会谨慎认真地去工作，这不也近于一句话就可以使国家兴盛吗？”鲁定公说：“一句话就可以使国家衰亡，有这样的话吗？”孔子回答说：“话不可以讲得像这样的简单、机械。不过，有的人说：‘我做君主并没有什么可高兴的，只是我说什么话都没有人敢违抗。’如果君主说的话正确，而没有人违抗，不也很好吗！如果说的话不正确，而没有人违抗，这不也近于一句话就可以使国家衰亡吗？”

从政者、治国者的地位和责任是一体相连的。地位越高，责任也就越大，同时与之俱来的是：责任大，权力也大，地位高，好多人都在你下面仰望你。所以，人处在一定的位子上，可以有两种态度：一是敬畏，一是骄奢。两种态度产生两种效果。如果一句话是出自敬守职责，生怕弄不好会出纰漏，体现如临深渊、如履薄冰、兢兢业业的态度。并且着眼于大局，考虑着长远，提出有远见卓识的主张，又采取实现这种主张的切实步骤，则是兴邦之言，事业可以兴旺发达。相反，利用自己的职务之便，任性妄为；又把地位看作自以为是的资本，予智予雄，听不进别人的意见，一锤定音，那定会完蛋。历史上许多正反事例，都能证明孔子关于“一言兴邦、一言丧邦”的见解富于深刻的哲理。作为一个有志于国家，有志于社会的人，尤其是身处高位的从政者、治国者，不可不察，不可不慎。

唐太宗的名论“创业难，守成也不易”，就是一个正面的实例。

贞观十年（636年），唐太宗对侍臣说：“帝王的事业，开创和保持哪一样事艰难？”尚书左仆射房玄龄回答说：“天下大乱的时候，各路英雄竞相起兵，被攻破的才能降服，被打败的才能制服。从这说来，创业艰难。”魏徵回答说：“帝王起兵，必然乘着世道衰败混乱的时候，消灭掉那些昏乱狂暴的人，百姓就乐于拥戴，天下人都愿归附；上天授命，百姓奉予，故创业不算艰难。然而已经取得天下之后，志趣趋向骄奢淫逸；老百姓希望休养生息，但各种徭役却没有休止；百姓已经穷困疲敝，而奢侈的事务却一刻不停，国家的衰落破败，常常由这里产生。以此而论，保持已经建立的功业更艰难。”

太宗听完两人相互对立的意见后，说：“玄龄过去跟随我平定天下，饱尝艰难困苦，出入于万死之中，侥幸地得到一条生路，所以看到的是创业的艰难；魏徵和我一起安定天下，担心出现骄奢淫逸的萌芽，重蹈危亡的境地，所以看到的是保持已建立的功业的艰难。这真是‘创业难，守成不易’。”接着唐太宗又说：“不过，现在创业的艰难既然已经过去，保持已建立的功业这一难事，我应当与你们一起谨慎地对待它。”

表面上看起来，李世民在两种不同意见面前搞折中、和稀泥，其实不然。李世民这句话可以说是兴邦之言，其一，他能把创业、守业同等看成艰难的事，则会像当年马上打天下那样含辛茹苦，精心守成。其二，他还知道适时转换重点，看到艰辛创业已成历史。不能躺在过去的成绩单上睡大觉，如今的重点是思虑怎样守成。悟出了创业与守成同等重要的道理，并有一种守成的责任感。所以能发出“创业难，守成不易”的感叹。也正因为他从内心真正感到“创业难，守成也不易”，从而能焕发出一种励精图治的精神，保持从谏如流的态度，并且重农事，轻徭薄赋；恣其耕稼，保民而王举；节俭于身，恩加于人，终于换得一代“贞观之治”。

说到“一言丧邦”，也可以举很多例子。历史上楚汉之争时，当项羽打到咸阳的时候，有人对他说：“关中险阻，山河四塞，土地肥饶，可都以霸。”劝他定都咸阳，天下就可大定。可是项羽对这个定都的建议不采用。他有一句答话很有趣，也是他的名言：“富贵不归故乡，如衣锦夜行，谁知之者？”就凭了这句话，他和汉高祖两人之间气度的差别，就完全表现出来了。项羽的胸襟，只在富贵以后，给江东故乡的人们看看他的威风，否则等于穿了漂亮的衣服，在晚上走路没人看得见。他英勇有余，但思想却如此狭隘、幼稚，所以项羽注定要失败。

清代嘉道年间，有个与龚自珍齐名的文人王昙，写了四首悼项羽的名诗，其中有一首说道：“秦人天下楚人弓，枉把头颅赠马童。天意何曾袒刘季，大王失计恋江东。早摧函谷称西帝，何必鸿门杀沛公？徒纵咸阳三月火，让他娄敬说关中。”这首诗可以说是“富贵不归故乡，如衣锦夜行，谁知之者？”这句丧邦之言的最好注脚。

至于那些得志便猖狂骄奢，胡作非为，而又一意孤行，听不得别人批评意见的人，“一言丧邦”更是情理之中的事。隋炀帝就是一个典型例子。

隋朝在文帝手中，相当安定富裕。隋炀帝篡位后，荒淫挥霍无度，兴宫苑，侍候他的乐师舞伎有三万人；率领十二万人南游江都，挽船的壮丁多达八万人；开国元勋，当朝执政二十年的大功臣只是在私下里批评他太奢侈，就被他杀害。他对名士虞世南说：“我生性不喜欢人家提意见，大官提意见，我不会饶他；卑贱的人提意见，我决不让他有出头之日，你记着吧！”正因为这样，短短十四年时间，就把隋朝一统锦绣江山葬送，自己也被人缢死。

做国君是这样，做平民也是这样，知做人之不易，从而时时刻刻警励自己，恭谦随和而又志在刻苦，这样的人终会有所成功。相反，任性使气，图一时快活，说话做事缺乏周全考虑，而又意志薄弱，不能奋发上进，这样的人则一辈子都难有什么可观之处。

一个人的言论往往体现着他的思想，而一个人的思想往往又决定着他的行为，因此，我们从一个人的话里，几乎可以看出他的人生前途、事业命运。尤其当一个人居于高位，他的言行就不仅仅只关系到他一个人。因此，说“一言兴邦，一言丧邦”并不为过。所以，无论我们身为平常人还是位高权重，都必须以正确的理论作为指导，把言行和地位、责任联系起来。唯其如此，才不致让自己一事无成或一败涂地。

智慧 39
夫人不言，言必有中

【原文】

子曰："夫人不言，言必有中。"

【解析】

孔子道："这个人平日不大开口，一开口就说到要害上。"

"夫人不言，言必有中"，这八个字，是行事、应世以至待人接物中的重大学问。当处大事的时候，不要乱说，要说就"言必有中"，像射箭靶一样，一箭出去就中红心，就到要点上。这才显得既谦虚谨慎，同时又能恰当地表现出才华、智慧和学问来。

孔子是非常重视说话的，他所讲的"夫人不言，言必有中"，则重点指出言语的内容要有针对性，要能够一语中的，不能顾左右而言他，或是洋洋万言"言不及义"，以至让对方不得要领。"夫人不言，言必有中"，既是一种说话艺术，又是说话的一个重要原则。在一些特定的场合，能否做到"言必有中"，不但是学问、才智的表现，有时还关系到国家政治、人格尊严等重大的问题，因此，需要格外关注这个讲话的艺术和原则。

官渡之战以后，曹操统一北方，发展生产，增强军事力量，下一步他就打算进军南方，消灭占据着荆州的刘表和江东孙权，统一全国。

汉献帝建安十三年，曹操率大军南下，此时，占据荆州的刘表刚刚死去，次子刘琮承袭了他的职位，胆小怕事的刘琮暗地里投降了曹操。受刘表派遣驻守新野一带的刘备见曹军来势凶猛，想抵抗也来不及，就匆匆忙忙地向江陵（今湖北省江陵县）退却。江陵是一个军事重镇，又是兵力和物资的重要补给地，曹、刘双方都为争夺此地而日夜兼程，在长坂（今湖北省当阳市东北）

曹操赶上了刘备，并且打败了刘备，占领了军事要地江陵。刘备被打得无路可走，只好从小道到夏口，与刘表的长子刘琦相遇，合兵一处，约有2万人，而且在夏口，刘备碰到了等他很久的孙权的谋士鲁肃。鲁肃向刘备坦白地说明了来意，希望孙、刘两家能够联合抗曹，这正符合诸葛亮在隆中同刘备讲的对策。刘备当即决定派诸葛亮为代表，同鲁肃前往柴桑，面见孙权共商联盟破曹之计。

孙权爱慕诸葛亮的才华，诸葛亮见孙权气度不凡，两个人谈得非常投机。孙权首先向诸葛亮请教，诸葛亮说："现在天下大乱，曹操占据北方，而且有吞并天下之势。而将军您占据着江东，刘豫州刘备一心想振兴汉室，两位都有和曹操争夺天下的气势，真是志向相同啊！"诸葛亮一句话就将孙、刘拉到了共同抗曹的立场。但他见孙权在联合抗曹上仍有些犹豫不决，就对孙权说："曹操占领了荆州，名声震及四海，现在他顺江而下，直逼江东，将军您应该根据自己的力量做出决断。如果能以您吴、越之力量与曹军抗衡的话，你就及早与曹操断绝关系；如果您估计无力抗衡他，不服从曹操，内心却犹豫不决，在紧要时刻做不出决断，灾难可就要来了。"孙权听了有些生气。

诸葛亮又接着说道："刘豫州是汉朝的宗室，才能是他人所无法比及的，许多人都仰慕他，归顺他，如果他抗曹不能成功，那也是天命；他是无论如何也不会向曹操投降的。"诸葛亮的几句话分明在激励孙权做出正确的决断。孙权十分激动，猛地站起来说："我也不是甘受摆布的人，我不能拿着整个江东的10万士兵，受人家控制！我的主意已定！不和刘豫州联合，就无法与曹操抗衡。"

诸葛亮为了进一步解除孙权的顾虑，就说："刘豫州虽然刚打了败仗，但是他仍有精兵2万，曹操虽然兵马很多，但是经过长途跋涉，已经疲惫不堪了；更何况，曹军大部分都是北方人，用强力射来的弩箭，已经到了最后，箭掉在地上了，连最薄的丝绸也穿不透。再加上曹操刚刚占领荆州，人心不服，他们是向着刘氏的。将军您想想看，只要孙、刘两家联合起来，协力作战，就一定会打败曹操的。而且曹操失败以后，必定会退回北方，荆州、东吴的势力就会发展起来，这样，三足鼎立的局面就形成了。”

诸葛亮这一番话，增强了孙权抗曹的决心。在这里，诸葛亮的话之所以能对孙权起关键作用，主要就在于他的每一句话都指出与孙权切身利益相关的事情的关系，直接触动孙权的心理要害。因此，孙权定下决心联刘抗曹，而对手下谋士的意见再也听不进去了。可见，“言必有中”话语，其作用是何等的重要。

此外，在社会交往中，一个人怎样说话，也常常是他全部能力的体现。话说得很多，不是地方，不如不说。不过，到非说话不可时，就要做认真考虑了。关键时候的一句话，也许是一个人的命运转折，不可不谨慎。

郑敬字次都，是汝南郡（治今河南上蔡西南）人。他的同郡老乡郅恽生性耿直，嫉恶如仇，豪侠仗义，郑敬与他关系很好。郅恽在东汉建武初，曾为友人报仇杀人，所以长期在家，后来被汝南太守欧阳歙请为郡功曹，而郑敬也作门下客。

汝南地区有一个风俗，每年十月郡中都要举行大聚会，百里以内的各县官员都带着牛酒到郡守府中宴饮。在宴会上，郡守对于有政绩的属官给予表彰。这年十月，汝南郡又大会，太守欧阳歙在宴会上宣读表彰公文。公文说：

西部督邮繇延，天资忠贞，禀性公正，将自己所管之事办理得很好。现在我和大家一起为繇延论功，上报朝廷。我以太守的名义，嘉奖他的美德，并赐以牛酒，以养其德。

宣读完公文后，又有人领着繇延去领赏。

然而，繇延并非像郡守嘉奖的那么好，而是相反，做了许多坏事。郡守的嘉奖显然不实。这下把郅恽惹恼了，只见他表情严峻，走下座位，来到郡守面前，举杯言道：“我作为主礼仪的司正，现在举起酒杯，将您的罪过告谢于天。繇延资性贪邪，外表方直而内里圆滑，结党营私，奸诈无比，欺上害人，为政荒乱。人们对其怨声载道。而大人却以恶为善，下属以直从曲，这是既无君，又无臣。因此我斗胆再拜敬酒。”

欧阳歙的脸色陡然大变，他一时不知应该怎样对待郅恽的指责。

这时，郑敬急忙走上前说道：“俗话说，君明臣直。功曹郅恽敢于直言不讳，正说明郡守有德，您能不领这杯酒吗？”

听了这番话，欧阳歙的脸色稍稍好了一些，他顺水推舟说：“这实在是我的罪过，愿从命领酒。”

郅恽也往自己身上揽了责任，他说：“想当初虞舜辅佐尧时，四方罪人全部受到惩处，谗言无所用，奸佞无所行，故被人们歌颂。而我作为郡守的辅吏，没有尽忠，让奸佞之人显露，虎狼之人从政，既使郡守受到诽谤，又当众显露繇延之罪，实在是罪责重大。请求将我和繇延一同收监，以惩恶扬善。”

欧阳歙听了此话，连说：“这分明是在加重我的过错。”于是，便散了宴。繇延也因此自动解职。

如前所说：“夫人不言，言必有中。”这说明关键时刻关键言语的重要作用。郑敬在宴会陷于僵局时的一番话，起码收到三个积极效果。第一，他肯定了郅恽的正直及其对郡守的指责。第二，他委婉地劝说郡守接受批评，同时也获得体面。第三，他缓解了眼前的僵局。这既体现了郑敬的语言技巧，也体现了他处事的聪明机智。

在这一场冲突中，郅恽无疑是坚持正义、主持公道者，他对郡守的顶撞，体现着传统士人的良心。不过他并不考虑郡守的面子是否放得下来，这样，他的仗义执言，也许会带来适得其反的结果。郑敬用戴高帽子的办法，搬出君明臣直的古训，郡守因此能善待这两位直言者。

说真话是很难的，我想人们最好不要讲假话，为怕遭祸可以不说话，到了非讲真话时，最好把真话分批讲，让执政者有一个理解的过程。如郅恽这样一下子和盘托出肺腑之言，往往欲速则不达。郑敬的分批讲真话办法，真值得读者品味。

俗话说打蛇要打七寸，否则，徒劳无功不说，还可能激起暴徒伤人，说话也是如此，要言必有中。

智慧 40
讷于言而敏于行

【原文】

子曰："君子欲讷于言而敏于行。"

【解析】

孔子说："君子应该说话谨慎而行动敏捷。"

祸从口出，这是一个小孩子都懂得的道理。所以孔子说："君子欲讷于言而敏于行。"并说，"多闻阙疑，慎言其余，则寡忧。"意思是说多听各种意见，有怀疑的问题暂时搁下，对其余有把握的问题谨慎地说出自己的看法，那么就可以少犯错误。但是有人偏偏不按照这条道理来为人处世，那么他们的下场就是怎样的呢？

贺若敦是北周的一名大将，立有大功，因为对朝廷赏赐不公心怀不满，便口出怨言，结果被权臣宇文护逼令自杀，临死时，他叫来儿子贺若弼说："我因口舌而死，你不能不记住！"接着用锥子将贺若弼的舌头刺出血来，以此告诫他慎口少说。贺若弼开始还能记住，经常以"君不密则失臣，臣不密则失身"来提醒自己，遇事三缄其口。可随着他在隋朝功劳日大，地位日高，便把父亲的告诫忘到脑后去了。同父亲一样，他也因对朝廷封官不满而大发牢骚，被免去了官职；他不接受教训，反而怨言更多，于是被逮捕下狱。隋文帝斥责他道："我用高颎、杨素为宰相，你在下面散布，说这两个人只配吃干饭，这是什么意思？"有人因此奏请将他处死，文帝因他立有大功，免他一死，但一针见血地向他指出："你有三太猛：嫉妒心太猛；自以为是、看不起别人的心太猛；目无君上的心太猛。"

这的确是贺若弼的致命要害，同僚有功他嫉妒，同僚升迁他不服气。有一次，皇太子杨广同他谈起朝中几位杰出将领，问他：“杨素、韩擒虎、史万岁三个人都是良将，他们的优劣如何？”贺若弼口没遮拦，毫无顾忌地回答：“杨素是员猛将，但没有谋略；韩擒虎是员战将，但不会带兵；史万岁是员骑将，别的本领平常。”杨广问：“那么谁可以称之为大将呢？”贺若弼深深一拜说：“这就要看殿下你的眼光了。”他自以为比别人都高明，贬低一切，殊不知这样一来，得罪了同僚，又引起了杨广的戒心。后来杨广当了皇帝（即隋炀帝），对他便十分疏远。

最为致命的要害还是最后一个太猛：目无君上之心太猛。在隋文帝平定江南的战役将要开始时，他便对人说：“江南倒是不难平，可谁知道将来会不会出现‘飞鸟尽、良弓藏’之事呢？”明显地表示了对隋文帝的不信任。有一年，他随从隋炀帝出巡北方，在榆林，好大喜功的炀帝设置了一个可坐千人的大帐，来招待少数民族首领。这事其实和贺若弼毫无关系，他又在私下里评头品足，乱发议论，说皇帝太奢侈。这事被人告发，他被处以死刑，重蹈了父亲的覆辙。

唐朝功臣刘文静也是因为爱发牢骚而丢了性命。

刘文静是李世民起兵反隋时的主谋，在后来进军长安时，又立了大功，说他是唐朝的开国功臣、元勋，那是当之无愧的。裴寂是经刘文静的介绍才得以认识李世民的，他在起兵的过程中虽然也起过某些作用，但他更主要的是善于讨好李世民的父亲李渊，同李渊酒肉不分家，并且将归自己管辖的隋炀帝的宫女私自送给李渊，是李渊的一个酒肉知己。

李渊称帝以后，对裴寂的宠爱异乎寻常，授他以右丞相之职，每次上朝时，必令他同登御座，退朝之后，又相携入宫，对他的话言听计从，赏赐无度。而刘文静呢，既不像裴寂那样受宠，官职只达到户部尚书这一级，比裴寂低了许多，不免感到不公，因此在朝上议事时，故意同裴寂唱反调，两个人因此有了隔阂。一次在与家人宴集时，刘文静以刀击柱，发誓道：“我一定要杀掉裴寂！”

这些话被他一个失宠的小妾上告朝廷，朝廷在审问时，刘文静如实相告：

“当初起兵时，我与裴寂的地位相同；如今裴寂被授以丞相的高官，赐以甲等的住宅，而我的赏赐同一般人，没有什么区别，我每次出兵打仗，家中老小都无可托付，的确怀有不满之心，酒醉时说些过了头的话也是可能的！”

李渊据此指刘文静为谋反，许多元老重臣一致不同意，李世民更是据理力争，指出首先策划起兵反隋的是刘文静，裴寂是后来才知道这件事，现在天下平定了，却受到了不公平的待遇，发些牢骚，也是人之常情，没有必死之罪。可李渊对刘文静一直比较疏远，对他的政治能力也不大放心，裴寂看出了这一点，乘机进谗说：“刘文静的才智谋略，的确是当代之冠，无奈他已经有了反心，如今天下还不太平，若是赦免了他，必有后患。”

这话正好击中了李渊的心病，就这样，刘文静被杀掉了，临刑时，他叹息道：“飞鸟尽，良弓藏，的确是这么一回事呀！”裴寂和刘文静之争，其实是李渊和李世民父子之争的一种折射。李渊对他这个功盖天下的儿子的态度十分矛盾，没有李世民，他根本当不了皇帝；有了李世民，他又觉得自己的帝位受了威胁。出于政治上稳定的考虑，也出于父子之情，他不好对李世民下毒手，作为李世民主要谋士的刘文静便作了替死鬼。刘文静太斤斤计较眼前的利益了，试想年老的李渊在位还能有多久呢，只要刘文静能忍耐、能韬晦，继续跟着李世民，帮助他谋取帝位，将来还少得了他的高官厚禄吗？放长线，钓大鱼，这也是封建社会置身官场中的人应该具备的一种姿态。

裴寂也犯了同样的错误，他只顾迎合老皇帝李渊，却忽视了代表着未来的李世民，果然李世民一继位，便宣布裴寂有四大必死之罪，将他赶出了朝廷。

为人处世，言语不可不慎，否则，轻则有可能导致与朋友关系疏远，重则有可能导致断送自己的前途与性命。

智慧41

智者不失人亦不失言

【原文】

子曰："可与言而不与之言，失人；不可与言而与之言，失言。知者不失人，亦不失言。"

【解析】

孔子说："可以同他谈话的人而不同他谈，这是错过了人；不可以同他谈话的人而同他谈，这是错说了话。聪明的人不错过人，也不错说话。"

孔子认为，可以同他谈话的人而不同他谈，这是错过了人；不可以同他谈话的人而同他谈，这是错说了话。聪明的人不错过人，也不错说话。这也就是说，智者说话应该恰如其分。然而现实中有些人对于"说"的理解总是难以恰如其分。一种是有"说瘾"的人，以说为乐，不论大事小事与自己有关无关，滔滔不绝，尽管挨了不少白眼受了不少批评，甚至被冠名为"懒婆娘的裹脚布"仍不以为意，依旧乐此不疲；另一种是"乌鸦嘴"，他们是天生的批评家，他们的眼里没有白米饭只有沙子，即使是鸡蛋也非要挑出个骨头来，结果是人人反感；还有些人，专爱搬弄别人的是非，评议东家长西家短，不免落个"长舌妇"的骂名。

实际上，"说"是用以表达自我、说服别人、沟通外界的一种手段。能说，不一定就要喋喋不休。会说，也绝对不是颠倒黑白，混淆是非。就像武侠小说中真正的高手没有兵刃，摘花飞叶都能伤人一样，真正会说的人很少长篇大论，常常是片言只语，就能起到振聋发聩的作用。从本质上讲，我们应该把"说"看成是一种生存的技能和一门艺术。既然是一种技能、一门艺术，就不是随便想怎么着就怎么着的，也不是谁都能很好地掌握的。俗话说：

“好言一句三冬暖，恶言半句六月寒。”不掌握一定的技巧，好话有的时候也会造成恶果，“好心”也成了“驴肝肺”。好钢必须要经过回炉才能炼成，要想说得好、说得妙，不经过头脑的加工是不行的。诸葛亮能够“舌战群儒”，在众英才中“口若悬河”，靠的不仅是伶牙俐齿，更是“思如泉涌”。因此，要学会“说”，要随心所欲得心应手地运用“说”，必须要进行深入的思考，谋定而后动。

第二次世界大战中，斯大林，由于受反常的“自我尊严”的驱使，变得很难接受别人的意见。“唯我独尊”的个性使他不能允许世界上有人比他高明。莫斯科保卫战前夕，大本营总参谋长朱可夫将军曾建议“放弃基辅城”，以免遭德军的“合围”。这本来是一个很有战略眼光的建议，但斯大林听不进去，当面骂朱可夫“胡说八道”，并一怒之下把他赶出大本营。不久，基辅果然遭德军合围，守城的红军精锐部队全军覆没。但是，曾为苏军大本营总参谋长的华西里也夫斯基，却往往能使斯大林不知不觉中采纳他的正确作战计划，从而发挥作用。

华西里也夫斯基的进言策略非常别致。在斯大林的办公室，华西里也夫斯基在和斯大林谈天说地的“闲聊”中，往往“不经意”地“顺便”说说军事问题，既不郑重其事，也不头头是道。可是奇妙的是，等他走了以后，斯大林往往能依此想出一个好计划。过不了多久，斯大林就会在军事会议上陈述这个计划。当然，这个计划实际上就是华西里也夫斯基的计划。华西里也夫斯基也在军事会议上进言，但其方法更是令人啼笑皆非。他首先讲三条正确的意见，但口齿不清，用词不当，前后重复，没有条理，声音含混，因为他的座位通常靠近斯大林，所以只要使斯大林一个人明白他的意见就行了。接着他又画蛇添足地讲两条错误的意见。这会儿，他来了精神，条理清楚，声音洪亮，振振有词，必欲使这两条错误意见的全部荒谬性都昭然若揭才肯罢休。这往往使在场的人心惊胆战。斯大林定夺时，自然首先批判华西里也夫斯基的那两条错误意见。斯大林往往批判得痛快淋漓，心情舒畅。接着，斯大林逐条逐句、清晰明白地阐述他的决策。他当然完全不像华西里也夫斯基那样词不达意，含混不清。但华西里也夫斯基心里明白，斯大林阐述的正是他最初表达的那几点意见，但当然是经过加工、润饰了的。不过，这时谁也不会追究斯大林的意见是从哪里来的。这样一来，华西里也夫斯基的意见，也就移植而变成斯大林的东西，得以付诸实施。

事后，曾有人嘲讽华西里也夫斯基神经有毛病，是个“受虐狂”，每次不让斯大林痛骂一顿心里就不好受。华西里也夫斯基往往是笑而不答。只是有一次，他对过分嘲讽他的人回敬道：“我如果也像你一样聪明，一样正常，一样期望受到最高统帅的当面赞赏，那我的意见也就会像你的意见一样，被丢到茅坑里去了。”

在整个二战期间，斯大林在军事上最倚重两个人：一个是军事天才朱可夫，另一个就是华西里也夫斯基。甚至有人说，军事天才朱可夫之所以被斯大林倚重，从某种意义上来说，也与斯大林倚重大智若愚的华西里也夫斯基有关，因为倚重朱可夫，也是华西里也夫斯基的主意之一。

不论是历史上还是现实中，都有很多“华西里也夫斯基”，佩服他们的同时，我们是不是也要跟他们学点什么呢？

说话就好像是点火，当你在合适的时机以合适的方式说出合适的话语时，你就像是在别人的屋里点燃了火把，让屋里充满光明，让别人觉得温暖；反之、你就像是在别人的屋里燃起大火，伤了别人，也害了自己。一个人既不失人也不失言，是他走向成功的起点。

智慧 42

察言观色再开口

【原文】

孔子曰："侍于君子有三愆：言未及之而言谓之躁，言及之而不言谓之隐，未见颜色而言谓之瞽。"

【解析】

孔子说："侍奉在君子旁边陪他说话，要注意避免犯三种过失：还没有问到你的时候就说话，这是急躁；已经问到你的时候你却不说，这叫隐瞒；不看君子的脸色而贸然说话，这是瞎子。"

你必须要明白，在绝大多数情况下，话是说给别人听的。说不说由你做主，有没有用由别人决定。没用的话没必要说，说了也白说，很简单，那是废话。所以，要让说出来的东西有用，至少不至于成为废话，你需要学会关注听者的表情。

关注听者的表情，说俗了实际上就是"察言观色"。古人其实并不反对"察言观色"，甚至有的时候还极为提倡。只是到了上个世纪，"察言观色"才逐渐成为人们口诛笔伐的对象。而现今，随着学术理论的不断完善，人们认知水平的不断提高，"察言观色"已经成为了许多人信奉和推崇的一种极其重要的能力。

当然，"察言观色"不是拍马奉承，关注别人的表情也不是说要投谁的所好，要用假话去蒙蔽别人。我们赞同"察言观色"，提倡与人交流时"关注别人的表情"，是为了使我们在说话的时候能够尽量选择别人容易接受的方式，使别人能够真正听懂和接受我们所说的东西，增强说话的效果，提高交流的效率。

春秋时期，齐国的相国晏子就是一个“察言观色”的高手。

齐庄公看重勇力不重视仁义，偏护那些勇武有力的大臣，而许多有才干的文臣得不到重用。这样的做法慢慢滋长了武官们的骄傲情绪，他们傲视文臣，欺压百姓，搞得官风民风越来越坏。一些大臣进言检举，非但没有使齐庄公改变想法，而且轻者被流放，重者被杀头。

身为齐国的相国，晏子也是看在眼里，急在心上，但他没有像别人一样贸然行事，而是经过深思熟虑后，采取了一种非常巧妙的进言方式。

一日，齐庄公在花园里与妃子下棋，听说晏子前来求见，就撇下了妃子请这位棋坛高手与他对弈。晏子也不多话，两个人就在棋盘上你来我往地下了起来。晏子在棋局上猛冲猛打，虽然吃了庄公不少的子，但在庄公的沉着应战下，还是输掉了棋局。庄公深知晏子在棋上的造诣要高出自己很多，如此输棋很出乎意料，于是就疑惑地问晏子：“相国文韬武略，满腹才学，帮助寡人治理国家都驾轻就熟，为什么这局棋会下得如此差呢？”晏子说：“臣有勇无谋，输棋自然是在情理之中了。”接着他又话题一转说，“下棋是这样，治理国家也是这样，光靠勇武是不行的。”

应该说，齐庄公还是有些自知之明的。他在晏子的委婉批评下，对自己偏爱武力不重仁义的做法有了一定的警觉，但仍旧不能一下子完全转变过来。于是，就坦率地问道：“请相国直言，古时候有没有哪一个国君，依靠勇力可以安邦定国的呢？”

晏子回答说：“夏朝末年有大力士推侈、大戏，殷朝末年有勇士弗仲、恶吏，这些人都能日行千里，力擒虎豹，可他们却不能挽救夏、殷的灭亡。夏、商的覆灭告诉我们一个道理：光靠勇力而不行仁政，没有一个不失败的。”

庄公仔细体会晏子的肺腑之言，认为他说得很对，就恭恭敬敬地表示了感谢，并接受了文武并重，实施仁政以固国本的主张。

历史上唐太宗李世民的长孙皇后也是一个善于“察言观色”的高手。

有一天，李世民满脸怒气，要杀为他养马的人，旁人没有一个敢替养马人说话的。

这时，长孙皇后走过来，看见丈夫的脸色不好，知道又有了不愉快的事，于是柔声问道：“皇上为什么事在生气呢？”

李世民告诉她说：“我的那匹最心爱的马好端端的突然死去，一定是养马人不负责任，让马吃了什么东西。你知道这匹马跟着我南征北伐，立下赫赫战功。现在无病而死，叫我怎么不伤心呢？因此，我一定要杀死这个养马人，看谁以后还敢不负责任！”

长孙皇后很不满意李世民的做法，想说几句好话救下养马人，可是握有至高无上权力的丈夫正在气头上，恐怕帮不了这个忙了。

她突然想起历史上发生过类似的事，不妨讲给丈夫听听，也许能让他回心转意。

“陛下，你听说过齐景公杀养马人的故事吗？”长孙皇后的第一句话就把李世民的注意力拉过来了，他饶有兴趣地听着皇后说下去，“齐景公的一匹马死了，要杀养马人。有个叫晏婴的臣子站出来说，养马人有三条罪状。齐景公高兴地催着晏婴快说哪三条。晏婴说：‘第一条罪，养马人失职，没有养好马而被杀；第二条罪，养马人使国王因马死而杀人，全国的老百姓知道了，必然会埋怨国王把马看得比人还重要，这会损害国王的声誉；第三条罪，诸侯知道了这个消息，必然会看不起齐国，降低齐国的威信。’齐景公一听，杀一个养马人会带来那么多的麻烦事，那不杀就是了。”

李世民听到这里，知道皇后是在借说故事批评自己，想想也确有道理，于是改变了主意，释放了那个养马人，仍信任他为自己养马。自此以后，养马人更尽心尽职喂马，再没有发生过差错。

从这上面的两则故事里我们不难发现，推销自己，影响别人，让别人听我们的“话”，不是简单的仗义执言就能够办得到的。人际交往中，对他人的言语、表情、手势、动作以及看似不经意的行为进行较为敏锐细致的观察，往往能够使我们与他人的交流更加容易，取得意想不到的效果。

当然，关注听者的表情，也是要有重点的，除了对方的喜怒哀乐外，对眼睛的观察最为重要。从医学上来看，眼睛在人的五种感觉器官中是最敏锐的，大概占感觉领域的70%以上，因此，被称“五官之王”。孟子云：“存之人者，莫良于眸子，眸不能掩其恶。胸中正，则眸子降；胸中不正，则眸子眩。”从眼睛里流露出真心是理所当然的，“眼睛是心灵之窗”。

深层心理中的欲望和感情，首先反映在视线上，视线的移动、方向、集中程度等都表达不同的心理状态。观察视线的变化，有助于人与人之间的交流。爬上窗台就不难看清屋中的情形，读懂人的眼色便可知晓人们内心状况。有人总结了一些关于眼色的所谓规律，尽管不一定全部正确，但即使仅仅只是作为一个参考，也未必不能触发我们的思维，给我们以借鉴。

1. 我们看眼睛，不重大小圆长，而重在眼神。

2. 你见他眼神沉静，便可明白他对于你着急的问题，早已成竹在胸，稳操胜算。只要向他请示办法，表示焦虑，如果他不肯明白说，这是因为事关机密，不必要多问，只需静待他的发落便是。

3. 如果你见他眼神散乱，便可明白他也是毫无办法，徒然着急是无用的，向他请示，也是无用的。你得平心静气，另想应付办法，不必再多问，这只会增加他六神无主的程度，这时是你显示才能的机会，快快自己去想办法吧！

4. 如果你见他眼神横射，仿佛有刺，便可明白他异常冷淡，如有请求，暂且不必向他陈说，应该从速借机退出，即使多逗留一会儿也是不适的，退而研究他对你冷淡的原因，再谋求恢复感情的途径。

5. 你见他眼神阴沉，应该明白这是凶狠的信号，你与他交涉，须得小心一点。他那一只毒辣的手，正放在他的背后伺机而出。如果你不是早有准备想和他见个高低，那么最好从速鸣金收兵。

6. 你见他眼神流动异于平时，便可明白他是胸怀诡计，想给你苦头尝尝。这时应步步为营，不要轻进，前后左右都可能是他安排的陷阱，一失足便跌翻在他的手里。不要过分相信他甜言蜜语，这是钓鱼的饵，是毒物外的糖衣，要格外小心。

7. 你见他眼神呆滞，唇皮泛白，便可明白他对于当前的问题惶恐万状，尽管口中说不要紧，他虽未绝望，也的确还在想办法，但却一点也想不出所以然来。你不必再多问，应该退而考虑应付办法，如果你已有办法，应该向他提出，并表示有几成把握。

8. 你见他眼神似在发火，便可明白他此刻是怒火中烧，意气极盛，如果不打算与他决裂，应该表示可以妥协，速谋转机。否则，再逼紧一步，势必引起正面的剧烈冲突了。

9. 你见他眼神恬静，面有笑意，你可明白他对于某事非常满意。你要讨他的欢喜，不妨多说几句恭维话，你要有所求，这也是个好机会，相信一定比平时更容易满足你的希望。

10. 你见他眼神四射，神不守舍，便可明白他对于你的话已经感到厌倦，再说下去必无效果，你应赶紧告一段落，或乘机告退，或者寻找新话题，谈谈他所愿听的事。

11. 你见他的眼神凝定，便可明白他认为你的话有一听的必要，应该照你预定的计划婉转陈说，只要你的见解不差，你的办法可行，他必然是乐于接受的。

12. 要是你见他眼神下垂，连头都向下倾了，便可明白他是心有重忧，万分苦痛。你不要向他说得意事，那反而会加重他的苦痛；你也不要向他说苦痛事，因为同病相怜越发难忍。你最好说些安慰的话，并且从速告退，多说也是无趣的。

13. 如果他的眼神上扬，便可明白他是不屑听你的话，无论你的理由如何充分，你的说法如何巧妙，还是不会有高明的结果，不如马上停止，退而寻求其他接近之道。

有一句广告词说得好“通则不痛，痛则不通”，当你不具备“察言观色”的能力时，你跟别人的交流就好比“擀面杖吹火”，肯定通不了，也肯定很痛，所以不可不下一番决心培养自己能力呀！

智慧43
不学不足以成大器

【原文】

子贡问曰："孔文子何以谓之'文'也？"子曰："敏而好学，不耻下问，是以谓之'文'也。"

【解析】

子贡问道："孔文子凭什么谥他为'文'呢？"孔子说："他思维敏捷而且爱好学习，不把向地位卑下的人请教当作一种耻辱，所以给他一个'文'的谥号。"

这个世界是个竞争的世界，有人的地方就有竞争。你要问别人："竞争靠什么？"十个人有九个会告诉你："靠实力。"邓小平同志的那句"不管白猫黑猫，抓住老鼠才是好猫"说的就是这个道理。但实力不是凭空而来的，也不会自己生长，它就像是一棵树、一盆花，需要你不断地给它浇水，给它施肥，不断地为它补充成长所需要的养分。这个过程，对于我们而言，就是学习。

古往今来，成功的人无不重视学习，也大都勤于学习、善于学习。

晋平公是春秋末期晋国的君主。他晚年的时候想学一些知识，可是总觉得自己已经老了。有一天，他向乐师师旷求教说："我现在已经七十多岁了，很想学些知识，恐怕太晚了吧？"师旷回答："晚了，为什么不点蜡烛呢？"晋平公没有听懂他的话，生气地说："哪有为臣的这样戏弄君王的！"师旷说："我怎么敢跟您开玩笑！我记得古人说过：少年时爱好学习，就像日出的光芒；壮年时爱好学习，就像太阳升到天空时那样明亮；到老年还能爱好学习，就像点燃蜡烛发出的亮点。蜡烛的亮光虽然微弱，但同没有烛光在昏暗中愚昧地行动相比较，哪一个更好一些呢？"晋平公点了点头说："你说得真好！

我已经明白了。”

李嘉诚在香港十大财团的排行中位居榜首，是一位名扬四海的超级豪富，在香港经济界占有举足轻重的地位。有一位外商曾经问他：“李先生，您成功靠什么呢？”李嘉诚答道：“靠学习，不断地学习！”

我们不可能比晋平公还老，也不可能比李嘉诚实力还强，他们都如此热爱学习，我们为什么不趁年轻赶快抓紧时间学习呢？

古时候有位高人在给慕名前来求学的人第一次讲道理时，先拿了一满杯黑颜色的水，然后再往这杯子里倒清水。杯子里的水不断外溢，而杯中的水仍然有黑颜色混在其中。这时，高人对求学者说：“要想得到一杯清水，必须先倒掉脏水，洗净杯子，学习也是如此。”法国生理学家贝尔纳说：“构成我们学习上最大障碍是已知的东西，而不是未知的东西。”确实，有些时候，不是我们学不懂，而是我们脑袋里固有的东西在排斥那些新的知识。很多人看书，喜欢划重点，但实际上，画来画去画的都是早就懂的东西，不懂的东西不会觉得有道理，感觉它没有道理也绝对不会去画。其实，划重点没有错，就怕你反过来再看的时候还看这些画过的东西。这样看来看去，很难学到什么新东西，因为忽略了真正不懂的东西。学习要从放弃开始，这样说可能多少有一点玄乎的味道，但不是没有道理。

上古时代，黄帝带领了六位随从到贝茨山见大傀，在半途上迷路了，他们巧遇一位放牛的牧童。黄帝上前问道：“小童，贝茨山要往哪个方向去，你知道吗？”牧童说：“知道呀！”于是便指点他们路向。黄帝又问：“你知道大傀住哪里吗？”他说：“知道啊！”黄帝吃了一惊，便随口问道：“看你年纪小小，好像知道的事还不少啊！”接着又问道，“你知道如何治国平天下吗？”那牧童说：“知道，就像我放牧一样，只要把牛的劣性去除了，那一切就平定了呀！治天下不也是一样吗？”黄帝听后，非常佩服。

拿破仑·希尔在成功之前，曾利用20年的时间帮助“钢铁大王”卡耐基工作，这期间他一分钱的报酬也没有，但在帮助卡耐基的同时，也帮助了他自己，他本人在成功学研究上获得了巨大的成功。台湾成功大师陈安之在成功之前，也长期在美国帮助世界成功学大师安东尼工作，在帮助安东尼的同时，他也学到了成功学的真传，最后终于获得巨大成功。其实，不论是成功者还是失败的人，不论是比你强的人，还是比你差的人，每个人都有我们值得学习的地方。要成功，必须要学习成功者的经验，同时你也必须了解失败者做了哪些事情，让自己不要犯那些错误，只有这样，你才能更快地走向成功。

俗话说：工欲善其事，必先利其器。学习也必须要把握一定的原则，掌握一定的方法。否则乱学一通，不仅没有效果，学错了可能还有害。

勤于学习、善于学习，不但是一个现代人立足于社会的基础，也是一个人成为大器的必由之路。

智慧44
三人行必有我师

【原文】

子曰："三人行，必有我师焉。择其善者而从之，其不善者而改之。"

【解析】

孔子说："三个人在一起走路，其中一定有人可以做我的老师。我选择他们的优点供自己学习，把他们的缺点作为自己的借鉴而改掉。"

俗话说：学无止境。一个人不论学问有多大，也不可读遍所有的书，穷遍所有的学问，永远有他不知不懂的东西。因此，真正的有学问的人总是非常谦虚，不耻下问，善于向他人学习的。下边的两个事例就可以充分说明这一点。

李相，唐代的大将军，曾担任大居守（高级武官）。他博览群书，认真细读，勤学好问，学识渊博，受到当朝和后世的赞扬。

李相最喜欢读《春秋》。无论公务怎样繁忙，他每天必须读一卷，终年不懈。读书时，李相误把《春秋》中鲁国大夫叔孙婼（chuò）的婼读成"若"。他手下有个小吏站在他旁边侍读。每当他把婼读它成若时，小吏的脸上就有异样表情，不大好看，次数多了，李相发现这个情况，很奇怪，他问小吏："你常读《春秋》吗？"小吏恭敬地回答："是的。"李相严肃地问道："为什么每当我读到叔孙婼时，你就表现出不以为意的样子呢？"

小吏见长官那么严肃，以为是责怪自己，连忙躬身跪倒，然后恭谨地回答："小人过去曾蒙老师教过《春秋》，今日听将军把'婼'读成'若'，方才明白过去照老师所教把它读成'绰'是大错了。"李相见小吏说是老师读错，不由暗自生疑，便说："恐怕不是你老师的错吧？我没拜过师，这个字是照本朝陆德明的《经典释文》中的释文注音读的，一定是我读错了，而不是你读错了。”说完，从书架上取出《经典释文》，让小吏看。

小吏一看，才明白李相把字注音的字形看错了，他委婉地说明正确的读音是“绰”而不是“若”。

李相听了，顿时脸发烧，觉得自己身为大官，日读《春秋》，多次读错字而不自知，十分惭愧。这让我们不禁想起历史上“指鹿为马”的故事，因为权势，错的也是对的。李相却不是这样，尽管他脸上发烧，却仍能放下架子，走下座位，把太师椅放在北墙边，请小吏坐。

小吏不敢坐：“这是将军的金座，小人岂敢越礼坐！”李相把小吏按在座椅上：“不许动，不然我要生气了！”小吏不敢违背，坐也不是，不坐也不是，局促不安，十分尴尬。李相站在南面，整了整衣冠，然后脸朝北，向着坐在太师椅上的小吏躬身下拜。小吏又要离座，李相喊道：“不许动！”小吏只好坐在椅子上接受他的大礼参拜。

李相行过礼后，诚恳地说：“我身居高位，却常常读错字，实在惭愧。从今以后，你就是我的‘一字师’，我要再读错字，请你一定要给我指出来，千万不要客气啊！”小吏见李相身为大官，如此虚怀若谷，不耻下问，深受感动，从此，小吏与李相亲如手足，共同研讨学问。

官位不是学问大小的标志，更不能衡量一个人的学识才干。学问和才干来自于学习和实践，不管一个人的职务多高，年龄多大，凡是没有学习和实践过的东西，都是他人的学生，因为知者为师。李相虽居高位，他懂得这个道理，所以他能胸怀开阔，不耻下问，拜小吏为“一字师”。无独有偶，京剧大师梅兰芳虽享誉世界，却仍虚心学习，不耻下问，他也有个“一字师”的故事。

梅兰芳与沙市京剧团原艺委主任郭叔鹏有一段交往。那是 1950 年 4 月 20 日，梅先生率团到汉口演《女起解》之时。这出戏，对于从小就和京剧结缘的郭叔鹏来说，不知看了多少遍了，但亲睹梅先生的演出还是第一次，因而他显得特别认真。戏中苏三有一段“反二黄”唱段，头一句崇老伯说他是“冤枉难辩”，一个“难”字，让郭叔鹏微微皱起了眉头。不对呀，这个“难”字似乎与整个剧情相悖！初生牛犊不怕虎，当年33岁的无名小辈郭叔鹏看完戏径直走进后台，向正在卸装的梅先生大胆提出自己的见解：“梅先生，您看崇公道的念白里面，哪儿有苏三所唱的冤枉难辩的意思呢？相反，倒是说他的官司，可能有出头的希望了。”

“对！对！对！”梅先生认真地听着，不时地点头，“您的意见对，提得很有道理，依你之见，应该怎么做才好呢？”

原来郭叔鹏只想提提自己的见解而已，万万没有料到梅先生不耻下问，请教他这个毛头小伙子，故而一下子不知怎么回答才好，沉吟片刻，郭叔鹏忐忑不安地说：“梅先生，您看能不能只动一个字，即将难辩的‘难’字，改为‘能’字。”

“嗯……”梅先生脸上露出了笑容，“太好了，改词不改腔，这样跟头里的念白就比较连贯了，观众听了也容易接受。”从那次后，《女起解》中这句词便都唱“冤枉能辩”了。6月8日，梅先生在后台又碰到郭叔鹏，便拍着他的肩膀笑着称为“一字师”，并询问对昨日自己所演的戏的看法。这一问正中下怀，原来郭叔鹏心里确实有一个小小的疑问：“梅先生，你演的赵女是真疯还是假疯？”梅先生看了看郭叔鹏反问道：“你看是真的还是假的呢？”郭叔鹏回答说：“我看，赵女应该是装疯，是假的，装出来的疯相是为了欺骗他父亲的。你听：我只得把官人一声来唤，我的夫呀，随儿到红罗帐，倒凤颠鸾。把父亲当丈夫，还要拉他入罗帐，这在赵高看来，女儿是真的疯了，但随儿到红罗帐中的一个儿字，却露出破绽。赵女自称是‘儿’，显然她还知道对方是‘父’了。这是神态清醒的表现，赵高不傻，凭此很容易识破女儿是假疯。”

梅先生听到这里，插了一句说：“你提的这一段，也有人给我指出。赵高就是那个指鹿为马的人；为人十分奸诈狡猾，这样骗过他是不容易的。你提的‘儿’字确实是一个漏洞。”于是梅先生又像上一次一样虚心地征求郭叔鹏的意见。这一回郭叔鹏早有心理准备，便脱口而出：“只要把‘儿’字改为‘奴’字就行了。‘奴’是古代妇女的谦称，对谁都可以这样称呼。”梅先生满意地说：“明天，我就将这一句改过来。”说着梅兰芳拿出一个笔记本，亲笔题词，盖上自己的印章送给郭叔鹏。孔子说：“三人行，必有我师。”像梅兰芳这样的京剧大师也有疏漏之处，像郭叔鹏这样的无名小辈也不乏知识渊博之人。梅兰芳不以名自居，躬身向无名小辈请教。郭叔鹏初生牛犊不怕虎，敢对名师、名人“施教”，终于得到梅兰芳的赞赏。郭、梅二人的精神都是难能可贵的，令人敬佩。

孔子的学生曾子说过这样的话：“以能问于无能，以多问于寡；有若无，实若虚。”意思是说：“自己有才能却向没有才能的人请教，自己知识多却向知识少的请教；有学问就像没有学问的人一样，知识充实就像很空虚的人一样。”这才是一个有学问的人的真正态度。

智慧 45
有学有识，方成大器

【原文】

子曰：“君子博学于文，约之以礼，亦可以弗畔矣夫！”

【解析】

孔子说：“君子广泛地学习各种文化知识，再用礼来加以约束，也就可以不至于离经叛道了。”

做学问，要将博学而来的知识，用一种文化精神、理论原则来统率、规范，并以此为标准、尺度来分析、研究，“一以贯之”，加以系统化、理论化、真正变成自己的东西。做人也同样如此。有的人空活一把岁数，在做人做事上仍没有达到一定的水平，原因就在于他们并没有把自己宝贵的人生经验加以总结、归纳和升华，而仅仅当成了一种过程，经过之后就吃掉了。这样，无论如何是不能“越活越明白”的。

纵观孔子一生的求学、治学之道，可以看到他不仅如此说，而且身体力行，努力实践之。正是他严格地遵循这个“先求渊博，后取精约”的治学原则，才成为集古文化之大成的学者。

孔子年轻时，为了求学，足迹遍布鲁、周、卫、杞、宋诸国，分别向师襄子、齐太师、郯子、苌弘、老子等名人求教，又向太庙管理人员等社会底层人物学习。后来又周游列国访名人，游大川，博览群书，广征博集，成了“博于诗书，察于礼乐，详于万物”的学者，其知识渊博的程度，令人赞叹不已。

孔子生活的年代，我们的祖先已给后人留下了极其丰富的历史文化典籍。但由于年代久远，这些典籍在流传过程中极易损坏。到孔子生活的春秋晚期已经有很多古代的文化典籍破损散失、残缺不全了。孔子一方面出于教学的需要，一方面作为知识渊博的学者，他感到自己有责任将这些珍贵的遗产进行整理编纂，以便于系统地研究，他开始向专精方面发展，着力构建儒家思想体系，创立儒家学派。

《诗》《书》《礼》《乐》等典籍是西周以来官府之学共修之课，但这些典籍的内容、体例却很芜杂。孔子将它们进行加以整理，成为他三千学生共同使用的教科书，同时也为中华民族留下了一份珍贵的遗产——“六经”，即《诗经》《书经》《礼经》《乐经》《易经》《春秋》。虽然不是孔子创作，但经过他筛选、整理，“约之以礼”，不仅使之体系更加系统、完整，而且主旨愈加鲜明突出。

《史记·儒林列传》中说：“孔子闵王路废而邪道兴，于是论次《诗》《书》，修起《礼》《乐》。”所谓“论”就是内容的讨论去取，所谓“次”就是篇目的编排调整。而“修起”则是起而修之，以免沦亡泯灭。司马迁说：“古代留传下来的《诗》原有三千多篇，到了孔子，把重复的去掉，先取可以用来配合礼仪教化的部分，成诗三百零五篇；孔子都逐一配曲入乐，以求合乎古代韶乐（虞舜乐）、武乐（武王乐）以及朝廷雅乐、庙堂颂乐的声情精神。”

孔子对六经中的《书》，主要在于论次。孔子所看到的先代史料虽不一定如《纬书》所说有三千二百四十章之多，但估计也不会很少。孔子所编定的《书经》原来有多少篇，由于中经秦火，已不可确知。纵令是百篇亦当是经过精心挑选的。《史记·五帝本纪》说：“学者多称五帝，尚矣。然《尚书》独载尧以来。而百家言黄帝，其文不雅驯，荐绅先生难言之。孔子所传《宰子问五帝德》及《帝系姓》，儒者或不传。”由此可以看出，孔子序《书》，何等谨慎。

对于《礼》与《乐》二经，孔子则重点是“修改”，即起而修之，以免沦亡泯灭。在孔子的时代，周朝王室已经衰微，而礼乐制度教化也废弛了。于是孔子探寻夏、商、周三代以来的礼制遗规，厘定礼制、礼仪。他上起唐尧虞舜之间，下到秦穆公止，依照事类秩序加以编排。孔子考察了殷夏以来礼制增损的情形后说道：“以后就是经过百代，那变革的情形业是可以推知的。因袭不移的是礼的精神本体，增损改变的是礼的文采仪节。周礼是参照了夏殷两代而制定的，它的内容文采是怎么样的盛美啊！我是遵行周礼的。”于是整理出《礼》和《乐》。

《周易》和《春秋》是孔子晚年着力最勤的两部典籍。《周易》是古代的占卜之书，但这部书中蕴含着深刻的哲学思想。孔子亲自为《周易》作《传》，后人称之为《易传》，《易传》主要是阐述《周易》哲学思想。《周易》原是一部深奥难读之书，经孔子作《传》，后人才得以窥见其中的奥秘。

《春秋》是孔子依据鲁国史官所记的《鲁春秋》而写成。《春秋》一书上起鲁隐公元年下至鲁哀公十四年，前后一共包括了十二位国君，以鲁国为记述的中心。孔子的编纂不是简单汇集，而是有原则的，即是尊奉周王为正统，参酌了殷朝的旧制，推而上承三代的法统。凡符合遵从法统者大力颂扬，凡违反法统者则进行贬抑责备。以“春秋笔法”约之，《春秋》文辞精简而旨意深广。如当时的吴、楚两地诸侯，按周制，只不过是册封的“子爵”，但他们后来自称为“王”，为遵从法统，孔子编写的《春秋》中，仍依据当初周王册封的等级降称他们为“子爵”。

还有晋文公召集的践土会盟，周襄王竟以普通盟友身份应召前去与会，《春秋》以为这事不合法统而避开它，改写成“周天子巡狩到了河阳”。孔子之所以这样做，并不是篡改历史，而是意在维护周朝正统，以使那些窃位盗名为非作歹的人有所警惕惧怕。作罢《春秋》之后，孔子深有感触地说：“知我者其惟《春秋》乎！罪我者其惟《春秋》乎！”

尽管“六经”是历史上遗留下来的文化遗产，多不是孔子的原创，但都经过孔子不同程度的加工，加入了孔子的思想。孔子加工后的“六经”，各自意蕴深刻，作用巨大，庄子曾经指出：“《诗》以道志，《书》以道事，《礼》以道行，《乐》以道和，《易》以道阴阳，《春秋》以道名分。”孔子正是遵循“先求渊博，后取精约”的原则，才有“六经”的问世，才创立了儒家学派，建构起了自己的思想体系。

在这里，孔子讲的虽是学与行的道理，但深究一下，就可以发现它告诉我们的是做学问、做人的道理和方法。

智慧46
博闻多识，择善取之

【原文】

子曰："盖有不知而作之者，我无是也。多闻，择其善者而从之；多见而识之；知之次也。"

【解析】

孔子说："大概有一种自己不懂却凭空妄为的人，我没有这种毛病。我是多多地听，选择其中好的来接受；多多地看，全记在心里。这样的知，是仅次于'生而知之'的。"

一个问题或一门知识，往往与外界事物有着千丝万缕的联系，表里可能一致也可能不一致，现象与本质可能相符也可能相悖，要掌握一门知识，要懂得一个道理，如果不博闻、不多见，就难以纵横比较、全面思考，就难以准确地选择并把握"善者"。

医学家李时珍能编纂成《本草纲目》这本医学巨著，在于他能"遍尝百草，去伪补缺"；而从其治学态度、方法而言，正得力于博闻多见，择善而从。

李时珍出生在湖北蕲州瓦硝坝一个世代行医的家庭，"时珍承祖业"，很小就随父亲一起行医。

一天，李时珍出诊回来，一个姓庞的打鱼人焦急地赶来把他请去。老庞说他的妻子得了急症，让一位江湖医生给开个方子，不料药服下去，病势却变得更重了。老庞望着昏迷的妻子，急得直流眼泪。

问题出在哪里呢？李时珍摊开江湖医生开的药方，看了两三遍，又给老庞的妻子号了脉，觉得方子并没有开错什么药。他立刻想到，应该检查一下药渣。李时珍发现药渣中有"虎掌"，方子上却没有这个药。再看方子上有"漏篮子”，药渣里却没有，这肯定是药铺里发错了药，错把“虎掌”当成了“漏篮子”。他知道虎掌有大毒，立即取出救急的药，叫老庞给妻子服下去，病人总算脱离了危险。

回到家里，李时珍老是放不下药店配错药这桩事。他想，闹出这个乱子不能全怪药店，还要怪旧的“本草”书，那本叫《日华本草》的书，就是说“漏篮子”又名“虎掌”。

“本草”是专门记载药物的书，我国最早的“本草”书是汉代的《神农本草经》，李时珍很佩服古代药物学的成就，同时也发现了不少问题。今天的“漏篮子”事件，使他联想起过去因“本草”错误而发生的几件事。

“本草”书上说，巴豆是泻药，可是他有一次给患者服用少量的巴豆，反而止住了腹泻。后来继续使用，成功病例已近百人。

有个绅士按“本草”书所说，把“草乌头”当作“川乌头”服用，结果一命呜呼！

“老本草已经好几百年没有修过，应该赶快修一部新的，把我见识到的东西都添进去，把古人讲错了的都给改过来。”李时珍这样想。但重新修订“本草”，谈何容易！过去修本草是朝廷组织力量进行的，个人的力量无疑显得太小。

但李时珍下决心要尽自己的微薄之力完成这件功德无量的工程。从此，李时珍在行医读书当中，更加留心一切和“本草”有关的材料、古籍和文献。《黄帝素问》《华佗方》《伤寒论》《神农本草经》《证类本草》等药书，他都一一精读，加以校勘，写下札记。

为了修改好旧“本草”，他坚持书本知识和调查实践相结合，穿草鞋，背上药筐，拿起药锄，带上必要的药书和笔记本，投身到大自然中去实地采访。凡是需要调查研究的药物，都事先写在他的本子上，先寻找当地产的，再解决不易寻到的。自己不认识的草药，便向当地人请教。蕲州周围百十里内广阔的原野，偏僻的山谷，都印上了他的足迹。

广大的劳苦群众，不论是种地的、捕鱼的、砍柴的、打猎的，都热情地留他在家住，积极地帮助他了解各种各样的药物，他也虚心求教。

李时珍花了整整十年的心血，还是有不少药没有收集到实物。于是，在他47岁时，决定做长途旅行。他收了一个徒弟叫庞宪，师徒结伴而行，先后到过湖北北部的武当山，江西的庐山，还到过江苏、安徽等地。

正是由于李时珍多走、多学、多见、多闻，他的那个药物名单中的空白点不断减少，而药包中的经验单方却逐渐增多，老乡们告诉他：箭头草烧出烟来，可以熏疮；困脂菜捣烂了，可以消除虫咬伤的疼痛和瘙痒；大蒜液杀虫和防痨非常有效；益母草是治疗妇女病的良药；患夜盲症，吃羊肝和胡核可以治愈……这些千百年来流传在民间的单方、偏方，既经济实用，又是十分珍贵的医药遗产，李时珍都把它们记录下来。

功夫不负有心人，凭着这种百折不挠的决心，李时珍药包里的资料已经多得不胜枚举，有关于矿物的，有关于植物的，有关于动物的，还有不少珍贵的民间单方和书籍文献。三年后，李时珍回到家中，动员全家人参加编写工作。除了庞宪这个重要助手之外，他的三个儿子、四个孙子，有的帮助抄写，有的帮助绘图。1578年，李时珍60岁的时候，这部辉煌巨著终于完成了。全书记载了药物1892种，插图1160幅，附方11016则，共100多万字，订成52卷，堆在案头有好几尺高。

李时珍之所以能取得巨大的成就，正是得益于博闻多识、择善而取之的治学之道！我们在敬佩他不畏艰辛、持之以恒的精神的同时，更应该领悟到博闻多识、择善而取之在成就事业中的重要性，从而在自己的学习和工作中采取这种正确的方法，以真正有效地不断提高自己的素养和水平。

从主观方面来说，人在理解一个问题时，或是掌握一门知识时，很可能受自身学识、心理、情感等因素的影响，如果不是在博闻、多见的基础上甄别、取舍后得来的，就很可能由于自身的限制和局限而认识得不全面、不准确。

从客观方面来说，一个道理、一门知识，与外界事物有着丰富的、多样的联系，有着表面现象和内里本质的区分，要真正懂得一个道理、把握一门知识，如果不博闻、不多见，就难以从事物之间丰富的、多样的联系中找到规律，就难以透过现象看本质，就难以准确地选择并把握那些对我们自身有利的知识和技能。

所以，无论从主观上讲，还是从客观上讲，求知离不开、少不了“博闻”“多见”，但更要注意“择善而从”。谁能坚持这样做，谁就能求得真知。

智慧47
学以致用为本

【原文】

子曰："诵《诗》三百，授之以政，不达；使于四方，不能专对；虽多，亦奚以为？"

【解析】

孔子说："熟读了《诗经》三百篇，叫他去处理政务，却行不通；派他去出使外国，却不能独立应对，读得虽多，又有什么用处呢？"

《论语》中孔子讲过这样一段话："熟读了《诗经》三百篇，叫他去处理政务，却行不通；派他去出使外国，却不能独立应对；读得虽多，又有什么用处呢？"这段话说出一个道理，学必须致用，如果学得再多，却不管用的话，读了也是白读。而真正的有学问的人，都是能够将理论与实际相联系，学习致用的人。陆陇其即是一例。

陆陇其是清初讲授程、朱理学和王阳明心学的有名的学者，曾经当过知县、御史一类的小官。他像其他理学家一样认为天下万事万物之中都包含着同样的"理"，现实中的人之所以不同，就是因为没有领悟到其中的"理"，人们只要懂得了这些"理"，就能使自己的言行符合规矩，遵守国家的法制。陆陇其不仅善于讲学，还善于将他的理论应用到实践中，因此，他无论是行政还是断案都有一个特点，就是除了按法律办事以外，还十分重视道德教化。所以，他无论是履行公务，还是审讯犯人，总要深入浅出地讲一些道理，帮助人们发现自己的良知。

在催交赋税的问题上，陆陇其表现得很典型。催交赋税是朝廷赋予各级官员的一项极其重要的政务，也是一项很不容易完成的任务，每年都有乡民拖欠赋税，并因此发生人命案。一般的县令在催交赋税时，总是指挥大批衙役下乡督促，用武力相胁迫，稍有缓慢，要么罚粮罚款，要么实行体罚，往往搞得官民对立，怨声载道，稍有不慎，还会激起民变。

陆陇其却能十分平稳地处理这件事。他在当嘉定县令时，每当将要缴粮纳赋的时候，他事先通常把乡亲父老召集起来，不是下达缴纳赋税的命令，而是对大家讲一番按时纳赋的道理。他说："向大家征缴钱粮，全是朝廷的国课，不是县官的私蓄。如果大家能急朝廷之所急，按时上缴钱粮，不仅自己心安理得，不用担心，而且给官员减去了很多麻烦，这样，官员就有更多的工夫为民办事。我与大家没有任何私怨，不想为收钱粮而责罚任何人。更何况你们一旦受到杖责，不仅要花许多钱，还要落个欠粮受责的名声。倒不如及早缴齐粮款，我们大家都相安无事。"乡民听了这一番话，觉得很有道理，因此去除了心理障碍，乐于接受。所以陆陇其在任时，几乎没有发生过欠粮受责的事。

对于囚禁在监狱中的犯人，他也并不是简单地依法办事，而是好言相劝，进行开导。他曾经写过一篇《劝盗文》，派人给犯人们反复宣讲。文章的大意是："人的本性原本都是善的，你们这些犯了罪的人也都一样，没有人例外。只是由于阴差阳错，一念之差，才导致了不安分守己，作出犯法的事来，关在这里接受惩罚。所以发生这样的情况，都是由于人心中的杂念蒙蔽了善性造成的。然而人心是可以改变的，只要你们能够反思往日的不是，真心悔过，去掉心中的杂念，就能重新做好人，依旧可以成家立业。"读到这里，在场的犯人们都感动得哭了起来。因此，教化的效果很好，罪犯也逐渐地减少了。

陆陇其不仅善于言传，还善于身教。陆陇其在担任灵寿县知县的时候，更注意对乡民进行言传身教的教化，效果很好。有一天，一位老妇人来到县衙控告她自己的儿子，指控儿子忤逆家长。父母告儿子的事在当时并不多，陆陇其对这件事十分慎重。他先派人把老妇人的儿子找来，经过盘问调查得知，这位少年不到 20 岁，自幼丧父，依靠母亲把他拉扯大，但管教不严，因和乡里的一些地痞无赖在一起鬼混，沾染了不务正业的坏毛病，在家不仅不照顾多病的母亲，反而经常干一些不孝顺的事。老妇人没有办法，才告到县衙，请陆知县为自己做主。陆陇其弄清情况后，知道这种情况仅靠惩罚不仅没有用，还可能使这个家庭更不和睦。于是，他对老妇人说：“我的衙署里现在需要一位馆僮，如果你同意的话，我想让你的儿子暂时来这里服役，等我找到合适的人选后，再把他替换下来。”老妇人虽不解其意，但觉得给自己的儿子找了一份差使，总是好事，当即同意了。陆陇其只给那位少年提出一个要求，就是要他当自己的随从，一天到晚跟随在自己的身边，一时也不许离开片刻。

陆陇其是有名的孝子，在家极守孝道。他的母亲住在县衙的后院，每天早晨，陆陇其起床后就来到母亲寝室门外，恭敬地站着，等候母亲起床。母亲起床后，陆陇其立即进去问安，并端进热水让她洗漱。吃午饭时，陆陇其把老母扶到座中，自己侧立一旁，服侍进餐。有时，他还装作小孩子一样做游戏逗老人发笑。等母亲吃完离座后，他才开始吃饭。有时尽管吃的是母亲剩下的饭菜，他也从不计较。晚饭时，陆陇其对母亲也是这样。办完公事回到家中，陆陇其总是先到母亲的房中，侍候母亲，有时，陆陇其讲一些古代的故事，也谈一些民间的逸闻趣闻，使老人家听得津津有味，眉开眼笑。如果遇到老母得病，陆陇其更是显得心急如焚，十分忙碌，又是请医，又是熬药，还彻夜不眠地守在母亲身边。俗话说“床前百日无孝子”，但陆陇其始终如一，一直不懈怠。

陆陇其就是这样忙着办公事，孝敬老母，一有空闲还要读一读书，似乎忘记了自己的身边还有一位不知孝敬老人的少年犯人，陆陇其除了每天督促他跟随在自己的左右，指示人帮助自己干点什么外，什么话也没有对他讲过。几个月就这样过去了，终于有一天，那位少年突然跪在陆陇其的面前，请求放他回家。陆陇其故意说：“你母亲告你忤逆不孝，这件案子还没有审理，你怎能回家呢？”这时，那位少年已经觉悟，泪流满面地跪在地上，泣不成声地说：“以前小人糊涂透顶，都是小人的过错。是我不懂礼仪孝道，得罪了母亲。自从跟随大人以后，我完全明白了尽孝的道理。请大人让我回家，好好孝敬母亲，也好弥补从前的过失。”陆陇其本来就是这个意思，听了这些话，十分高兴，又给他讲了一番道理，说了些勉励的话，让他回家了。后来，那位少年果然“良心发现”，不仅痛改前非，还努力上进，取得了功名，成为远近闻名的孝子。

康熙三十一年（1692 年），陆陇其逝世。第二年冬，朝廷需要委派两名文臣管理直隶、江南两处书院。朝廷中的大臣都主张应该从翰林院中物色人选。康熙不同意，发出特旨说：直隶派李光地去管理，江南派陆陇其去管理。大学士王熙急忙奏报说：“陆陇其已于去年病故了。”康熙十分惋惜地说：“为什么不早启奏？”王熙回答说：“按照启奏的条例，七品官在籍身亡的官员不在向朝廷奏报之列。”康熙沉默了许久，十分感叹地说：“陆陇其是本朝不可多得的人才啊！”

理论不联系实际就会失之于空，学问只有致用才不失之为虚。

智慧48
业精于勤而荒于嬉

【原文】

叶公问孔子于子路，子路不对。子曰："女奚不曰：其为人也，发愤忘食，乐以忘忧，不知老之将至云尔。"

【解析】

叶公向子路询问孔子是怎样的人，子路不知道怎么回答。孔子说："你为什么不这样说，他的为人呀，发愤得忘记了吃饭，快乐得忘记了忧愁，不知道衰老就要到来，如此而已。"

古语云："君子之学贵一，一则明，明则有功。"意谓君子做学问贵在专心致志，"发愤忘食，持之以恒"。如此就能谙于事理，谙于事理就能够取得成效。魏晋时的学者皇甫谧，不求高官厚禄，毕生精思苦学，竟至废寝忘食，终于学业有成，著述繁富，成为一代经学大师和医学专家。正是"业精于勤，荒于嬉；行成于思，毁于随"。

皇甫谧是魏晋期间著名的经学大师、医学家。他的一生著述甚多，有《礼乐》《帝王世纪》《玄晏春秋》《年历》《高士》《列女》《逸士》《论寒食散方》《针灸甲乙经》《圣真》诸论等。其中《针灸甲乙经》是中国医学史上第一部针灸学专著，为后世学习针灸必读的经典，在国内外有深远影响。但是皇甫谧年轻时却是个浪荡子。他出生后就过继给叔父为子，从小游手好闲，不肯读书。有的人以为他可能是个呆傻人。

一天，皇甫谧得到了一些瓜果，就高高兴兴地拿回家，孝敬他的叔母任氏。任氏却不为他孝敬的瓜果高兴，看到他成天玩耍、无忧无虑的样子，不由得叹了口长气，说："你拿这些瓜果给我，难道就是孝顺吗？《孝经》上说：

‘虽然每天用牛、羊、猪三牲来奉养父母，仍然是个不孝之子。’何况这些瓜果呢？你现在快二十岁了，眼睛却从来没有看过书本，心里不懂一点道理，你将来能干些什么事呢？又有什么可安慰我的呢？”说到这儿，任氏想起皇甫谧将来的前途不知道怎么样，泪如泉涌。她一边抽泣，一边接着说：“从前，孟子的母亲三次迁居，终于使孟子成为仁德之人；曾子的为信守诺言而杀猪，留下了教育子女的榜样。难道是我没有像孟母那样选择好邻居、没有像曾子那样运用良好的教育方法吗？你怎么会愚蠢、鲁莽到这等地步呢？唉，教你修身立德，勤奋好学，是为了你好，你自己可以有所得，对我又有什么用呢！”说完这番话，任氏更加伤心，对着皇甫谧涕泪不止。

皇甫谧没想到给叔母孝敬一些瓜果，会引起叔母如此伤心。叔母的话深深地刺激了他原先麻木不仁的头脑。想想自己已经是个 20 岁的男子汉了，应该有所作为了，却还啥事不懂，实在羞愧。看着叔母的泪脸，暗下决心，再也不能浪荡下去了，一定要像叔母教训的那样勤奋学习，做个有修养的人。

皇甫谧家里很穷，没有钱到京城求学，同乡有个名叫席坦的学者，皇甫谧就拜他为师，在席坦的指点下勤学不倦。皇甫谧平时还要干农活，否则无以谋生，他就总是带着经书到田里，干活累了在田头休息的时候，便拿出书来诵读起来。经过几年的学习，皇甫谧博览了国家的重要文献和诸子百家学说，性格变得沉静好思，有了崇高的志向，很少有个人的欲念。他觉得书籍能给人以知识，教给人道理，流传后世，造福子孙，所以决定以写作为自己一生的事业。

功夫不负有心人。不久，皇甫谧写出了《礼乐》《圣真》等著作。甘露年间（256—260 年），他不幸得了风痹症，行动不便，却仍然不断地阅读和写作。疾病的痛苦，又促使他发愤学习医书，习览经方，采集和整理古代的医学文献资料，并且写出了《针灸甲乙经》等医学著作。有些人看到皇甫谧学问很好，就劝他多和达官贵人交往，来赢得名声，好去做官。皇甫谧听了不以为意。他写了《玄守论》来回答那些人的劝说。他宣称，只有圣人才能出仕做官得到好名声，自己不是圣人，不必结交达官贵人，为公事忙碌，然后得到好名声。于是他不去做官，依然沉浸于经典书籍之中，废寝忘食地读书和写作，被人称为“书淫”。他的朋友见他学习如此专一，怕他损耗精神，影响身体，劝他注意休息，不要用功过度。皇甫谧回答说：“早晨学到了道理，到傍晚死了也是值得的；何况人的寿命并不完全是由自己决定的呢。”

皇甫谧一心只在写作事业上，对功名看得很淡薄。他的堂姑的儿子梁柳要去阳城任太守了。在梁柳即将赴任时，有人劝皇甫谧为梁柳饯行。皇甫谧说：“梁柳没有做官的时候，他来探望我，我都不出门迎送，请他吃饭，也只不过盐、菜一类的东西，贫穷的人不拿酒、肉来招待。现在他当了太守，我却去用酒宴来饯行，这不成了看重阳城太守的官职，而看轻了梁柳本人吗？这哪里符合古人的为人之道呢？如果那样做，我心里会很不安的。”后来地方官和朝廷曾多次征召他当官，但他都一一谢绝，概不赴任。他的朋友和乡亲们又都来劝他应召。他便写了《释劝论》来表达自己的潜心学问、不愿为官的志向。晋武帝司马炎为了表示自己求贤若渴，又屡屡下诏敦促、逼迫皇甫谧出来做官，皇甫谧仍不为所动。他上书自称草野之臣，说明自己重病在身，只能待罪床席；自己是个平庸的人，如果穿上显贵的锦缎绸衣是很不相称的；希望陛下宽待久病之人，请出真正的奇才异能之士，不使泥滓混杂于清流之中。由于他的言辞恳切，终于获得了皇帝的恩准。过了一年多，他又被举荐为贤良方正，他还是不去，却上书给皇帝要求借书。皇帝便送给他一车书。他虽然患有重病，但仍勤读不已，笔耕不辍。

咸宁初年（275年），晋武帝又下诏说：“皇甫谧沉静朴实，坚持学习，喜好古籍，与世俗之人的旨趣完全不同。所以特任命皇甫谧为太子中庶事。”皇甫谧以病重为由坚决推辞。皇帝起初虽然并不勉强他改变志向，但不久又发出诏书，征辟他为议郎，接着又补任命他为著作郎；司隶教尉刘毅还请任命皇甫谧为功曹，但皇甫谧统统不应允。一直到死，皇甫谧也没有去做官。

皇甫谧之所以能够著述繁多，多才多艺，善写诗、赋、诔、颂等各种文体，以疾病之身而成为一代医学、经学大家，就在于他能够有志于学，好学深思，持之以恒，淡泊平生，不务虚名，不趋时附势，不图高官厚禄。如果志趣不远，为人浮躁，追逐名利，决不能在学业上有所建树。皇甫谧的治学精神及治学道路，于今天还是有一定的借鉴意义。

“锲而舍之，朽木不折；锲而不舍，金石可镂。”业精于勤，学问之道更是如此。一个人只要有志于学，好学深思，持之以恒，就肯定会有所建树。

智慧49
会学习还要会思考

【原文】

子曰：“学而不思则罔，思而不学则殆。”

【解析】

孔子说：“只是读书，却不思考，就会迷惘；只顾思考，却不读书学习，就会出问题。”

这是孔子的一句名言，也成为世人所熟悉的学习格言。

孔子的一部《论语》，“学”字出现六十五次，对于人的学习问题，可说是进行了多方面的反复论述。其中“学而不思则罔，思而不学则殆”，可算是孔子推荐的重要治学方法之一。

从孔子这句名言，可以看出“学”与“思”是两个不能混同但又紧密关联的概念，各有各的特点，各有各的作用，但又谁也离不开谁。一个人在学习过程中，缺少其中任何一项都不可以。

那么“学”是什么，“思”又是什么呢？欲知“学”是什么，我们不妨先说说“学”不是什么。孔子既然将“学”与“思”相对而言，可见“学”，并不就是“思”。《周易·文言传》中说：“君子学以聚之，问以辩之，宽以居之，仁以行之。”《礼记·中庸》中也说：“博学之，审问之，慎思之，明辨之，笃行之。”这里将学与问、与行相对而言，也就是说学不是问，也不是行。既然学不是“思”，不是“问”，不是“行”，那是什么呢？必定是学前人留下来的知识，学前人的文化遗产，其实就是读书。“思”好理解，它就是思考、思索、探究的意思。

孔子说“学”与“思”要结合，要统一，“学而不思则罔”。“罔”就是被欺骗、迷惘。即是说，一个人如果只会读书，不动脑筋，不认真思考，表面上好像有了学问，可是没有智慧的思想，只记住一些死教条，就很容易受书的欺骗，只能是迂阔疏远，不切实际的东西，没有用处。但是，只是“思而不学”，则又容易“殆”。“殆”，意指“疑而不决”，即解决不了自己不懂的问题。即使自己天资聪慧，有思维能力，有思想，但不认真读点书，缺乏思考的武器和分析、解剖问题的工具，那也是非常危险的。

孔子在这段话里，既讲明了学习的重要性，更揭示了学习过程的特点和规律——求学必须坚持“学”与“思”的统一，二者缺一不可。孔子总结的这一规律，既是他自身治学的体会，又是他几十年教学实践的总结。推而广之，在学校学习之外的任何形式的学习（包括自学）和做学问，都要遵行孔子所示的“学思相兼”之法。

《论语・八佾》中记载着这样一则故事：

子夏问曰：“‘巧笑倩兮，美目盼兮，素以为绚兮。’何谓也？”

子曰：“绘事后素。”曰：“礼后乎？”子曰：“起予者商也，始可与言《诗》已矣。”

说的是有一天，子夏读了《诗经》中“巧笑倩兮，美目盼兮，素以为绚兮”这三句，其中的道理不太明白，便来问他的老师孔子。

当然子夏并不是完全不懂，他的意思是这三句话似乎形容得过分了，所以问孔子这是什么意思。孔子告诉他“绘事后素”，即说绘画完成以后才显出素色的可贵。这句话的意思，以现在人生哲学的观念来说，就是一个人由绚烂归于平淡。就艺术的观点来说，好比一幅画，整个画面填得满满的，多半没有艺术的价值；又如布置一间房子，一定要留适当的空间。天生丽质，本质优良，稍加点缀，不必浓施粉黛，不必过分做作，就特别美。意即一切在于内质，而不在于外表。经过老师的点拨，子夏一听就懂了，于是提出了心得报告：“礼后乎？”难道礼仪的后面还有一个“礼”的精神吗？也就是说礼的内涵比表之于外的礼仪更重要吗？孔子听了就说：“对！你完全对。”并且称赞子夏说，你现在是真正懂得《诗》了。

从这则故事中，我们可以看到子夏是一个做到学、思结合的人。他自己先学《诗》，边读边思考，读到“巧笑倩兮……”一段，经过自己思考，在“素以为绚”这一句上愤愤悱悱，终是想不通，道不明，就去请教孔子。孔子一句“绘事后素”，一下子点通了子夏的思路。但他并不就此罢手，而是进一步思考，举一反三，立刻由“绘事后素”联想到“礼后”，即一个人须有忠信之质，然后可以学礼；礼好比女人的粉黛衣饰，忠信好比女人的巧笑美目。巧笑美目是天然素质，当然在先；粉黛衣饰是人工文饰，当然在后。子夏的这一心得，正是学与思结合、统一的结果。

话说到这里，需要说明一个问题，孔子师生尽管在讨论诗，但并不在做纯文学的研究。诗包括了人的思想与感情，他们是讨论这首诗中的意义。

“诵诗三百，授之以政。”即是说，学识的修养要先读诗。这并不是要政治家成为一个诗人，因为春秋以前的文化思想，直到孔子删诗书、定礼乐时代的《诗经》，可以说是包括了一切知识的通才之学，包括文学、艺术、哲学、宗教，以及虫鱼鸟兽的名称，人情风土的知识。

为什么会如此？因为在古时，是文政不分、文哲不分、文史不分的。大政治家，大多是大诗人、大文学家；中国的文学家，很多就是哲学家，哲学家就是文学家。譬如唐初张若虚的名诗《春江花月夜》有句：“江上何人初见月？江月何年初照人？”与西方人的先有鸡还是先有蛋的意思一样，但到了中国的诗里就寓哲于美了！所以你不在文学里找，就好像中国古代没有哲学，在中国文学作品中一看，哲学多得很。

文史不分。中国历史学家，都是大文学家，所以司马迁著的《史记》里面的礼、乐、律、历、天官、封禅、河渠、平准等等，到处是哲学，是集中国哲理之大成。

文政不分。大政治家多是大文豪，唐代的诗为什么那么好？因为唐太宗的诗好，他提倡的。对联为什么在明代开始发展起来？朱元璋的对联作得很不错。他尽管不读书，却喜欢作对联。有个故事，过年的时候，朱元璋从宫里出来，看见一家老百姓门前没有对联，叫人问问这家老百姓是干什么的，为什么门口没有对联。一问是阉猪的，一来不会作对联，二来这个行当也不大好写对联。于是朱元璋替他作了一副春联：“双手劈开生死路，一刀割断是非根。”很好！很切实际，还有深意。

正因为如此，培养一个政治人才，必须先使他读诗、懂诗，了解诗背后的人生、宇宙的境界，透过诗的感情，去培养立身处世的胸襟。

上面简要介绍诗的作用，可以看出孔子与子夏表面上讨论的是诗，实际讨论的是人生的道理；也可以明白，子夏为什么三句诗不懂，非要学、问、思相结合搞懂不可。

在孔子的学生中，坚持学、思结合的绝不仅仅子夏一人，子贡也是一个善于学思结合而受到孔子表扬的。

《论语·学而》中记载：

子贡曰：“贫而无谄，富而无骄，何如？”子曰：“可也；未若贫而乐，富而好礼者也。”子贡曰：“诗云：‘如切如磋，如琢如磨。’其斯之谓与？”子曰：“赐也，始可与言诗已矣！告诸往而知来者。”

有一次子贡说：“老师！人穷了，倒霉了，还是不谄媚，不拍马屁，不低头；发财了，得意了，还能够对人不骄傲，何如？”这个“何如？”若演起戏来，导演一定教演员作得意状。子贡这个时候，似乎认为自己学问修养做到这个地步已经很不错，很有心得了，心想一定可以得到老师的欣赏。可是孔子只说“可也”而已。下面还有一个“但是”，但是什么？“未若贫而乐，富而好礼者也。”你做到穷了、失意了不向人低头，不拍马屁，认为自己就是那么伟大，看不起人，其实修养很不够；或者你觉得某人好，自己差了，这样还是有一种与人比较的心理，敌视的心理，修养还是不够的。同样的道理，你到了富而不骄，也不能说修养够了，因为你觉得自己有钱有地位，非得以这种态度待人不可，实际上仍旧有优越感。要做到真正的平凡，在任何位置上，在任何环境中，都是那么平实，那么平凡，才是对的。所以孔子告诉子贡，像你所说的那样，只是及格而已，还应该进一步做到“贫而乐，富而好礼”。

听到这里，子贡懂了，而且服了，不仅服了，而且在孔子的讲解过程中他又展开联想，提出了更深一层的心得：“诗云：‘如切如磋，如琢如磨’，其斯之谓与？”子贡引用的这句诗是古代的诗，讲做玉石的方法。如花莲的玉石，最初是桌面大的一块石头，买来以后，先将它剖开，里面也许能有几百个戒指面，也许只有十个八个也说不定。做玉器的第一步，用锯子弄开石头叫剖，也就是切；找到了玉，又用锉子把石头的部分锉去，这第二步手术叫磋；玉磋出来了以后，再慢慢地把它雕琢，琢成戒指形、鸡心形、手镯形等一定的样式、器物，就是琢；然后又加以磨光，使这玉石发出美丽夺目的光彩来，就是磨。

切、磋、琢、磨，这就是借助加工玉石的细腻、艰辛过程来比喻接受教育的过程。一个人生下来，要接受教育，要慢慢从人生的经验中体会出来。学问进一步，工大就越细，越到了后来，学问就越难。

智慧 50
启发式的教育方法

【原文】

子曰："不愤不启，不悱不发。举一隅不以三隅反，则不复也。"

【解析】

孔子说："教导学生，不到他想弄明白而不得的时候，不去开导他；不到他想出来却说不出来的时候，不去启发他。教给他一个方面的东西，他却不能由此而推知其他三个方面的东西，那就不再教他了。"

孔子提倡一种启发式的教育方法和原则。所谓"愤"，就是激愤的心情。对于不知道的事，非知道不可。比如有一件事，老师对学生说："你不行！"而他听了这个话，则认为一定要弄明白，非行不可，这就是有意刺激他，把他激起来。"启"，就是发，在"发"之前，先使他发愤，然后再进一步启发他。第二条"不悱不发"，就是要善于引起学生的怀疑。告诉学生，这种说法值得考虑、商榷，或者多问几个"为什么"，要培养学生有一种"当仁不让于师"的精神，不是光靠服从而被动接受知识。如果总是呆板地接受，学习会越来越差。多怀疑自然会去研究，"发"就是研究。

引导、提倡学生要多方面看，多方面思考，由老师讲的一可以推知二、推知三才行。"举一隅而不以三隅反，则不复也。"如果一个人的领悟力低，或者干脆不愿动脑筋，老师讲一点，他就只知道死记硬背下这一点。比如说一张桌子四只脚，老师讲了一只脚，他领会不到另外三只脚的样子，"则不复也"，即是不能算真正的领会，再教下去意思也不大。有些人读书学习很用功，但是领悟力不够，不能举一反三，只能成为一个书呆子。譬如拿研究历史来说，最低限度，也是为了"前事不忘，后事之师"。了解前代的许多事情和现代的事情原则差不多，道理是一样的，只是发生的年代不同，地区不同，现象两样而已。所以多读历史能够举一反三，就可以前知过去，后知未来。倘若读了许多历史书，不能举一反三，只记得一堆大事年表、一堆历史故事，则只能作个教书匠，而且还不是一个称职的教书匠，书橱而已。

孔子搞教学，除坚持因材施教、循循善诱外，又如此重视启发式教育，他对于教育过程的深刻认识、熟练把握、灵活运用，确实令人佩服之至。我们知道，读书学习是老师和学生双向交流的过程，老师固然起主导作用，但学生是主体。作为学生掌握知识的过程，老师只是外因，学生自己的主观能动性才是内因。学生自己不主动学、主动思考，单凭老师“灌”是学不好的。孔子讲“不愤不启，不悱不发”就看到了这一点，重视这一点。不但是看到、重视，而且还能想方设法去引导学生发挥主观能动性，即想办法刺激他，“刺”出“激愤”的心情；想法设疑、设问，引起学生“怀疑”，进而作深入的思考。由此可见孔子对于如何引导学生主动学习、创造性地学习的见解确实精辟，认识深刻。

古人说：“学起于思，思源于疑。”求知欲往往是疑问引起的。大文豪巴尔扎克说：“打开一切科学的钥匙都是问号……而生活的智慧大概就在于逢事都问个‘为什么’。”郑板桥说得好：“有学而无问，虽读书万卷，只是一条钝汉耳。”我国著名教育家陶行知也曾在一首诗中说：“发明千千万，起点在于问。”“人力胜天工，只在每事问。”这些观点与孔子的“不愤不启，不悱不发”的启发式教育，精神实质是一致的。

孔子的“不愤不启，不悱不发”，不是随意说出来的，而是从其自身的教学实践中总结概括提炼出来的经验之谈。

《论语·雍也》记载：“仲弓问子桑伯子。子曰：‘可也简。’仲弓曰：‘居敬而行简，以临其民，不亦可乎？居简而行简，无乃大简乎？’子曰：‘雍之言然。’”

意思是说：有一天学生冉雍（字仲弓）提出一个问题来问孔子，讨论到子桑伯子这个人。孔子说，子桑伯子从简，一切都是简化，而且简单得好。

冉雍听了孔子的回答后，有些不同意见，他大胆地讲出自己的想法，说：做一个领导人，存心严肃认真，对一件事、对一个人（即待人处世），都有一种敬重的心理，事情自然就可以简化（抓大体，不繁琐）。这样治理百姓当然对。倘若其内心的精神，没有尊重这件事情，没有重视行政组织，没有“敬业”的心理，只是满不在乎，仅仅以简化为目的来实行简化，这不仅失之草率，而且将简化变成一种权术、一种手段，这就不合政治道德。这不是简化过分了吗？还能称得上好吗？

孔子听了冉雍的表白，明白有否定自己答案的意思，但他不但不生气，不争辩，而且马上心悦诚服地说：“你的话对，我一时说错了。”孔子这种民主态度，不摆架子、不要权威而是重视平等讨论的精神，不仅表现了他本人高尚的道德修养，同时也是在以一种和蔼、亲切、民主、平等的态度鼓励、激发学生思考问题、发表见解。

樊迟请教“仁”的道理，孔子简单地答“爱人”；请教什么叫“智慧”，孔子又是简单两个字“知人”。樊迟听了之后，不明所以，孔子又向他解释了一番。看来樊迟这个人反应比较迟钝，还是不大明白个中道理，可孔子没有训斥、讽刺，没有泼樊迟的冷水。倘若泼一盆冷水，很可能浇灭了求知的欲望；一声训斥，也会戕害了活泼的灵魂，这肯定是失败的教育。可是孔子又没有照直往下讲解，而是在这里打住，不往下说。这就是“引而不发”，启发你自己去思考，去举一反三，实在想不出来，你或者看书，或者向别人再请教。樊迟最后还是向学友请教，终于明白了。“引而不发”，正是孔子倡导的刺激、诱导的教育方法。

注意保护学生提问题的积极性，即使是过于幼稚或离题甚远的问题，也不要简单地顶回去，尽量发现其中的合理部分或积极因素，设法诱导，使其思维走上正确的轨道，而这正是启发的大好时机。

智慧51
要培养多方面的才能

【原文】

子曰："君子不器。"

【解析】

孔子说："君子不像器具那样（只有某一方面的用途）。"君子是孔子心目中具有理想人格的人，非凡夫俗子，他应该担负起治国安邦之重任。对内可以妥善处理各种政务；对外能够应对四方，不辱君命。所以，孔子说，君子应当博学多识，具有多方面才干，不只局限于某个方面，因此，他可以通观全局、领导全局，成为合格的领导者。这种思想在今天仍有可取之处。

我们知道：一件器具，只有一定的用途。例如茶杯只能盛水。器具定了型，用途就有限。而孔子说，"君子不器。"君子不能像器具，就是强调"为政"要通才，通才就要样样懂。"不器"就是指不能成为某一个定型的人，而应该做到古今中外无所不通，做允文允武的通才；只有具备这样的素质，这样的知识结构，才是一个合格的、称职的为政者。孔子对为政者提出的素养和知识结构的要求，是非常具有见地的。

对于一个高层次的管理者，必须具备决断、敢断、善断等能力，同时还应掌握制定决策方案本身的具体本领。高层管理者，只有具备广博而丰富的知识，才能视野开阔，才能综合分析，才能联想，才能发挥、判断并决策，是为政者的主要职责，而判断、决策又必须具有严密的逻辑思维和通盘把握的能力。因为从认识论的角度讲，决策是为政者在社会实践中选择目标和行动方案的认识过程。决策的对象，不论是社会、军事，还是生产经营，都是一个复杂的系统，它涉及多方面领域，涉及种种事物的属性和特点，尤其决策的主体——人，具有丰富感情和心理活动，这就更增加了决策的复杂性。同时，作为认识过程，决策首先需要敏锐的观察能力和深刻的理解能力；需要准确的判断能力，深入的分析能力，横向综合把握的能力；还需要抽象思维，从而具有揭示客观事物规律的能力，等等。正因为如此，作为一个决策者、高层管理者，熟悉一门专业知识是必要的，但是不必，也不可能像专家那样精通，重要的是要广博。

由此可见，孔子“君子不器”的见解，是符合实际的，与现代管理的客观规律是相吻合的。几千年前的孔子能提出这种见解不能不令人叹服。

孔子本人，也不只是在口头上讲讲“君子不器”，在他育人、察人的过程中，也是坚持“君子不器”这个观点的。

《论语》中记载着这样一件事。有一天季康子（鲁国的大夫，权臣）向孔子打听他的学生的才干。季康子首先问起有军事统帅之才的子路，是不是可以请他当政？孔子说子路的个性太果敢，对事情决断得太快，而且下了决心以后，绝不动摇，决断、果敢，可为统驭三军之帅，而决胜千里之外。如果要他从政，恐怕就不太合适，因为怕他过刚易折。

季康子接着问，请子贡出来好不好呢？孔子说，不行，不行。子贡太通达，把事情看得太清楚，功名富贵全不在他眼中，聪明通达的人，不一定对每件事盯得那么牢。比如说桌子脏了，擦一下好不好？通达的人认为擦不擦都是一样，因为擦了又会脏，不擦也可以。如果有人说一定要擦，通达的人就会说擦也可以，擦了总比较干净，那就擦吧！像这样的人，往往可以做大哲学家、大文学家。因为他有超然的胸襟，也有满不在乎的气概。但是如果从政，却不太妥当。

季康子再请教冉求是否可以从政。孔子说，冉求是才子、文学家，诗词歌赋琴棋书画样样精通，名士气味颇大，也不能从政。

诚然，季康子问到这三位学生，想请他们其中的任何一个出来帮助他，而孔子都不放行，也有另外一层原因，因为季氏当时在鲁国为权臣，气势嚣张跋扈，孔子不愿让自己的学生去插上一脚。不过孔子又确实从另一个侧面说出了实情：一个从政的人，对于这三种才能都需要。第一性情要通达，胸襟不可那么狭隘，气量要大，否则成就就太有限了。其次要处事果决、刚毅，当断则断，决不拖泥带水，下了决心，又能坚定不移，才不会受环境的影响。第三要多艺，样样都知道。政治生涯很痛苦，生活枯燥无味。每天接触的都是痛苦烦恼的事，都是在是非中讨生活。所以自己要有游艺之趣，要有胸襟和超然的修养。

但是，单具其中一种品质，甚至把它推向极端，那就不是一个很好的，或者说优秀的从政者。如子路，具有果敢的品质，但过于果敢，下决心、拍板太快且又毫不动摇，容易造成武断、专制。如子贡，十分通达，但通达得过分，不是圆滑，就是缺乏主见，这也是从政者之大忌。如冉求，多才多艺，这有利于结交朋友，自我排遣心中烦恼、胸中积忧，但过于专注于诗词歌赋琴棋书画，以至放荡不羁，过分新潮，则只适宜于做艺术家，而不合政治家的要求。可是，这几种品质又都是从政者必不可少的。怎么办呢？孔子告诉我们必须“君子不器”，样样都通，都懂一点，都具备一些，但不必也不能太专一。换句话说，如果把他们三个人的品质凑合起来，就不愧是个大政治家的材料。请看，如果具备子路的刚毅果断的精神，又具备子贡那种豁达大度的胸襟和任劳任怨的气度，再兼备冉求的艺术家的修养，不就是一位通才吗？只有成为这样的通才，同时具备这些品质，从政之际，方能应付各种复杂的局面。

如此说来，孔子强调从政者不能单具一种品质、才干，即“君子不器”，主张从政者成为通才，确实是一种真知灼见。

智慧 52
在其位则谋其政

【原文】

子曰："不在其位，不谋其政。"

【解析】

孔子说："不在那个职位，就不考虑那个方面的事情。"

"在其位，谋其政"，为孔子所立明训，亦被后世之从政者奉为圭臬。诸葛亮之前后出师表与鞠躬尽瘁、死而后已的行动，堪称楷模。后来这优秀的从政者，或尽心尽职，精心政务；或引咎自责，以一身而谢天下，皆可称道。当然，也有些尸位素餐、碌碌无为者，当引以为戒。

在其位不谋其政，或无力谋其政，结果一定是既害人，也害己。每一个官位都是一个组织里必不可少的环节，职责各异。只有各司其职，才能保证各尽其责，才能使整个组织正常运转，如果做下属的可以随意更改领导的决定，管财务的可以插手人事，管人事的可以任意干预财务，那一定会混乱不堪。

在其位，谋其政，首先是要兢兢业业，勤勤恳恳，在这一点上，中国古代一些名相如高颎、王旦、姚崇等都颇具诸葛亮遗风。开皇元年（581 年），杨坚登上皇位，称文帝，正式建立隋王朝。文帝任北周时相府司马高颎为尚书左仆射兼纳言（侍中），即宰相。高颎甚被文帝倚重，凡军国要政、大小政事，文帝皆与之谋议。隋朝初建，百废待举，政权要进一步巩固，政治、法律、军事、经济、文化等制度都需要改革或重建，生产、经济也面临着如何进一步恢复发展的问题；另外，还必须北服突厥，南平陈朝。特别是平陈、统一天下，是以文帝、高颎为主的隋朝君臣们所经常考虑谋划的问题。由于政务繁多，高颎每日孜孜不息，夙夜匪懈，国家大事时刻在他脑子里徘徊，即便退朝后在家里也不停地思考。他常常用盘子装一些粉，置于床边，夜里想到一件该办的公事，就用手指记在粉盘上，天亮后就笔录下来，入朝处理。

宋相王旦对朝廷政务也是兢兢业业，勤勤恳恳。他退朝归家时还常常惦记朝政，专心思考。王旦有一马夫，岁满辞归，王旦问道："你控马几时？"答："五年矣。"王旦曰："我不省有汝。"马夫转身欲去，王旦急忙叫住他问："你乃某人乎？"于是厚赐之。原来此夫每日为王旦赶车御马，王旦在路上只是想着政事，从未注意过马夫是何模样，也从未与之交谈过，故只识其背，不识其面。归家后，王旦往往不去冠带休息，却入静室默坐，家人每每惶恐不安，不敢惊扰，也不明白是何道理。后来，王旦的弟弟去问副相、参知政事赵安仁，说："家兄归时一如此，何也？"赵安仁告诉他："方议事，公不欲行而未决，此必忧朝廷矣。"

在其位，谋其政，还要兴利除弊，救时救世，如唐中期的名相姚崇即被称为"救世宰相"。

姚崇历仕唐武则天、睿宗、玄宗诸朝。他"明于吏道，断割不滞"，"善应变以成天下事"，为相期间，恪尽职守，勤政爱民，政绩卓著，被时人誉为"救世宰相"。武则天时期，他因富于才干，被破格提拔为兵部侍郎、同中书门下平章事（宰相）。当时武则天重用酷吏，告密者蜂起，酷吏来俊臣、周兴等大兴冤狱，许多朝臣和李氏宗族被无辜杀死，因此，朝臣人人自危。刚上任的姚崇认为自己有责任改变这种局面。于是他直率而诚恳地劝谏武则天，说服她改变酷治，以保持政局的安定，统治的长久。武则天为之所动，并于长安二年（702年）修正来俊臣等酷吏造成的冤假错案，为受害的官员"伸其枉滥"。为此，武则天赞赏他道："以前宰相皆顺成其事，陷朕为淫刑之主。闻卿所说，甚合朕意。"并赏银千两。

睿宗时期，身居相位的姚崇极力革除弊政。当时官僚机构臃肿，百官泛滥，铨官制度紊乱。尤其是公主、后妃们，大搞"斜封官"。按正常程序，应是吏部先用赤笔注官之状，门下省审批，皇帝授旨，称“赤牒授官”。斜封官则是皇帝受公主、后妃的请谒，用墨笔敕书任命官员，用斜封交付中书省。她们利用斜封，鬻法徇私，进而搞裙带关系，各树朋党，扰乱吏治，致使政府机构的工作难以正常开展。姚崇则联合宋璟等上言：“先朝斜封官悉宜停废。”……睿宗采纳了他们的建议，“罢斜封官数千人”。同时，他又不畏强权，大力整顿吏治，使唐政府很快出现了“赏罚尽公，请托不行，纲纪修举”的清新局面。姚崇为玄宗辅政时期，继续大力整肃吏治。严格铨选制度，对于以请托等不正当手段谋取官职的，无论是谁，姚崇都坚决予以制止。开元二年（714 年）二月，申王李成义向玄宗请托，要求将他府中的阎楚硅破格晋升，玄宗答应照顾。这种做法违反了官吏提拔的正常程序，姚崇坚决反对。他和另一丞相卢怀慎上书，反对因亲故而升官晋爵。姚崇的力争，迫使玄宗收回成命。至此，向皇帝请谒讨官的情况大为收敛。

唐中宗时，佛教盛行，公主、外戚皆奏请度民为僧尼，以求福禳灾；富户强丁也多削发以避赋税徭役，破坏了政府的正常赋税征发用于农业生产的发展。姚崇再居相位后，义不容辞地上书玄宗，说：“佛不在外，求之于心……但发心慈悲，行事利益，使苍生安乐，即起佛身。何用妄度奸人，令坏正法？”唐玄宗采纳了姚崇的建议，命有司检括天下僧尼，以伪滥还俗者 1.1 万多人。又规定“自今所在毋得创建佛寺”，“禁百官家毋得与僧、尼、道士往还”，“禁人向铸佛写经”。

玄宗开元四年（716 年），山东蝗虫大起，当时百姓迷信，不敢捕杀，而在田旁设祭、焚香。姚崇派遣御史分道捕杀。汴州刺史倪若水拒绝御史入境，认为蝗虫是天灾，自宜修德，以感动上天。姚崇得知大怒，牒报倪若水说：“古之良守，蝗虫避境，若其修德可免，彼岂无德致然！今坐看食苗，何忍不救？因以饥馑，将何自安？幸勿迟回，自招悔吝！”此时，包括卢怀慎在内的朝中大臣也多认为驱蝗不便，玄宗也有所怀疑，姚崇说：“今山东蝗虫所在流满，仍极繁息，实所稀闻。河北、河南，无多贮积，倘不收获，岂免流离。事系安危，不可胶柱……若除不得，臣在身官爵，并请削除。”结果玄宗被说服。排除各方阻力后，姚崇全力督察捕蝗工作，并且还亲自设计捕蝗办法：“蝗既解飞，夜必赴火，夜中设火，火边掘坑，且焚且瘗，除之可尽。”结果颇见成效，蝗灾逐渐止息，当年农业取得了较好的收成。

姚崇一生为政，以身作则，兴利除弊，救世治国，尽责尽职，深得诸帝及同僚们的推许，并对后世产生了很大影响。

在其位，谋其政，又要真正地以政治为己任，不因个人才名而偏忽。如，宋朝宰相欧阳修为政一向严肃认真，一丝不苟，即使与人言谈，也多谈吏事。有人曾不理解：像他这样名冠天下的大文学家，应该谈论的是文章诗赋、古往今事，而他却多讲为官之道，故发问道：“学者见公，莫不欲闻道德文章，今先生何教人以吏事？”欧阳修回答道：“吾子皆时才，异日临事当自知之。大抵文学止于润身，政事可以及物。吾昔贬官夷陵，彼非人境也。方壮年未厌学，欲求《史》《汉》一观，公私无有也。无以遣日，因取架陈年公案，反复观之，见其枉直乖错，不可胜数：以无为有，以枉为直，违法徇情，灭亲害义，无所不有。且以夷陵荒远偏小，尚如此，天下固可知矣。当时仰天誓心：自尔遇事，不敢忽也。迨今三十余年，出人中外，忝尘三事，以此自将。”

在中国古代，士大夫们往往恃才倨傲，以学问、文章矜夸，而视政事为俗流、浊流，不肯尽心尽责。而欧阳修作为一代文宗，为官30余年，无论被贬为地方小官，还是在中央为相，处理政事都勤恳认真，从不疏忽大意，这是难能可贵的。

在其位则谋其政，既是为政者的义务也是责任。否则，尸位素餐、混天度日，误己误人误事误国，罪莫大焉。

智慧 53
真诚方可取信于民

【原文】

子贡问政，子曰："足食，足兵，民信之矣。"子贡曰："必不得已而去，于斯三者何先？"曰："去兵。"子贡曰："必不得已而去，于斯二者何先？"曰："去食。自古皆有死，民无信不立。"

【解析】

子贡问怎样治理政事，孔子说："粮食充足，军备充足，人民信任政府。"子贡说："如果迫不得已一定要去掉一项，在这三项中先去掉哪一项？"孔子说："去掉军备。"子贡说："如果迫不得已还要去掉一项，在这两项中先去掉哪一项？"孔子说："去掉粮食。自古以来，人都会死，失去人民的信任，国家就站不住了。"

如果你已经是一位主事者，并且相当机智，请注意，任何官场手腕、伎俩都只是"用"，这种用，如果没有下属的拥护为"体"的话，注定是难以长久的。

美国总统大选前夕，形势对林肯十分不利。他的对手民主党在南方蓄奴州的选票万无一失，只要争取到不多的几个北方州，就可稳操胜券。民主党的内定候选人是道格拉斯。如果想战胜道格拉斯，首先必须制造民主党内部的不和。于是，林肯在一次辩论时，向道格拉斯提出了一个挑战性的问题："在未成立州的美国领土之内，人民是否可以合法地把奴隶制驱逐界外？"这是一个十分难答的问题。如果道格拉斯作肯定的回答，就会失去南部各州的支持；如果作否定的回答，又会失去北部各州的支持，包括他的本州伊利诺州在内。

道格拉斯在他本州民主党机构的压力下，加上他本人也不愿背叛江东父老，便作了肯定的回答。结果激怒了南方民主党人，他们决定取消对道格拉斯的支持，另外组党。这样，民主党就宣告分裂，南方民主党也选出了自己的候选人。虽然民主党被林肯离间了，但道格拉斯仍然信心十足。他租用了一辆豪华列车，供他竞选之用。并且在最后一节车上安置礼炮一尊，每到一站就鸣礼炮32响，然后乐队奏乐，十分排场。每到一站，他还要乘一辆六轮马车去市镇中心发表演说。前面有彪形大汉骑骏马开道，后面则是许多马车，满载着红男绿女，吆五喝六，不可一世。道格拉斯叫嚷：“我要让林肯这个乡巴佬闻闻我的贵族气味。”

林肯没有马车，更不用说专列；他买票乘车，每到一站，坐的是从朋友那里借来的耕田用的马拉车，在演说中，他常说：“道格拉斯参议员是闻名世界的人，是一位大人物。他有钱也有势，有圆圆的、发福的脸，他当过邮政官、土地官、内阁官、外交官等等。相反，没有人会认为我会当上总统。有人写信给我，问我有多少财产。我只有一位妻子和一个儿子，都是无价之宝。此外，还租有一间破旧办公室，室内只有桌子一张，价值二元伍角，椅子三把，价值一元。墙角里还有一个大书架，架上的书值得每个人一读。我本人既穷又瘦，脸很长，不会发福。我实在没有什么可依靠的，唯一可依靠的就是你们。”

众所周知，最后，贵族气味十足的道格拉斯没有成为美国总统，而一无所有的乡巴佬林肯却如愿以偿，当上了美国总统。道格拉斯因为出言不慎而失去了民众的支持，而林肯则以其真诚和坦率赢得了人民的信任，登上了总统的宝座。看人认为，林肯竞选之胜，是胜在了他的才干上。这种看法有道理，但却是片面的。林肯固然有能力，道格拉斯不也一样有能力吗？况且，林肯的政绩为民众广为了解是他当了总统以后的事。

其实，林肯的胜利根基乃在于他的坦率和真诚。他不摆架子，不讲排场，处处都显得就是民众的代表。群众的眼睛是雪亮的，所谓“天地之间有杆秤，那秤砣是老百姓”是也。

中国古人对于“君、民”关系的论述，早已点明了上司与下属关系的精髓——君是舟，民是水，水能载舟，亦能覆舟；是载是覆，全看这舟的表现如何了。为政之道，在于审时度势，依势用势；但为政之本，却在取信、立诚。赢得信任，取得支持，便可乘风破浪；相反，众叛亲离，威风扫地，则有翻船溺水之险。到那时，尽管你用尽阳奉阴违、两面三刀的手段，也是无力回天。也许落到水里，呛个半死，才想起来：之所以落到这步田地，全是自己平时的“积累”，上下内外，离心离德，脚上的泡是自己走的呀！

庸俗领导学只讲诡诈权谋，不讲德操品行；高调领导学只会讲大道理，婆婆妈妈；实做领导学则从原则到技术全面分析。因为，原则与技术是相互为用，密不可分的，两者缺一，即落入旁门左道。实做领导学既不是为了培养阴谋家，也不是为了培养理论家，它的目的是培养出扎扎实实、德才均备的领导人才。这里需要着重指出的是，权力运作，要有一个“本末轻重”的观念。为政运谋者可以衡量，可以调和利害，却万万不可以舍本逐末。看重眼前利益与看到长远利益，是区分英才与庸才的重要准绳。退一步说，如果说为你的团队谋利益不是你的目的，它至少也是提高你形象的一种根本手段。请不要轻视这一点。

群众的眼睛是雪亮的，没有人能在所有的地点与所有的时间都能欺骗与虚伪，只有真诚坦率方可取信于民，这个道理很简单，但是在现实生活中却常常有人忘记。

智慧 54

其身正，不令而行

【原文】

子曰："其身正，不令而行；其身不正，虽令不从。"

【解析】

孔子曰："统治者的行为正派，就是不发命令老百姓也会执行；统治者的行为不正派，就是发命令老百姓也不执行。"

汉朝初期，有一位名将叫李广，他有勇有谋，在抗击匈奴的作战中，打了70余次胜仗，匈奴人十分畏惧他的英勇善战，号为"飞将军"，只要听到李广领兵出击，匈奴人便闻风丧胆而逃。李广不仅自身骁勇，还统御着一支骁勇的军队，所有的士卒都愿意跟随他作战。

李广本人不擅长言辞，但他带出了一支训练有素的精壮队伍。其奥秘在于"其身正"，才有"不令而行"的效果。

李广为人十分廉洁。他屡立战功，每次得到赏赐，都分给部下同享。平时演练行军，他总与士卒同吃同住。身为将军40年，"至死身无余物"。镇守边塞，异域作战，时常出击千百里，要露宿荒漠，十分艰苦，只要有一名士兵尚未喝到水，他不到水边去；只要有一名士兵还未吃上饭，他就不尝一口。他对士卒一向宽厚，从不随意苛责辱骂，士卒也都视之如父。因而，李广虽然口才笨拙，不爱多说话，却在士兵中享有崇高的威望。每有征战，李广总是身先士卒，甘冒矢石，而士卒则更加奋勇向前，舍命围护李广。在他60多岁最后一次同匈奴作战中，因出师不利而自杀。当时全军将士，个个痛哭失声，百姓闻讯，也人人涕泪直流。所以司马迁在总结李广的一生时说："余睹李将军悛悛如鄙人，口不能道辞。及死之日，天下知与不知，皆为尽哀。彼其忠实心诚信于上大夫也？谚曰：桃李不言，下自成蹊。此言虽小，可以喻人也。”

“其身正，不令而行；其身不正，虽令不从”的道理其实就是要说明作领导的要“以身示人”，要“身教重于言教”，只有这样，才能让自己有权威，让部下心服口服而不遗余力地执行命令。在历史上，“以身示人”的例子是不胜枚举的。就说曹操吧，那“割发代首”的故事也说明了他对身体力行，率先垂范的作用了解得非常清楚。那一次是曹操亲自领兵出征，适逢麦熟季节，为此，他下了一道死命令：凡有践踏麦田者一律处死。不料，他自己的马受惊闯入麦田，踏坏了庄稼，于是他把执法官找来议罪。法官认为按《春秋》“罚不加于尊”之义，可以免去处罚。曹操却说：“制法而犯之，何以帅下？”但自己身为统帅负有重任，“不可自杀，请自刑”。便拔剑割下头发表示接受惩罚。在“身体发肤受之父母”的古代，能做到“割发代首”并不是一件容易事。恩格斯说过：“判断一个人当然不是看他的声明，而是看他的行为；不是看他自称如何如何，而是看他做些什么和实际上是怎样一个人。”通过这种方式，曹操在他部下中获得极大的权威。

俗话说：上梁不正下梁歪。对于制定的规则，如果自己首先就不去遵循它，那么要部下遵循它无异于缘木求鱼。而自己如果行为正派，“以身示人”，当然规则与命令就能得到很好的执行。

智慧55
要有全面的察人眼光

【原文】

子曰："视其所以，观其所由，察其所安。人焉廋哉？人焉度哉？"

【解析】

孔子的意思是说要了解一个人，应看他言行的动机，观察他所走的道路，考察他安心干什么。这样，从他的言论、行动到他的内心，全面了解观察一个人，那么这个人就没有什么可以隐埋得了的。

历史上，因错误识人用人而铸成大错的例子不在少数。无论是何种原因，他们的教训都是值得吸取的。

前秦帝国的皇帝苻坚，任用平民出身的王猛为相，统一了中国的北方，是颇有作为的一代帝王。淝水之战失败后，前秦帝国迅速瓦解，他被后秦帝国的姚苌所杀，结束了其轰轰烈烈的一生。

苻坚是个胸襟开阔的人，他对人从不猜忌，即便是那些投降或被俘的帝王将相，他也以礼相待，从不杀戮。甚至如鲜卑亲王慕容垂，羌部落酋长姚苌，他还引为知己，授予高官和赋予很大的权柄。

王猛生前曾劝谏苻坚说："皇上与人为善，也不能不分敌我。国家的死敌不是晋国，而是杂处在国内的鲜卑人和羌人。更让臣担心的是，他们的首领都在朝中身居要职，有的更握有兵权，一旦有变，国家就危险了。"

苻坚坚信只要诚心待人，对方一定能诚心待我，有此观念，他并未把王猛之言放在心上。王猛死后，他对这些人更是信任不二，宠爱日隆。

淝水之战后，苻坚逃到洛阳，那些尚未到达淝水的大军也闻风溃散。鲜卑籍大将慕容垂见有机可乘，遂起反叛之心。他借口黄河以北人心浮动，自请苻坚派他前去宣慰镇抚，苻坚对他毫无防范，不仅痛快地答应了他的请求，还亲自向他致谢。慕容垂渡过黄河后，立即号召前燕国的鲜卑遗民复国，建立了后燕帝国。

其后，迁到关中的鲜卑人，又在慕容泓的领导下，建立了西燕帝国。苻坚命他的儿子和羌籍大将姚苌征讨西燕，结果大败，苻坚的儿子阵亡，姚苌畏罪逃到北方，后又叛变，建立了后秦帝国。

鲜卑人和羌人的反叛，使前秦帝国陷入了灭顶之灾。不久，首都长安被困，苻坚突围西行，在五将山被后秦兵生擒，送到后秦皇帝姚苌的手上。

苻坚至此，仍怀有生的希望。姚苌二十年前犯罪当诛，在绑赴刑场处斩时，时为亲王的苻坚见他英武不凡，遂动了恻隐之心，将其救下。有此大恩，苻坚深信姚苌自会感恩图报放他一马。

万没想到，姚苌先是向他索取传国御玺，继而百般侮辱。苻坚万念俱灰，大骂姚苌忘恩负义，姚苌不待他多言，就把苻坚活活缢死。面对如此惨剧，后秦的羌人部队都忍不住流下了眼泪。

苻坚犯错误的根源，在于他心地过于善良开阔，在那种各种情况都十分复杂的情况下，仍轻易相信别人并委以重任。这种品质对于个人，无疑是那种值得去结交做朋友的人；但作为一个治国者，这反而成为一种致命的弱点。识人难，用人更难，预防这类错误，关键在于“防”，可惜的是，苻坚从来没有给自己在这方面筑起防线。

苻坚的惨痛教训告诉我们，认识评定一个人，不能只看表面，人的许多外在情感都是装出来的，尤其是当处于复杂的环境中时，人心更是难测。所以，无论是作为普通人还是为政者，都必须深入观察，真正看透一个人的内心，谨防误识、误交、误用。暂时难以认清的，不妨冷淡处之。否则，将会给自己造成不利，给大局造成损失。

当然，人作为社会关系的集合体，具有多方面的特征，有时这些特征之间甚至是相互矛盾冲突的，因此，想看透、了解一个人，并不是一件很容易的事，只有通过像孔子说的方式，才能由外而内，正确全面地去认清一个人的真面目。

而且这种认识，并不只是就看别人的缺点，也应该据此发现一个人的闪光之处。否则，就难免会走向偏颇，那样，也就不是知人了。

认清一个人，在很多时候都是一件极其困难的事，尤其是当对方心怀不轨而竭力伪装时。但最根本的原因，恐怕还在于自身的“失察”。

西汉的王莽，为历代诟骂，他篡汉自代，愚弄天下，早已是奸恶臣子的代名词了。

从改朝换代，江山易姓的手法上来看，王莽又是一个非比寻常的人物，他完全依靠一个人的力量与智慧，没有动用一兵一卒，就完成了夺取帝位、建立王朝的大业，不能不说是一个奇迹。

王莽的发迹，起初完全得力于他的那个当皇后的姑姑王政君。王莽出身贫寒，父亲早死，他和母亲相依为命，艰苦度日。王政君见其母子可怜，多方照顾，对王莽比自己的孩子还要疼爱。她不顾众大臣的非议和反对，极力提拔王莽，以致王莽二十八岁的时候，就已经是朝廷重臣，身兼大司马之职。

王政君如此行事，有人便向她进言道：“王莽虽然是皇后的至亲，加恩与他未尝不可。只是王莽外边看似敦厚，其实未必心存感激。一旦尾大不去，皇后的苦心白费不说，大汉的江山也会岌岌可危啊！”

应该说王莽的伪装功夫天下一流。虽然有臣子进言，可是王政君却怎么也看不出王莽有不轨的行为来。她曾经私下里把王莽召来，对他说：“你有今天，不是姑姑的功劳，乃是皇恩浩荡之故。我们王家深受汉室大恩，任何时候，我们都要恪尽职守，报效天子。”

王莽装得涕泣横流，忠心不二，王政君为其愚弄，更是不遗余力地提携他了。

有了王政君这个靠山，再加上皇帝年幼无知，王莽欺上瞒下，培植自己的势力，最后被封为“安汉王”，位在三公之上，一手把持了朝政。

位极人臣，王莽还并没有心满意足。他要当皇帝，自然遭到了身为大汉太后的王政君的极力反对。因为，她自己知道：一旦大汉王朝不存在了，她这个太后也就失去了立足的根基。她把王莽召来，未等训斥，只见王莽也不像以前那样恭敬，却是傲慢无礼地抢先说道："我意已决，姑姑就不要再多费口舌了。汉室气数已尽，天命在我，姑姑若是知趣，还是把玉玺交给我吧。"

王政君深知王莽羽翼已丰，再也无法驾驭他了。她又悔又恨，无奈之下，便愤愤地将玉玺摔到了地上，以致玉玺有损，缺了一角。

至此，王莽完全撕掉了伪装，登基做了皇帝，改国号为"新朝"。

王政君之所以对王莽失察，原因就在于她只是看到并相信了王莽所显示出的表面现象，而且这种现象还是虚伪的、装出来的。按照孔子所提出的察人标准，很显然相差甚远。因此，她也只好无奈地承担其严重后果。

诚然，现实总是有其远超任何理论的复杂性，但是如果对孔子关于察人知人的教诲加以细细体味，我们始终都会有所启发的，而且在自己的实际工作和生活中也会有所裨益的。

智慧56

用人时使功不如使过

【原文】

互乡难与言，童子见，门人惑。子曰："与其进也，不与其退也，唯何甚！人洁己以进，与其洁也，不保其往也！"

【解析】

互乡这个地方的人很难和他们交谈，但互乡的一个少年却受到孔子接见，弟子们感到疑惑不解。孔子说："我赞许他们进步，不赞许他们退步，何必做得太过分哩！人家把身上的污点洗干净了要求进步，就要赞许他们的洁净，不要抓住他们过去的污点不放。"

"人非圣贤，孰能无过。"我们看待一个人，不能紧抓住别人所犯的错误不放，而应该以辩证与发展的眼光来看待问题，一旦别人改正了错误，就应该赞许与重新评价他人。这就是孔子所说的"人洁己以进，与其洁也，不保其往也！"的意思。这一点应用到用人上边，就是将功不如使过。一般用人者，都希望手下之人有功，不愿其有过，不容其有过。然而善于用人者，却能利用手下人的过错，化消极为积极，充分调动手下人的积极性。唐高祖与隋文帝便是如此。

李靖青年时就颇有文才武略，他常对亲近的人说："大丈夫若生逢其时，遇到明主，必当建功立业，以取富贵。"他的舅父韩擒虎号称名将，每次与他谈论军事，都连声称善，抚摸着他的后背说："能和我在一起谈论孙子、吴起兵法的，只有这个人啊！"李靖初仕隋，任长安县功曹，后任驾部员外郎。左仆射杨素、吏部尚书牛弘都与他相友善。杨素曾经抚摸着自己的座椅说："你终究要坐在这个位置上。"

大业末年，李靖任马邑君丞。适逢高祖李渊在塞外攻击突厥，李靖访察高祖的行动，知道高祖有夺取天下之志，便要向隋炀帝密告高祖李渊预谋造反的事。他将要前往江都（今江苏扬州），到了长安（今陕西省西安市），因为道路阻塞不通而停下来，高祖攻破京城长安，擒获了李靖，要将他斩首，李靖高喊道："您起义兵，本来是为天下人除暴乱，想成就大事业，却因为个人恩怨而要斩杀壮士吗？"高祖认为他言辞雄壮，太宗又坚持为他说情，于是高祖就饶恕了他。

不久，太宗将李靖召入幕府。武德二年（619 年），李靖随太宗讨伐王世充，因立下大功授开府之职。当时，萧铣占据荆州（治所在今湖北江陵），高祖派李靖前去安抚他。李靖率轻装的骑兵到达金州（治所在今陕西安康），遇到南方少数民族首领所率领的数万蛮兵驻扎在山谷，庐江王李瑗率军前去讨伐，屡次被蛮兵击败。李靖为李瑗设计攻击蛮兵，多次取胜。李靖率军到达硖州，被萧铣的军队阻遏，长时间不能前进。高祖因为李靖在中途长时间滞留而大怒，暗中命令硖州都督许绍将李靖斩首。许绍爱惜李靖的才能，为他请命，于是李靖才得以免除死罪。适逢开州（治所在今重庆市开州区）蛮兵首领冉肇则造反，率领蛮兵进攻夔州（治所在今重庆市奉节县东），赵郡王李孝恭与蛮兵交战失利。李靖率领八万精兵，突袭蛮兵营寨，然后又在地势险要之处设下埋伏，蛮兵果然中计，交战中，李靖将蛮兵首领冉肇则斩首，俘获蛮兵 5000 余人。高祖闻讯，非常高兴，对众朝臣说："我听说，使功不如使过，李靖果然发挥了他的重要作用。"于是，高祖降旨慰劳李靖说："您竭诚尽力，功劳极其显著。我远在都城，已看到您的至诚之心，特予赞扬、奖赏，请勿担忧不得富贵。"又亲笔给李靖写书信道："我对您既往不咎，过去的事，我早就忘了。"李靖接到嘉奖诏书及高祖的亲笔信之后，深受感动，更加竭忠尽智报效国家，以谢高祖知遇之恩。

"金无足赤，人无完人。"这是一句至理名言。凡为人，都有自己的短处，也都会犯错误。即使一些名人才子也都如此。犯了错误怎么办？有过则罚，改过则用。这也是用人的一大原则。有过则罚，不罚不足以明事理，有过不纠，对犯错者本人也没有益处。改过则用，不用就是一棍子打死，就是对人才的一大浪费。隋高祖杨坚在对苏威的使用上，基本上就使用了“使功不如使过”这一用人原则。

苏威是隋初著名的宰相，他在任职期间多有惠政，为世人所称道，但是当初隋高祖杨坚发现和使用苏威这个人，并不是件很容易的事。苏威很早就有才名，但是一直没被朝廷重用。杨坚在做北周丞相时，大将军高颎曾屡次推荐苏威，陈述苏威的才能。杨坚把苏威召来后，引到卧室内交谈，两个人谈得很投机。后来苏威听说杨坚要废周立隋，自己要称帝，就逃回到家里，闭门不出。高颎要追他回来，杨坚说：“他现在不想参与我的事，先让他去吧。”

杨坚即皇帝位后，苏威又出来辅佐他，杨坚不计前嫌，授苏威为太子少保，追赠苏威的父亲为邳国公，让苏威承继父爵，不久又让苏威兼任纳言、户部上书两职，苏威上书推辞，杨坚下诏说：“大船承载重，骏马奔驰远。你兼有多人的才能，不要推辞，多干事情吧。”由此可见杨坚对苏威的信任。苏威曾主张减免赋税，杨坚听从了他的主张，这一政策深为百姓喜欢，因此苏威也更受杨坚的宠信，杨坚让苏威与高颎一起参掌朝政，苏威见宫中帘幔的钩子都是用银子做的，就主张换用其他材料，要节俭从事，受到杨坚的赞赏。

有一次，杨坚对一个人发怒，要杀那个人，苏威进谏，杨坚非但不听，反而更加生气，过了一会儿，杨坚的怒气消了，对他的进谏表示感谢，并说：“你能做到这样，我确实没看错人。”当时的治书侍御史梁毗因为苏威身兼五职，并没有举荐其他人的意思，就上书弹劾苏威。杨坚对他说：“苏威虽然身兼五职，但始终孜孜不倦，志向远大。而且职务有空缺时才能推举别人，现在苏威很称职，你为什么要求他引荐别人呢？”有一次，杨坚还对朝臣说：“苏威遇不到我，就不能实行他的主张；我得不到苏威，就不能行大道。杨素舌辩之才当世无双，至于斟酌古今，审时度势，帮助我治理国家方面，他却比不上苏威。”

开皇十二年（592年），有人告发苏威和主持科举考试的官员结为朋党，任用私人。杨坚让蜀王杨秀、上柱国虞庆则审查这件事，结果是确有其事。

杨坚指出《宋书·谢晦传》中涉及朋党故事的地方，让苏威阅读。苏威很害怕，免冠谢罪。杨坚说："你现在谢罪已经太迟了。"于是免去了苏威的官职。

后来有一次议事的时候，杨坚又想起了苏威，他对群臣说："有些人总是说苏威假装清廉，实际上家中金银很多，这是虚妄之言。苏威这个人，只不过性情有点乖戾，把握不住世事的要害，过于追求名利，别人服从自己就很高兴，违逆自己就很生气，这是他最大的毛病。别的倒没什么。"群臣们也都同意。于是杨坚又重新起用了苏威。苏威果然不负众望，对隋朝忠心耿耿，竭尽职守，一直到死。

"使功不如使过"是一条值得借鉴的用人之道。对有过者，宽容之，信任之，使用之，就可使之以一种感激之情以十倍百倍的努力，发挥自己的聪明才智，将功补过，从而最大限度地发挥自己的积极性。当然，信任使用有过者，必须是过而能改的君子，对于那些文过饰非的小人，万万不可行此道！

孔子说过：遂事不谏，既往不咎。凡事必须着眼于长远，对人才的使用也是如此。

智慧 57
为政当居之无倦

【原文】

子张问政，子曰："居之无倦，行之以忠。"

【解析】

子张问怎样处理政事，孔子说："身居官位不懈怠，执行政令要忠实。"

居之无倦就是身居官位不懈怠，勤于政事，就是兢兢业业，夜以继日，励精图治；不辞病苦，奉公尽职。其最高境界就是有"先天下之忧而忧，后天下之乐而乐"的精神，忘我工作，利国惠民。

勤于政事，是成就一个有作为的封建君王的基本条件。综观历代比较英明杰出的帝王，特别是那些开国创业之君，一般都是兢兢业业，勤于政事。如果连勤政都做不到，那就必然陷于荒淫：嬉戏怠惰而难以自拔，朝政因之委于他人，于是重臣擅权，宦官干政，轻则导致朝纲紊乱，大权旁落，重则引来内忧外患，身败国亡。

平民皇帝明太祖朱元璋是个勤政的典范。他从征讨杀伐中夺得江山，深知皇权来之不易。为了防止大权旁落，他登位以后便果断废除丞相制，改由六部（吏、户、礼、兵、刑、工）长官直接向皇帝汇报，由皇帝亲自裁决，使得皇权与相权集于一身，大小政务均亲自处理，断不假手他人。往往天不亮就起床批阅公文，直到深夜才得以休息，甚至吃饭时还在思考政务。每思得一事，就顺手写在纸上，缝在衣服上，事情记多了，挂得满身都是，上朝时再把它们一一处理了当。以洪武十七年（1384年）九月的收文为例，从十四日至二十一日8天内，共收到内外诸司奏札共1660件，计3391事，平均每天要批阅200多件奏札，处理400多件事，其政务的辛劳可以想见。侍臣怕他操劳过度，劝他：“陛下励精图治，天下苍生之福，但圣体过劳，宜多加保重。”而朱元璋却说：“我难道好劳而恶安吗？以往天下未定，我饥不暇食，倦不暇寝，奖励将帅平定天下；现在天下已定，四方无事，难道可以高居宴乐了吗？自古以来，人勤则国家兴，人怠则国家衰，我怎么敢暇逸呢？”他把勤政放到关系国家兴衰存亡的高度来认识，所以能自觉坚持，甘之如饴。洪武九年（1376 年），刑部主事茹太素上万言书，朱元璋命人读了 6000 多字还未听到具体意见，大发脾气，叫人把茹打了一顿。可是心中仍然系于政事，未能释然。于是第二天又命人读，读到 1.6 万字后，才涉及本题，建议了 5 件事情，其中 4 件可行。朱元璋即命主管部门予以施行，并指出这 5 件事有 500 字即可，不必啰嗦 1 万多字，还承认自己打人是过失，表扬茹为忠臣。并亲自写文规定建言格式，公布全国。可见其对政事是多么一丝不苟。

《尚书》说，“怠忽荒政”“业广惟勤”，勤能补拙。因此，古代贤能的地方官吏，都以勤政来自律自警，从而实现吏事的练达和政治的清明。

晋朝时的陶侃，历任南蛮长史、江夏太守、武昌太守、侍中、太尉等职，他不仅是一代名将，也以“性聪敏，勤于吏职”著称。

王敦之乱平定后，朝廷任命陶侃为南蛮校尉、征西大将军和荆州（今湖北江陵县）刺史。陶侃资性聪敏，勤于吏职。他整天正襟危坐，处理公务，千头万绪，都没有遗漏；远近的书信和奏疏都亲手草写，下笔如流。及时接见远来近投的客人，门前没有停客。他经常对人说：“大禹是圣人，尚且珍惜每一寸光阴；至于我们这些凡俗的人，应当珍惜每一分光阴。怎么能够游逸荒醉，生着无益于当时，死了默默无闻于后世呢？那样是自暴自弃啊！”僚佐有的因为清谈和游戏荒废了正事，陶侃就命人取来他们喝酒、赌博的器具，都投入江中。如果参与的人是官吏和将领，则加以鞭打，并且说：“赌博是牧猪奴才干的勾当。”有奉赠物品的，陶侃都仔细地问明由来，如果是辛勤劳作所致，虽然微小，也一定高兴，慰劳和赏赐都加倍；如果是不正当的方式所得，就严厉地斥责他们，还其所赠。

陶侃曾经出游，见人持一把未熟的稻子，遂问：“用它干什么？”那人说："行道所见，随便取了点。"陶侃大怒道："你不种田，竟敢糟蹋人家的稻子！"抓过来就鞭打了他一顿。由于陶侃勤政爱民，老百姓也都勤于农业生产，家家丰裕，人人富足。当时造船，陶侃命令把锯下的木屑和竹头全部收起来，官员们都不了解他的用意。后来，正月初一，正遇上雪后转晴，公署厅堂前余雪犹湿，于是以木屑铺到地上，走路时一点没有妨碍。到桓温伐蜀时，又以陶侃所存的竹头作钉子，建造船只。

陶侃珍惜光阴，理政周详，建立了不朽功业。北魏时的宋世景为政"无早晚之节"，也写下一段勤政的佳话。

宋世景起初官拜国子助教，后任司徒法曹行参军、尚书祠部郎和荥阳太守等职。时称他的文武才略和清平忠直，少有人能比得上。虽才德过人，依然夙勤不怠，因而判案如神，政绩卓著。

宋世景任荥阳太守时，当地豪门郑氏倚仗权势，纵横乡里，人们都很惧怕。世景下车伊始，就抑压豪强，扞劾了郑家一位贪赃枉法的县令。于是，僚属们都害怕他的威严，没有不改过自谨的。为了治理好荥阳，宋世景废寝忘食，僚属和百姓，随到随见，没有早晚时节的分别。来者没有一个不能和盘托出他的隐情和心事的，因为太守总是平易近人，屏人密语。这样，宋世景对于民间发生的事情，不论大小，都能知道；揭发奸人、揪出隐情，像神明一样。曾经有一个官吏，休完假还郡，路上吃了人家的鸡；又有一个听差，私下里接受了别人一顶帽子，又吃了两只鸡。世景喝斥他们说："你们怎么敢吃了某某的鸡，拿了某某的帽子呢！"二人听了，大惊失色，急忙叩头伏罪。于是，上上下下都震惊恐惧，没有敢触犯禁令的。

古人说，勤于思则理得，勤于行则事治。居之无倦、勤于政事是为政者的基本品格与原则。一个人不论才能大小和职位高低，只要在其位，就应该敬其事，出其力，勤于行，尽其职。

智慧 58
为政不要以私害公

【原文】

子曰："人之生也直，罔之生也幸而免。"

【解析】

孔子说："一个人能够生存在世界上是由于正直，不正直的人有时也能够生存在世界上，那是由于他侥幸地避免于祸害。"

孔子认为："人之生也直，罔之生也幸而免。"意思是说，一个人能够生存在世界上是由于正直，不正直的人有时也能够生存在世界上，那是由于他侥幸地避免于祸害。在政治上，不以私害公是正直的一种很重要的表现形式。中国历史上，有许多能人不念旧怨，不计私情，以国事为重，而不以私害公。他们的行为至今受到人们的称赞。

西汉萧何与曹参都堪称不以私害公的杰出人物。

萧何与曹参都曾是沛县小吏，萧何是主吏椽，曹参是狱椽，两人同时参加了刘邦起兵。后来，一个运筹帷幄、支撑全局，一个披坚执锐、身经百战，又同时成为西汉王朝的开国元勋。

刘邦统一后，大行封拜，先树萧何为酂侯，食邑最多，这时，包括曹参在内的战将功臣们愤愤不平，都说："臣等身被坚执锐，多者百余战，少者数十合，攻城略地，大小各有差。今萧何未尝有汗马之劳，徒持文墨议论，不战，顾反居臣等上，何也？"刘邦借狩猎讲明了萧何在建汉中的作用，他说："夫猎，追杀兽兔者，狗也，而发踪指示兽处者，人也。今诸君徒能得走兽耳，功狗也。至如萧何，发踪指示，功人也。"既然说到这一步，战将们便不好再说什么。

受封完毕，排定位次时，战将们推出了他们的代表曹参，纷纷陈辞道：“平阳侯曹参身被七十创，攻城略地，功最多，宜第一。”分封之时，刘邦已拂逆功臣，首封萧何，这时，虽然仍想将其列为第一，但一时找不出新的理由，关内侯鄂君很了解刘邦的心思，遂上言论萧何与曹参之功劳，他说：“群臣议皆误。夫曹参虽有野战略地之功，此特一时之事。夫上与楚相距五岁，常失军亡众，逃身遁者数矣。然萧何常从关中遣军补其处，非上所诏令召，而数万众会上之乏绝者数矣。夫汉与楚相守荥阳数年，军无见粮，萧何转漕关中，给食不乏。陛下虽数亡山东，萧何常全关中以待陛下，此万世之功也。今虽亡曹参等百数，何缺于汉？汉得之不必待以全。奈何欲以一旦之功而加万世之功哉！萧何第一，曹参次之。”

刘邦当然立即采纳了这一建议。虽然两次事件都是刘邦定夺，但曹参、萧何之间却产生了较深的隔阂。史称：“（萧）何素不与曹参相能。”又称，“参始微时，与萧何善，及为将相，有隙。”但两人又都有一个共同的特点，即宰相气度，都做到了不以私害公。萧何病重之时，惠帝前往探视，问道：“君即百岁后，谁可代君者？”萧何答道：“知臣莫如主。”惠帝问：“曹参何如？”萧何马上顿首道：“帝得之矣，臣死不恨矣！”完全抛弃个人恩怨，举荐曹参。而曹参为相后，也是不计个人恩怨，一仍萧何成法，史称：“至何且死，所推贤唯参，参代何为汉相国，举事无所变更，一遵萧何约束。”

唐中期的名相李泌就是不计私情以大局为重的代表。

安史之乱爆发后，李泌随肃宗至彭原（今甘肃镇原东），规划反叛大计。肃宗与李泌谈及李林甫，想命令诸将，克长安后，掘其冢墓，焚骨扬灰。李林甫是唐玄宗后期宠信的奸相，口蜜腹剑，害人无数。他曾谗害李泌，几致死地，按照常理，对肃宗这一想法，他自然会十分赞同。但李泌考虑的却不是个人私愤，他认为若是肃宗为首的新朝廷这样对待以往的怨仇，恐怕会波及安史叛军中的新仇人，使他们断了改过自新、归附朝廷的念头。因此，他提出：“陛下方定天下，奈何雠死者，彼枯骨何知，徒示圣德之不弘耳。且方今从贼者皆陛下之雠也，若闻此举，恐阻其自新之心。”肃宗听后，十分不悦，反问道：“此贼昔日百万危朕，当是时，朕弗保朝夕。朕之全，特天幸耳！林甫亦恶卿，但未及害卿而死耳，奈何矜之？”后在李泌的反复劝导下，肃宗接受了这一意见，并说：“朕不及此，是天使先生言之也。”

对昔日仇雠如此，对昔日有恩于他的人，李泌也同样不徇私情，以大局为重。肃宗与李泌少相友善，一直尊称“先生”，其爱妃张良娣非常关照李泌，并曾为其解脱险境，安史之乱爆发后，两人又都十分倚信李泌。但在关于张良娣的问题上，李泌一直恪守大局，不肯迁就，肃宗抵彭原不久，玄宗曾派人送给张良娣一副七宝鞍，李泌认为应交付国库，他说：“今四海分崩，当以俭约示人，良娣不宜乘此。请撤其珠玉付库吏，以俟有战功者赏之。”听到这话，张良娣不太高兴，道：“乡里之旧，何至于是！”良娣与李泌又是同乡，故云。肃宗道：“先生为社稷计也。”马上命人撤下七宝鞍。过了不久，肃宗又对李泌道：“良娣祖母，昭成太后之妹也，上皇所念。朕欲使正位中宫以慰上皇心，何如？”也就是要封良娣祖母为太后。李泌则认为：“陛下在灵武（今宁夏永宁西南），以群臣望尺寸之功，故践大位，非私己也。至于家事，宜待上皇之命，不过晚岁月之间耳。”肃宗又接受了这一建议。不过，李泌也由此得罪了张良娣，以后，连续发生了一些不愉快的事情，使他一度归隐山林。

凡事有大小轻重之分。政治乃天下之公器，是为众人谋利益的事情，而个人恩怨属于个人之私务，切不可以私乱公，以小乱大！

智慧 59

千万不要患得患失

【原文】

子曰："鄙夫！可与事君也与哉！其未得之也，患得之；既得之，患失之；苟患失之，无所不至矣！"

【解析】

孔子说："可以和一个鄙夫一起事奉君主吗？他在没有得到官位时，总担心得不到。已经得到了，又怕失去它。如果他担心失掉官职，那他就什么事都干得出来了。"

患得患失的人什么都做得出来。为了得到自己的一已利益，或者为了保住自己的既得利益，打击同事，排挤异己，不择手段，无所不用其极。

其实，患得患失的人自己也很痛苦，很无聊，活得并不自在，并不轻松。那可真是"熙熙攘攘为名利，时时刻刻忙算计"。结果，还多半会"算来算去算自己"。对这种人来说，人生就正如哲学家叔本华所指出，是在痛苦与无聊，欲望与失望之间摇晃的钟摆，永远没有真正满足，真正幸福的一天。

从前，晋国有位并不富裕的农夫不慎丢失了一头牛，可他仍像从未丢失过什么值钱的东西似的，整天乐呵呵的。旁人不解，问他为何不去寻找丢失的那头牛？农夫笑笑说："牛是在晋国丢失的，肯定被晋国人拾到了。牛还在晋国，我何必费心去找它呢？"

孔子听说这件事后说，如把"晋国"两字去掉不是很好吗？老子感慨道，要是再把"人"字去掉就更好了！

晋国农夫没有因为自己家中丢失了一头牛而沮丧，更没有因为自家有所损失而悲伤，而是超越物之主人为谁之羁绊，从容而又洒脱地把自己之物推及为晋人之物，从而得出一国之内物之没有得与失。此乃人生之第一境界。

孔子认为，此人的境界还有个局限，应该把自己之物推及到世人之物，突破有限的国界，其境界更为宽广。此乃人生之第二境界。

老子更高一筹，他把一头牛放进大自然中，挣脱了人之束缚，让其往来无牵挂，真正回归自然。此乃人生之第三境界，也是最高境界。

人生得失是常事，有些东西失去了就永远不能再得到。面对得失，能够达到像晋国农夫那样坦然的心胸，心中会少些阴郁的云朵，透进更多的阳光。如若能像孔子所言，人世间的种种得失便随风而去，红尘中的你还能不轻装上阵？更甚者，如老子，人生无所谓得与失，让心灵像云一样飘逸，让思绪无边际地驰骋，定会看到风光无限。

人生如白驹过隙，面对种种挫折与失败，怀什么样的心态，就会有什么样的人生。

麻烦的是，进入所谓现代社会以后，生活节奏加快，竞争加剧，患得患失的人们越来越多，而从容不迫，悠哉悠哉，保持平静心态的却似乎是越来越少了。

北宋的政治家、文学家范仲淹在《岳阳楼记》中写有八个字，可为得失之谈的经典。这八个字是："不以物喜，不以己悲"。字虽少，透出的意思却流传千古。

凡人皆有七情六欲，面临得失，很少有人能泰然处之，患得患失的心情搅得本来平静的生活乱成一团糟，就像疑邻偷斧的古人，几千年来成为笑柄。

所以当面对别人的"得"，有嫉妒得红了眼的，有羡慕得上了火的，当临到自己"得"时，又有洋洋得意，及至尾巴翘上了天的人；面对别人的"失"，有幸灾乐祸的、有冷眼旁观的、有悲天悯人的，自己"失"时，又有捶胸顿足的、呼天抢地、怨天尤人的。甚至有些不择手段的人，把自己的"失"转嫁到别人身上，把自己的"得"建立在别人的"失"之上，这样的人就更加恶毒了。

但也有如范仲淹一样的人，并不因外物的好坏与自己的得失而或喜或悲。他们把心思放到了更为远大的事项上，所以眼前的小“得”小“失”就不在他们的心事中了。这样的人才是真正懂得驾驭自己人生的人。

得失就像人体内的血，缺少了就会贫血、眩晕乃至危及生存，而太多了反而会引发血稠、血脂升高，同样会危及生命。

由此可见，保持一份平常心，才是面临得失的处事之道。别人得再多也是别人的，与我丝毫不相干；别人失再多也是别人的，我能帮则帮，帮不上也没必要长吁短叹。同样，我得再多也是凭能力得到的，付出自有回报，也不必因此而沾沾自喜；我失再多也只能从自身上找原因，客观情况本来就是千变万化，须怨不得别人。这样看来，问题岂不简单得多了？

事实上，得失问题归根结底是一个不断总结经验、不断发展进步的过程，“得”就总结好的经验，发掘不足，以利再战；“失”则深刻检查原因，找出解决问题的办法，把失去的夺回来。别人的“得”正是自己需要加强和改进的地方，别人的“失”正是自己需要改正和防范的地方，如果一切得失都从这个角度去应对，又何愁大事不成？又怎么能够使我们自己不落入彀中，少一分虑患，多一分悠闲呢？

心理学所说的“自我协调和自在”法，基本功夫就在于“看懂自己”。正确看待得失，不遇事紧张，不为小事抓狂，不莫名其妙生气哀伤，不悲天悯人，主动适应变化。

患得患失就是一味地担心得失，斤斤计较个人的得失。患得患失是人生的精神枷锁，是附在人身上的阴影，是浮躁的一个重要表现形式。生活中出现阴影是因为我们挡住了人生的太阳。

生活中往往有这样一些人，做什么事情之前都要反复考虑，做完之后又放心不下，对方方面面都考虑得尽量周到，如有不妥，就很担心把事情办砸并担心别人对自己的看法，并且极其注重个人的得失，他们被笼罩在患得患失的阴影之中，心房被得失纷扰得没有一分安宁。这些人整天神经兮兮，心中布满疑虑、惴惴不安，生活中当然不会有轻松与愉快。

孔子说：仁和的人不忧虑，智慧的人不迷惑，勇敢的人不畏惧。有人解释说：人的才智性格各异，在修养自己的时候，哪些地方需要特别用力也互不相同，但有三个方面是人人都需下功夫的，即如何做到不忧、不惑、不惧。

仁者不忧，智者不惑，勇者不惧，这是儒家人格要求的三个基本要素。康有为解释这三个方面说："人之生世，忧患、迷惑、恐惧，乃共苦者。极乐、大明、无畏，乃神明之至，人道之极。孔子深得极乐之道，随人何地，皆欢喜自得，而永解苦恼者也；备极大明，随人黑暗，皆光明四照，而永无迷失者也；浩气独立，随人危险，皆安定从容，而绝无畏惧者也。故仁智勇三者，乃度世之宝筏也。"

这三个方面是彼此关联的，但最基础的基础，第一原动力是仁。仁就是以爱心对待世界、对待众人、对待万物，这是向外交接的方面；而在向内修养方面，则是要心性和谐，不被那些自己努力达不到的东西、那些为时运所制约的东西、那些人皆不可抗拒的东西所骚扰。两者合起来，就是和心和物，就是不忧不烦。人只有有这样的气度和德性，才能客观地认识万物，不断增进知识和智慧；同样也只有有了这样的德性和气度，又有了对事物的必然规律的正确认识，才能够对各种逆来之事无所畏惧。

对于一个 21 世纪的现代人来说，仁、智、勇三者，仁的方面更为难得，因而也更有意义。现代物质生活高度发达，物欲对人的刺激百倍强烈；现代人际交往全面开放，社会关系对每个人都是严峻挑战；现代生活节奏快速，谋生的奔忙使人失去了精神的闲和；现代社会技术化渗透到一切领域，人也成了技术运转中的一个环节……人人在竞争中生存，时时有朝不保夕的紧迫感，处处有喧嚣有矛盾，忧烦充满人生。孔子那种只问耕耘，不问收获，坚定执着地努力，成败听诸天命，把一种崇高的信念安放在日常具体的行为中，因而就结果看虽似一无所获，但就过程看人生的每个环节、每个举措却都是那样充实、丰厚、自足，因而坚忍紧迫而不惶惑忧惧，因而对外来的刺激，对世人的跳梁皆受而不惊……这样伟大的仁者品格，怕已成为举世绝响了。

我们只能于静中侧耳聆听，希望它有一两个音符在我们的生命中响起，与我们的人生相伴。

或者，可以不得已而求其次，只要日子过得充实，内省无所愧疚，不为不相干的白操心、干着急，也可达到不忧不惧吧。人能不忧者，中实故耳。“中实”这两个字，是人人都可下功夫做得到的！

智慧 60
简单生活的快乐

【原文】

子曰："贤哉，回也！一箪食，一瓢饮，在陋巷，人不堪其忧，回也不改其乐。贤哉，回也！"

【解析】

孔子说："多么有修养啊，颜回呀！一筐子饭，一瓢子水，住在简陋的巷子里，别人受不了这种困苦，颜回呀却不改变他的快乐。多么有修养啊，颜回呀！"

《孟子·离娄》篇曾提出"禹、稷、颜回同道"的观点，说："禹、稷当平世，三过其门而不入，孔子贤之。颜子当乱世，居于陋巷，一箪食，一瓢饮，人不堪其忧，颜子不改其乐，孔子贤之。"在孔子所称为"贤"的两种人中，包含了他的两大理想：立功与立德。立功就是推行仁道，造福天下，实现大同世界；立德则是建立一种乐道自足的强大的精神境界，富贵贫贱，始终如一。

所谓"孔颜乐处"，就是指立德。人生的一切欲望，归纳起来是两种：精神欲望和物质欲望。为了满足这两种欲望，相应地就产生了两大追求：精神追求和物质追求。庸人、小人把物质欲望当作人生的全部，所以没有多少精神的追求。

君子、贤人精神的欲望特别强烈，但是却也不能没有物质的欲望，所以他们得承受这两种欲望的激烈冲突，他们比庸人、小人多承受一份根本的人生痛苦。只是他们最终能以精神欲望居于主导地位，达到一种有伟大包涵力的崭新的心理和谐。这种有伟大包涵力的崭新和谐，就是"安贫乐道"。

安贫乐道是激烈的内心冲突的产物，同时又是精神力量强大的表现。它是“安于贫”，而不是“乐于贫”；之所以“安贫”，是为了“乐道”。所以程颐说：“颜子之乐，非乐箪瓢陋巷也，不以贫窭（空乏）累其心而改其乐也。”

为什么付“安贫”这样大的代价来“乐道”呢？我们且看下面两则故事：孔子见齐景公，齐景公要把廪丘那地方送给孔子作为他的养生之资，孔子推辞没有接受。他回来对学生说：君子应当先立功，后受禄。我今天给景公提了很多建议，他都不采纳，却要把廪丘那地方送给我，他太不了解我了。于是就驾着车离开了齐国（《吕氏春秋·离俗览·高义》）。

这是第一个故事。

第二个故事是子问颜回：回呀，你家里贫穷，住得那样窄小简陋，为什么不去做官呢？颜回回答道：城外有块土地，可以供我吃饭喝粥；城内有块土地，可以供我穿衣；家里有一张琴，可以用来自娱，老师您教的大道，足以给我无上乐趣，所以我不愿去当官（《庄子·让王》）。

这两个故事从两方面回答了上述问题。一、所为和所得不相称，无功受禄，靠不正当的手段获取富贵，这些都是不合理的，因而不仅不能给人带来快乐，反而会令人心怀不安；二、精神的快乐是最高的快乐，它值得人们忍受物质生活的贫穷来获取。

扬雄《法言·学行》篇中说，有人认为“穿朱红色衣服（即做大官），怀里揣着黄金，那种快乐真无法计算！”但也有人说：“穿朱红色衣服，怀揣黄金的快乐，远不如颜回那样的快乐！孔颜乐处是只有那些无法以一己的物质舒适来满足心灵的人才愿意、才能够享受的！”

孔子赞美颜回的简单生活，显然在说：简单就是美，简单就能快乐。简单的生活节约能量与时间，从而使人有更多精力去侍奉心灵，当然会活得明白一些，快乐一些。

有人问古希腊智者爱比克特德：“智者的标志是什么？”

爱比克特德说：“不为自己没有的东西伤悲，而为自己拥有的东西喜悦，这才是智者。”

智慧 60
简单生活的快乐

爱比克特德说得没错，人的痛苦缘于欲望太多，如果能满足于既有收获，当可享受无限快乐。

智者是知足的，所以是快乐的。

先前我们已经讲了，“道不行，乘桴浮于海”，就是说无论道行与不行，我们的理想能不能实现，都应该是快乐的。

理想应该为现实服务，当理想阻碍了我们，就抛弃它。

孔子原来想做大官，周游列国满世界跑，没有做成，只好铩羽而归，在家乡当了个教书匠。没想到一做就其乐无穷，他终于明白：

1. 做小比做大更大。

2. 该做什么就做什么，不要强迫自己。

孔子把自己的这两条智慧传给了弟子们，师生们全都受用无穷，每个人都快乐得不得了，一下子就把儒家的名气搞大了。

“儒”原来是主持祭祀的小礼官，在人们眼中是那种木呆呆的呆子，没想到现在这呆子一下变得这么活泼，并把祭祀搞得堂堂皇皇，热闹非凡，没法不让人刮目相看，投入它的怀抱。

在孔子之时，道家不求闻达、墨家生活太苦、法家太严厉，都让人不喜欢。孔子一下子把儒家搞得大家都高兴一片，又读书明礼，又好玩，当然会吸引众多信徒，成为当世第一显学。

孔子的首席大弟子为颜回，最受孔子欣赏。

颜回是个什么样的人呢？圣人。

孔子说：“回也非助我者也，于吾言无所不说。”认为颜回已经不再是自己的助手，而是同道。孔子经常虚心学习颜回的美德。不幸颜回早死，孔子大哭：“天丧予、天丧予。”师生情深，让人感动。

颜回把这个世界留给了孔子，就像约翰把这个世界留给了耶稣，使他们身上的担子更重了。同时也因为先知数量的减少而激发了先知的智慧，从而以各种手段传道天下，最终以肉身而成仁，引领世界。

圣人就是“剩人”，是挑选之后剩下来的人。别的人因为本事太大，都飞了，走了，他还老老实实留下来，所以叫“剩人”。

“剩人”自有好处。正因为他是剩下来的，所以没人与他争，这就太好了，做人做到没人争的地步，当然自由自在，自得其乐。

颜回家在哪里？陋巷子里。

颜回吃什么？当然也吃饭。但他不吃山珍海味，不吃大鱼大肉，只吃蔬菜面条，大葱夹大饼，简简单单，在他就是无上美食。

颜回喝什么？当然喝水。但他不喝高级饮料，白开水、凉井水就很爽了，何必又花钱又麻烦？

人们都担心：这人怎么过呀？没想到颜回一天到晚都很快乐，别人完全不必担心，而且他还能帮助人呢。

你看，这不是圣人是什么？

圣人就是“胜人”，就是胜利者。他没有多少钱，也没有所谓的身份地位，但他快快乐乐，比有钱有势的人快乐，所以别人都比不过他，他是胜利者。

从前有个人向他的师父诉苦：“哎呀，我好苦，我好累。”

师父问他：“你为什么会这样？”

他说：“我吃饭都累。吃少了怕饿，吃多了怕不消化。吃肉怕胖，吃菜怕瘦，不吃又不行。”

师父笑了：“我明白了。你就饿自己一天试试看。”

“行吗？”

“试试看吧。”

于是这人饿了自己一天，饿坏了，第二天一开饭大吃一顿，好美呀，拍着肚子来见师父，“师父啊，我明白了。”

“你明白什么？”

“吃饭就吃饭，原本很简单。”

“哈哈，你明白了。”

现代人已渐渐到了不会吃饭、不敢吃饭的程度了，想必也到该饿一下的地步了。

智慧 60

简单生活的快乐

人活得越简单越好，这样才会见本心，才不会失去生存的基本技能。

孔子说：“君子居之，何陋之有？”就是说君子不以住得简陋为耻，而以简陋为便。孔子在另一处说得更彻底，他说：“君子固穷。”“穷”指不得志。总述孔子之意，在肯定一种越困难越乐观，并且任何时候不失品位的生活。

孔子赞美颜回“在陋巷”，好像与他主张“富而好礼”的生活相冲突，其实没有。君子无论富与穷，显与达，都能把自己做好。颜回的陋巷就是颜回的天堂，颜回的天堂就是孔子的圣堂。

智慧61
饮食得法，养生有道

【原文】

食不厌精，脍不厌细。食饐而餲，鱼馁而肉败，不食。色恶，不食。臭恶，不食。失饪，不食。不时，不食。割不正，不食。不得其酱，不食。肉虽多，不使胜食气。惟酒无量，不及乱。沽酒市脯不食。不撤姜食，不多食。祭于公，不宿肉。祭肉不出三日。出三日，不食之矣。食不语，寝不言。虽疏食菜羹，瓜祭，必齐如也。

【解析】

上面的话翻译成白话文就是：饭食不嫌整治得精巧，鱼肉不嫌切得细致。饭菜馊了、鱼肉腐烂了都不吃。变了颜色，不吃。发臭，不吃。没煮熟，不吃。不合时令，不吃。屠宰牲口不是按一定方法割的肉，不吃。没有合适的调料，不吃。肉虽然多，不超过饭菜。酒虽然不限量，但不喝到醉昏。过夜的酒，街上卖的肉干，不吃。每顿饭不离开吃姜，但不多吃。参加祭祀，祭肉不留到第二天。自家的祭肉不超过三天，超过三天就不吃。吃饭时不交谈，睡觉时不讲话。虽然是用粗饭蔬汤瓜果祭祀，也一定进行斋戒清洁。

关于饮食和养生的关系，古人论述得很多。饮食文化在中国算得上博大精深。但俗常之人往往把饮食仅仅当成“吃喝”，放纵口腹之欲。孔子在这里不仅论述了饮食的方法和规矩，以及食品的卫生和营养学问，而且把饮食上升到人的养生修性的高度上，饮食的学问并不局限在吃喝，这或许正是孔子这段专门讲“吃喝”的文字的意义所在。

古人认为，“医食同源”。这就表明，我国古代的学者，早就对饮食与医药二者之间的相辅相成、对立统一的辩证关系，有着明确而科学的认识。

因此，保健养生之道与食疗之术，既是中国古代饮食文化中一个不可或缺的组成部分；同时，它也是祖国医学宝库中一笔宝贵的财富。

清代康熙皇帝知识渊博，他一生中，对天文、历法、数学、地理、生物、美术、音乐、医学、养生学等，均有研究，且有一定的造诣。

对于饮食与养生之道二者的关系，康熙帝曾经说过："节饮食，谨起居，实却病之良方也。"他不仅这样主张，而且自己也身体力行。因此，他认为主要不是靠医药，靠服什么长生不老的灵丹妙药，而是靠饮食起居有序、有节、有度，来保持自己的身心健康，并使之延年益寿。这也是他"养生之道"思想中的一个核心部分。对此，康熙帝还有一系列的主张和论述：

1. 康熙帝认为，"凡人饮食之类，当各择其宜于身者。所好之物不可多食"。就是说，人们理当养成良好、合理而科学的饮食卫生习惯，决不要贪食和多食。所谓"择其宜于身者"，是指对身体有营养补益价值的东西，而不是指某些个人嗜好的食物。所以他特别告诫人们对"所好之物不可多食"。因为，多则生变，轻则腹胀肚痛，重则诱发病变。在同一次谈话中，康熙帝还指出，"各人所不宜之物知之即当永戒"，因为"人自有生以来，肠胃自各有分别处也"。实践表明，生活中确实存在有"各人所不宜之物"。因为每个人的体质千差万别，肠胃吸收功能强弱不一。例如，有人对虾、蟹过敏，有人对香椿、香菜（芫荽）过敏；有人胃热能吃冷食，有人胃寒不宜吃冷食，等等。这些均需自己时刻记住，加以控制，有的甚至要平日严加防戒。

2. 康熙帝主张高龄人饮食宜淡薄，不宜厚味。他每次外出巡幸，沿途官吏和地方绅耆之人，总要向他贡献本地所产菜蔬，他很喜欢吃。而且，他认为："老年人饮食宜淡薄，每兼菜蔬食之则少病，于身有益。所以农夫身体强壮，至老犹健者，皆此故也。"康熙帝提出的老年人饮食以淡薄为主的主张，从现代医学角度来考察，是十分科学的。当然，农民中那些"至老犹健者"，并非完全靠饮食，还有一个更重要的因素，即劳动。他们岁岁劳作，终岁勤劳，加之日光、新鲜空气、鲜活的食物等，才养成了强健的身骨和体魄。

3. 康熙帝提出，凡果实最好在成熟时吃，而不要在未成熟时过早地摘吃。

他说："诸样可食果品，于正当成熟之时食之，气味甘美，亦且宜人。如我为大君，一人各欲尽其微诚，故争进所得初出鲜果及菜蔬等类。朕只略尝而已，未尝食一次也。必待其成熟之时始食之，此亦养身之要也。"实践表明，果实未成熟时，食之不仅酸涩难咽，还损脾胃和身体，可见，康熙帝的这段告诫是颇为符合饮食卫生和养生之道的。

4. 康熙帝还主张平日每餐饭后，应造成一个有着愉快谐美气氛的环境。他说："朕用膳后必谈好事，或寓目于所好珍玩器皿，如是则饮食易消，于身大有益也。"从生理学的角度来看，他的话是很有道理的。

5. 康熙帝力主注意饮水的卫生。他说："人之养身饮食为要，故所用之水最切。"他曾将各地的水加以区别和比较，其方法是"称其轻重"。他认为"水最佳者，其分量甚重"。"如果遇不到好的水，就把水加热煮沸，取其蒸馏水，烹茶饮之。"他的这个经验是从西藏活佛泽不尊旦巴胡突克图那里得来的。他还提到了山区饮用河水的注意事项。他指出："平时不妨，但夏日山水初发，深当戒慎。此时饮之易生疾病。必须大雨一两次后，山中诸物尽被涤荡，然后洁清可饮。"这恐怕也是从山区乡民那里得来的感性经验之谈，因为山洪暴发时，把腐烂的动物尸骸、粪便、枯枝败叶，以及浮在地表的有害矿物质统统冲刷下来，流入河中。这时的河水当然是不干净的，经过几次冲刷之后，再流下来的水就比较干净了，也只有到这时，人才能饮用，并可能避免生病，从而有利于健康。

康熙帝热爱科学，注重饮食卫生与养生之术，这较之那些深居宫中、贪图奢侈享受的帝王而言，其可贵与高明之处，又何止百倍！一个热爱生命的人，总会懂得健康的珍贵。在饮食文化越来越发达的今天，您是否也做到了善待自己？是否也为自己和家人制定了一份科学健康的饮食规划呢？

智慧 62
志不物移，宁静淡泊

【原文】

子曰：“士志于道，而耻恶衣恶食者，未足与议也。”

【解析】

孔子说：“士有志于（学习和实行圣人的）道理，但又以自己吃穿得不好为耻辱，对这种人，是不值得与他谈论道的。”

在人生的浩瀚海洋中始终漂荡着一叶扁舟，它坚毅自信，果敢不疑，不随波逐流，不轻信盲从，不见异思迁。面对死亡，它敢于以卵击石，这就是真理。人应该立志追求真理、服务社会，并以此作为人生目标。在实现这个目标的过程中，不可能一帆风顺，而经常面临的是艰苦环境，想舒舒服服地实现人生目标是不可能的。在这个尖锐的矛盾面前怎么办？孔子认为真正忠于道者必须不顾及条件的艰苦，坚持不懈地奋斗。倘若又想奋斗又害怕艰苦，那就免谈了。

“士志于道，而耻恶衣恶食者，未足与议也。”孔子这句话是说一个人的意志，有可能被物质环境引诱、转移，真要是如此，那也就不用和这种人谈学问、说道了。换句话说，孔子强调实观人生目标必须与艰苦奋斗紧密相连，成功永远属于那些不怕艰苦、不耻恶衣恶食者。因为孔子敏锐地看到了这样一种鲜明的景象：那些衣食精美、富贵荣华的达官显贵们常不能像家世寒微者那样坚持节操，为国尽忠；那些厕身于朝廷高堂上的春风得意者，常不能像那些在山野上辛勤劳作的躬耕者那样料事如神，深明道理。同时，那些以野菜之类来充饥的贫困者，常常多有那清爽如水、纯洁似玉的高洁人品；而那些惯于华衣美食的富贵者，反而极易为了保持那些锦衣玉食而显出甘做奴隶的软弱性格和嘴脸。为什么会这样呢？合理的解释只能是：那些家世寒微的劳动者倘处得好清贫的生活，他就能因淡泊而明志，因明志而对人对事应对得当；而那些高官厚禄者倘过分地依赖于富贵，他就有可能过分地沉湎于富贵温柔乡之中，逐渐消磨了自己的斗志，在关键时刻，甚至会为了保持眼前的那些锦衣玉食的富贵生活而丧失了气节与志向。孔子的这个见解哲理深邃，人生体味丰富。

三国时期蜀国的名相诸葛亮，心怀济世救民的高尚志向，有自比管仲、乐毅的自信心。而他这种志向、自信，并不是在刘备“三顾茅庐”请他出山担任军师、丞相之职后才建立的。恰恰相反，他的志向与自信都是在他隐居隆中，过着山野村夫的生活时就形成的。那时，他过着结庐耕学的生活，即使在自己结砌的茅庐中，以耕耘种田为生，在学习方面也绝不懈怠。生活虽清苦，他还是十分关注世事局势的变迁，不时与知心朋友一道谈古论今，逐渐形成了自己的一套看法与主张。这种举止又与他的高尚志向合在一起，使他赢得了时人的敬重，被视为卧虎藏龙式的人物。所以，当刘备慕名恭请他出山时，年刚二十七岁的他才能了如指掌地纵论天下的形势，才有那名传千古的《隆中对》。可以说，没有淡泊明志的青年诸葛亮，就不会有日后被视为中华民族智慧化身的诸葛亮。他自己也最懂得淡泊与明志的关系，所以，日后他还在《诫子书》中告诫儿子：

夫君子之行，静以修身，俭以养德，非淡泊无以明志，非宁静无以致远。夫学须静也，才须学也，非学无以广才，非志无以成学。慆慢则不能励精，险躁则不能治性。年与时驰，意与日去，遂成枯落，多不接世，悲守穷庐，将复何及！

“非淡泊无以明志，非宁静无以致远。”这两句传诵至今的名言，是他深刻的人生体验，也是他一生叱咤风云的底蕴。

与堪称淡泊明志楷模的诸葛亮形成鲜明对照的，是诸葛亮受托辅佐的蜀国后主刘禅。这位“阿斗”则可称为因浓艳而损志，从肥甘而丧节的典型。刘禅不同于其父刘备，虽也经历过战乱，却多是生活在娇生惯养的环境中。父辈出生入死，九死一生，为他打下一片江山，留下一点基业。但当时形势不容乐观，北面魏国虎踞龙盘，东面孙权据险而守，西面少数民族人心也未必永远诚服，要巩固基业，向外拓展，没有宏图大志，是难以立足的。但是，刘禅却无大本事，更可悲的是他成天混迹于后宫，与嫔妃寻欢作乐，早把“进取”二字丢在九霄云外，更谈不上建树起高远的志向。有诸葛亮凭着一股鞠躬尽瘁的劲头，蜀国还能出兵伐魏，刘禅还能背靠大树好乘凉。诸葛亮死后，刘禅就一筹莫展了，到了魏兵大军压境之时，他就只有乖乖投降的份了。当他被魏兵押到洛阳时，在司马昭举行的一次宴会上，刘禅看到了蜀地歌舞，非但未勾起亡国之恨，还笑个不停，当司马昭问他：“你不想念蜀地吗？”他脱口而出的回答竟是：“这里很好，所以我不想念蜀地。”从而留下了一个“乐不思蜀”的笑柄，历史上称他为“扶不起的阿斗”。

这不仅是蜀国的悲剧，更是诸葛亮的悲剧。读一读杜甫的《蜀相》怎不令人感叹？！

丞相祠堂何处寻？锦官城外柏森森。映阶碧草自春色，隔叶黄鹂空好音。三顾频烦天下计，两朝开济老臣心。出师未捷身先死，长使英雄泪满襟。

无深刻的人生体验者，是不知淡泊之难能可贵，不知淡泊有助于明志的。只有那些有丰富的社会阅历、通晓人情世故而又尽尝人世的浓淡滋味者，才会知道淡泊有助于坚守远大志向，才会拒绝那纷乱而又华而不实的生活，甘于淡泊的人生，从而在天地间留下了一个清雅的名声。

那么，说“非淡泊无以明志”，是否太绝对了呢？不是的。因为淡泊能使人清心寡欲，使人不至于过分地执着于财富、权势和名誉，能够体察到名誉、权势等并不是最重要的东西，从而超越那种短浅的功名目标，建树起追求更高人生价值的志向。淡泊也能使人不至于被过分繁杂的生活头绪所迷惑，使人得以纯洁自己的身心，从而培植出超凡脱俗的心灵。心静气定，无疑有助于实现自己的高远志向。总的来说，淡泊是明志的基础，明志则是淡泊生活的升华。

明末清初文学家李笠翁说，人生就是戏台，历史也不过是戏台，而且只有两个人唱戏，没有第三个人。哪两个人？“一个男人，一个女人。”这句话又引起另一则有名的故事。相传清朝的乾隆皇帝游江南，站在江苏的金山寺，看滚滚长江上有许多船来来往往，他问一个老和尚：“老和尚，你在这里住了多少年？”老和尚当然不知道这个问话的人就是当今皇上，他说：“住了几十年。”又问：“几十年来看见每天来往的有多少船？”老和尚说：“只看到两只船。”乾隆惊奇地问：“这是什么意思？为何几十年来只看到两只船？”老和尚说：“人生只有两只船，一只为名，一只为利。”乾隆听了很高兴，认为这个老和尚很了不起。李笠翁和那位老和尚，为什么对人情世事看得如此透彻，就在于他们在淡泊中培植出一种超尘脱俗的心灵，才不被世上那纷乱而又华而不实的生活所迷惑、所羁绊。

当然，要真正地过并且过得好淡泊的生活，是说来容易做来难的。人生总是有许多追求、许多奢望，比如功名、富贵、金钱、美色等等，好东西谁不喜欢呢？孔子自己也说过：“饮食男女，人之大欲存焉。”但是，对于一个想要有所作为的人，如果不能抵御外界声色犬马的诱惑，玩物丧志，轻则荒废学业、事业，重则身败名裂。

智慧 63
学点自得其乐的本领

【原文】

子曰："饭疏食饮水，曲肱而枕之，乐亦在其中矣。不义而富且贵，于我如浮云。"

【解析】

孔子说："吃粗粮，喝白水，弯着胳膊当枕头，乐趣也就在这中间了。用不正当的手段得来的富贵，对于我来讲就像是天上的浮云一样。"

的确，其实我们每一个人的人生自有大乐，自己应有自己的乐趣，并不需要靠多么丰富的物质，能满足生存就可以了，更不需要虚伪的荣耀。"饭疏食饮水，曲肱而枕之，乐亦在其中矣。"

这句话是说孔子对这样的生活——吃粗糙的饭，喝凉水，累了弯着胳膊当枕头睡的日子，也觉得充满乐趣。不合理的，非法的，不择手段地做到了又富又贵是非常可怕的事。在实行科举制度后，古代许多家庭（包括农民之家）都竭力供子孙上学读书，力图通过科举，进入上层社会。如果能做官，有了权，就可以以权谋私，贪污受贿，敲诈勒索，"三年清知府，十万雪花银"。但是，宦海浮沉，难以逆料。

孔子时代的家庭管理，由于局限于当时的生产水准（如工具等等），以至于物质文明和精神文明，这两方面的程度都不高，因此，家庭管理的成绩只表现在基本的双重关系上，亦即家业管理和家庭成员的管理。

《论语·子路》篇里有这么一段记载：子谓卫公子荆，"善居室。始有，曰：'苟合矣。'少有，曰：'苟完矣。'富有，曰：'苟美矣。'"这段话说的是孔子评论卫国公子荆最会治理家业的事。孔子说卫国公子荆初有财货器用时，他便说："差不多够了。"稍有时，他便说："差不多完备了。"富有时，他便说："差不多称得上完美了。"

公子荆是对于自己所拥有的家财能够知足的人，孔子逢人便称赞卫公子荆。孔子之所以如此，是因为当时的卿大夫不是贪污谋利，便是沉溺于奢侈的生活。

最难得的是，当时孔子担任了不小的官职，他不以权谋私，而是提倡节约，并以身作则。

在《论语·里仁》篇里，孔子又说道："以约失之者鲜矣。"这个"约"并不只限于对财物俭约、不浪费。凡事能够自我节制约束的人，他若有足以成就大事的才能，再加上有一颗对事情敬畏的心，便能好好运用他的长处；一个能够自我节制约束的人，尽管没有什么足堪大任的能力，只要有颗慎重于事的心，便可以补其所短。宋朝的儒者范浚曾经说过："守约是俭德；听能俭，可以养虚；视能俭，可以养神；言能俭，可以养气。人凡俭，皆以悠久无穷。"

孔子提倡节约的原则，勤俭节约已经成为中华民族的家族管理中的优良传统。中国人重视自己辛勤努力而得的成果，同时也重视勤俭节约、家庭消费的经济效果和利益。更重要的是，中国人也因此而驰名全球。在这方面，孔子的功绩是永久不灭的。

伏波将军马援是东汉王朝的开国功臣。他有两个侄子，马严和马敦。两人喜欢讥议别人，结交侠客。马援为此很是担忧。当时，他正领兵征讨交趾征侧、征贰起义。尽管征途遥远，戎马倥偬，他还是修书告诫两侄：

吾欲汝曹闻人过失，如闻父母之名，耳可得闻，口不可得言也。好论议人长短，妄是非正法，此吾所大恶也，宁死不愿子孙有此行也。汝曹知吾恶之甚矣，所以复言者，施衿结缡，申父母之戒，欲使汝曹不忘之耳。

马援在信里举了龙伯高和杜季良为例。龙伯高即龙述，京兆任山都长，为人敦厚周慎，谦约节俭，廉公有威。杜季良名保，也是京兆人，时任越骑司马，豪侠好义，忧人之忧，乐人之乐，清浊无所失。两人均为马援所爱重，但马援却希望侄子效法伯高，而不要效慕杜季良的为人。因为：效伯高不得，犹为谨敕之士，所谓刻鹄不成尚类鹜者也。效季良不得，陷为天下轻薄子，所谓画虎不成反类狗也。

马援对侄子的教导，从他对兄子王磐的态度上也可以看出。

王磐字子石，是王莽从兄平阿侯王仁之子，新莽败亡后，拥富赀居故国。他为人尚气节而爱士好施，在江淮间很有名气。后来游历京师洛阳，又与卫尉阴兴、大司空朱浮、齐王亲共相友善。马援对此很不以为意，于是对其姊子曹训说："王氏，废姓也。子石当屏居自守，而反游京师长者，用气自行，多所凌折，其败为也。"一年以后，王磐果然被司隶校尉苏邺和丁鸿的案件牵连，坐死洛阳狱。他的儿子王肃不接受教训，复出入北宫及王侯邸第。

及郭后死，有人告发，以为王肃受诛之家，客因事生乱，虑致贯高、任章之变。光武帝见书大怒，于是命令郡县收捕诸王宾客，转相牵引，死者以千数。以致有的被株连的人临死叹息说："马将军诚神人也。"

由此可知，马援所提倡的敦厚周慎、谦约节俭不失为儒家治家处世的准则之一。

疏广，字仲翁，西汉东海兰陵（今山东枣庄东南）人。他博览多通，尤精《春秋》，先在家乡开馆授课。由于学问渊深，四方学者不远千里而至。朝廷得知后，征调他去都城长安，任以博士太中大夫。元平三年（公元前71年），宣帝拜请他充当东宫皇太子的老师，为太子少傅，不久转迁为太子太傅。他的侄儿疏受，也以才华过人被征为太子家令，旋又升为太子少傅。从此，叔侄二人名显当朝，极受荣宠。

疏广是一位识大体、知进退的人。他对太子的辅导极其认真，教之以《论语》《孝经》，晓之以礼义廉耻，希望太子日后担当起治国平天下的重任。当太子十二岁时，他以年老体衰为由，奏请朝廷辞官回家。临行前，宣帝赏赐黄金二十斤，皇太子赠以黄金五十斤。其他公卿大臣，也分别馈送财物，并特意在京城的东郭门外设宴为他饯行。站在大道两旁观看的人们，见送行的车子便有数百辆，都感叹地称他为“贤大夫”。疏广真可谓是家私丰足、荣归故里。

但是，说也奇怪，疏广回到家乡后，竟绝口不提购置良田美宅，而是将所得财物赈济乡党宗族，宴请过去的故旧亲朋。不仅如此，他还几次询问余剩钱财的数目，意思是要把这些财物都花得一文不剩。疏广的儿孙们很着急，可又不敢言语，只好私下请了几个平时与疏广要好的老人，希望他们能劝说疏广，及时建造房舍和购买田地，使子孙后代也有个依靠。几位老人觉得这些意见是对的，便在相聚时从中规劝疏广，要他多为儿孙们着想，置办家产。疏广笑着说：“你们以为我是个老糊涂，不把子孙后代的事情惦挂在心吗？我的想法是：家里本来还有房舍和土地，只要子孙们勤劳节俭，努力经营，精打细算，维持普通人家的穿衣吃饭是不成问题的。”老人们还疑惑不解。疏广接着说：“如果现在忙于为子孙后代买地盖房，子孙们饭来张口，衣来伸手，不愁吃，不愁穿，反而会使儿孙们懒惰懈怠，不求上进。一个人要是腰缠万贯，家中富足，贤能的容易丧失志向，愚笨的则变得更加蠢陋。再说，钱多了还容易招人怨恨。我过去忙于国事，对子孙的教育不够，如今不为儿孙们置办产业，正是希望他们能够自力更生，克勤克俭，这也是爱护和教育儿孙的一个办法啊！”老人们被说服，再也不为他的子孙们去说情了。

疏广对待子孙后代，务在劳其筋骨，苦其心志，以免使他们成为好逸恶劳的纨绔子弟，表面看来似乎不近情理，但其用心是何其良苦，又何其明智！物质生活和精神生活都是人的生命之需，但若是过分地追求物质生活，沉湎于物质享受之中，而忽视了精神生活的完善，那么，人就会丧失精神家园，成为精神上的流浪者，不能真正自得其乐。

智慧 64
健康生活，宁俭不奢

【原文】

子曰：“奢则不孙，俭则固。与其不孙也，宁固。”

【解析】

孔子说：“奢侈了就会骄傲，俭朴了就显得寒酸。与其骄傲，宁可寒酸。”

宋儒汪信民曾说：“得常咬菜根，即做百事成。”节制而俭朴的生活能磨炼意志，锻炼吃苦耐劳、坚韧顽强的精神，使人们在通往理想的道路上，披荆斩棘，奋勇直前。如果在个人生活上，迷恋于吃喝玩乐，既消磨人的意志，又会分散工作精力，这样的人必将难成大器，甚至会在生活中迷失方向。

春秋时期鲁国大夫御孙说：“俭，德之共也。”俭朴的生活，可以使人精神愉快，可以培养人的高尚品质。生活俭朴的人具有顽强的意志，能经受得住艰苦的磨炼，胸怀开阔。无心于考虑物质生活，更不会受钱财的诱惑。物质生活条件的好坏，对他们来说，没有丝毫的影响。因此，这种人住在竹篱盖的茅屋，也有清新的生活情趣。

晏婴是春秋末期齐国的宰相，有一次晏婴正在家中吃饭，突然景公派人到晏婴家来了，他得知这位大臣还没吃饱，便将自己的饭分出一半请客人吃，结果客人和他都没吃饱。使臣回府后，便把这件事告诉了齐景公。景公听后，十分感叹地说：“晏婴家里这样穷，我却一点都不知道。这是我的过错啊！”他便派人送一大笔钱给晏婴，让他作为招待宾客的费用。

但是晏婴坚决不收。景公见他既不要封地，也不要钱，心中实在过意不去，就命令手下人一定要想办法说服晏婴，让他把这钱收下。他一次又一次地向来者陈说，自己的地位高，更应注意生活俭朴，这样才能给朝中的官员做出榜样，使朝政更加清廉。来者见他不肯收，就说这是景公的命令，不然要受到景公的怪罪。为此，晏婴亲自找到景公，对他拜谢说：“大王，我家并不穷。因为您的恩赐，我的亲族、朋友都得到不少好处，我们很是感激，千万不要再给我钱财，您不如用这些钱财去拯救百姓吧！”

后来，景公要给他造新的住宅，换上漂亮车子和好马都被他退了回去。晏婴一生过着俭朴的生活，为齐国在厉行廉洁、反对奢侈浪费方面做出了榜样。

唐太宗在位期间，不但注意节制自己的奢欲，对皇亲国戚、达官贵族的奢侈之风也能注意有所限制。

公元627年，他曾下令，限制王公以下贵族住房过于奢华，并对贵族生活用车马、衣着服饰的具体标准等做了规定。贵族婚丧费用是国家一项不小的开支，有些贵族，为了显示身份，大摆排场，有的当事人也想趁机大捞一笔。因此，唐太宗对各级贵族婚嫁丧葬的费用也做了一定规定，并强调：不符合规定的奢侈之举，一律禁止。严重者，要依刑法处罚。

太宗节制奢华，还表现在对子女的教育方面。他见到桌子上有山珍海味，就对他们说：“你们知道耕种的艰难吗？”当听到他们满意的回答后，就一再嘱咐他们：“要懂得节制奢华，懂得百姓的艰难……”

在他临死的前一年，还多次告诫太子说：“要是为君的不注意节俭，骄奢淫乱，不要说政权保不住，恐怕连自己的性命也保不住了。”

司马光是北宋的宰相，历史学家，名重一时。可是，他却从不摆阔。他给儿子司马康的信中说：“许多人都以奢侈浪费为荣，我却认为节俭朴素才算美。尽管别人笑我顽固，我却不认为这是我的缺点，孔子说：‘奢侈豪华容易骄傲，节俭朴素容易固陋。与其骄傲，宁可固陋。’他又说，‘一个人因为俭约犯过失的事是很少见的。读书人有志于追求真理，却又以吃粗粮穿破衣为耻辱，这种人是不值得和他讲学问的。’可见，古人是以俭约为美德的。现在的人却讥笑、指责朴素节约的人，这真是奇怪的事！”

司马光在信中批评了当时奢侈淫靡之风，并引述了几位以俭朴著称的人的故事。

宋仁宗时宰相张知白，当了宰相之后，其生活水平仍然像当年布衣时一样。有人说他：“你收入不少，生活却是这样地简朴，外面人说你是‘公孙布衣’呢！”公孙指汉武帝的宰相公孙弘，当时汲黯批评他：“位在三公，俸禄甚多，然为布举，此诈也。”张知白听了这位好心人的话后说：“以我的收入，全家锦衣玉食都可以做到。但是由俭入奢易，由奢入俭难。像我这样的收入，不可能永远维持，一旦收入不如今天了，家人又已过惯了奢侈生活，那怎么得了呢？无论我在不在职，生前死后，我们都保持这个标准，不受影响，这不是很好吗？”

张知白确实是深谋远虑的，他看到了别人平时想不到、看不到的地方。

鲁国的大夫季孙行父，曾经在鲁宣公、鲁成公、鲁襄公在位时连续执政。然而，他的妻妾没有穿过绸衣服，他家里的马没有用粮食喂过。别人知道后，都说他是忠于王室的。

晋武帝时的太尉何曾，生活十分奢侈豪华，每天吃饭就要用一万钱，还说没有下筷子的地方。他的子孙也极其奢侈，结果都一个个破了家。到了晋怀帝的时候，“何氏灭亡无遗焉”。

司马光说，这样的事例是举不胜举的。他希望司马康不但自己记住这些事例和道理，身体力行，而且还要向子孙后代进行这样的教育。

是俭是奢，这不仅是一个人的自我修养或品德问题，更是一种对生活的态度问题，真正的智者总能宁俭不奢，因为他们懂得，“由俭入奢易，由奢入俭难”。有了象牙筷子就想要有象牙碗来相配，自己在生活上奢侈浪费，子孙也习惯过奢侈的生活。合理消费，科学生活的人不仅一生平安快乐，而且还留下令人景仰的清声令名。纵观古今，那些追求奢华、生活糜烂的人，到头来总落得身败名裂，走向肉体和灵魂的双重深渊。